320382
103 0486002
mdi1
342 MAU

La question prioritaire de constitutionnalité

UNIVERSITÉ DE BRETAGNE
Bibliothèque
de
Quimper
2011
OCCIDENTALE

Christine Maugüé
Conseiller d'État

Jacques-Henri Stahl
Conseiller d'État

AF853612

DALLOZ

Le pictogramme qui figure ci-contre mérite une explication. Son objet est d'alerter le lecteur sur la menace que représente pour l'avenir de l'écrit, particulièrement dans le domaine de l'édition technique et universitaire, le développement massif du photocopillage.

Le Code de la propriété intellectuelle du 1er juillet 1992 interdit en effet expressément la photocopie à usage collectif sans autorisation des ayants droit. Or, cette pratique s'est généralisée dans les établissements d'enseignement supérieur, provoquant une baisse brutale des achats de livres et de revues, au point que la possibilité même pour les auteurs de créer des œuvres nouvelles et de les faire éditer correctement est aujourd'hui menacée.

Nous rappelons donc que toute reproduction, partielle ou totale, de la présente publication est interdite sans autorisation de l'auteur, de son éditeur ou du Centre français d'exploitation du droit de copie (CFC, 20, rue des Grands-Augustins, 75006 Paris).

DALLOZ

31-35, rue Froidevaux, 75685 Paris cedex 14

Le Code de la propriété intellectuelle n'autorisant, aux termes de l'article L. 122-5, 2° et 3° a), d'une part, que les « copies ou reproductions strictement réservées à l'usage privé du copiste et non destinées à une utilisation collective » et, d'autre part, que les analyses et les courtes citations dans un but d'exemple et d'illustration, « toute représentation ou reproduction intégrale ou partielle faite sans le consentement de l'auteur ou de ses ayants droit ou ayants cause est illicite » (art. L. 122-4).

Cette représentation ou reproduction, par quelque procédé que ce soit, constituerait donc une contrefaçon sanctionnée par les articles L. 335-2 et suivants du Code de la propriété intellectuelle.

© ÉDITIONS DALLOZ – 2011

ISBN 978-2-247-10599-1

Pour Clotilde et Juliette

Liste des abréviations

AJDA :	*Actualité juridique de droit administratif*
Cass. :	Cour de cassation
Civ. :	Arrêts – chambres civiles de la Cour de cassation
Crim. :	Arrêts – chambre criminelle de la Cour de cassation
Soc. :	Arrêts – chambre sociale de la Cour de cassation
CE :	Conseil d'État
CC :	Conseil constitutionnel
CEDH :	Cour européenne des droits de l'Homme
CJA :	Code de justice administrative
CJCE :	Cour de justice des Communautés européennes
CJUE :	Cour de justice de l'Union européenne
COJ :	Code de l'organisation judiciaire
C. pr. civ. :	Code de procédure civile
C. pr. pén. :	Code de procédure pénale
Dalloz :	*Recueil Dalloz*
Doc. Fse :	La Documentation française
JCP Adm. :	*La Semaine juridique – Juris-classeur périodique – Édition Administration*
JCP G :	*La Semaine juridique – Juris-classeur périodique – Édition générale*
LGDJ :	Librairie générale de droit et de jurisprudence
LPA :	*Les petites affiches*
QPC :	Question prioritaire de constitutionnalité
RD publ. :	*Revue du droit public et de la science politique en France et à l'étranger*
RDT :	*Revue de droit du travail*
RFDA :	*Revue française de droit administratif*
RFDC :	*Revue française de droit constitutionnel*
RTD civ. :	*Revue trimestrielle de droit civil*
RTD eur. :	*Revue trimestrielle de droit européen*
T. confl. :	Tribunal des conflits
TFUE :	Traité sur le fonctionnement de l'Union européenne

Introduction

QPC.

Pour « question prioritaire de constitutionnalité ».

Rarement, dans la vie juridique française, acronyme se sera imposé avec tant de promptitude et de facilité. Il est apparu avant même que l'appellation définitive du procédé qu'il désigne ne soit officiellement scellée : alors que le législateur organique hésitait encore entre « question *préjudicielle* de constitutionnalité », « question *préalable* de constitutionnalité » ou « question *prioritaire* de constitutionnalité », les trois lettres du sigle QPC servaient déjà de code aux initiés. Elles se sont imposées depuis dans la numérotation des décisions du Conseil constitutionnel, dans la désignation des rôles des juridictions, dans le langage courant des magistrats et des auxiliaires de justice, des professeurs et de leurs étudiants, des praticiens du droit. Elles finiront sans doute par gagner au-delà de ces cercles.

Car l'enjeu de l'institution dans notre droit de cette « question prioritaire de constitutionnalité » est de permettre à la généralité des citoyens et des sujets de droit de s'approprier et de revendiquer la Constitution pour assurer la garantie de leurs droits.

C'est pour cela, d'abord, que l'ouverture de cette fenêtre, par l'effet de l'importante révision constitutionnelle du 23 juillet 2008, apparaît comme une petite révolution. La France est certes férue de Constitutions depuis la Révolution. Peu de pays en ont éprouvé autant de différentes en un peu plus de deux siècles. Mais cet intérêt pour la chose constitutionnelle s'attachait surtout aux symboles, aux régimes politiques, aux rapports entre les pouvoirs publics, et non à la protection et à l'effectivité des droits constitutionnels. Ce n'est que tardivement, par rapport à la plupart des autres démocraties d'Europe continentale, que la France a découvert le contrôle de constitutionnalité des lois. Avant 1958, le mythe puissant de la souveraineté de la loi sous les régimes républicains s'opposait à ce que quelque juge ou quelque institution que ce soit écarte, au nom des lois constitutionnelles, la loi votée par les représentants de la Nation. En 1958, les outils du contrôle de constitutionnalité ont été inscrits dans la Constitution, mais il faudra attendre encore pour que le contrôle prenne son envol, avec l'affirmation du Conseil constitutionnel consécutive à sa grande décision sur la liberté d'association du 16 juillet 1971 et avec l'ouverture de son prétoire aux parlementaires en 1974.

1958, 1971 et 1974, 2008 sont ainsi les trois étapes décisives du contrôle de constitutionnalité en France. La « question prioritaire de constitutionnalité », permettant à tous les justiciables de contester, en provoquant la saisine du Conseil constitutionnel, la constitutionnalité des lois qu'on leur applique, ouverte sur le principe par la révision de 2008, est entrée en vigueur le 1er mars 2010. Elle constitue une novation très importante.

Le propos de cet ouvrage est de présenter ce nouveau mécanisme constitutionnel, de rendre compte de ses premières mises en œuvre et d'appréhender son impact. Organisé en deux grandes parties, il aborde successivement :

– la dimension procédurale de ce mécanisme préjudiciel qui se greffe sur les litiges portés devant les juridictions, faisant de la QPC « *un procès dans le procès* » (**première partie**) ;

– la portée du mécanisme, destiné à garantir le respect effectif des droits constitutionnels substantiels, susceptible de conduire à « *l'approfondissement et au renouvellement de l'État de droit* » (**deuxième partie**).

Chapitre introductif

La genèse de la question prioritaire de constitutionnalité

La question prioritaire de constitutionnalité est effectivement née le 1er mars 2010. La France a, de ce fait, rejoint le peloton des démocraties qui reconnaissaient déjà à l'ensemble de leurs sujets de droit le pouvoir de contester la constitutionnalité des lois qui leur sont opposées. Mais elle ne partait pas de rien, le mécanisme né le 1er mars 2010 s'inscrivant dans les pas du contrôle de constitutionnalité mis en place à partir de 1958.

Le contrôle de constitutionnalité peut, selon les pays, prendre des formes variées, qui seront présentées avant que ne soient rappelées, à grands traits, l'histoire du contrôle de constitutionnalité en France et les étapes de la révision constitutionnelle de 2008.

Section 1
Les modèles de contrôle de constitutionnalité et les exemples étrangers

I - Classification des types de contrôle de constitutionnalité

Les types de contrôle exercés dans le cadre de la justice constitutionnelle peuvent être classés en fonction de trois critères différents. Si l'on prend en considération le mode d'intervention du contrôle, on distingue le contrôle par voie d'action du contrôle par voie d'exception. Si l'on prend en considération le moment où intervient le contrôle, par rapport à la date d'entrée en vigueur de la loi, on distingue le contrôle *a priori* du contrôle *a posteriori*. Si l'on prend, enfin, en considération la substance du contrôle, on distingue le contrôle abstrait du contrôle concret. Ces typologies ne sont pas exclusives les unes des autres et peuvent être combinées ou se recouper : ainsi, jusqu'à la révision constitutionnelle de 2008, le seul contrôle de constitutionnalité pratiqué en France était un contrôle par voie d'action, exercé *a priori* et de façon abstraite.

A - La distinction entre contrôle par voie d'action et contrôle par voie d'exception

1 - Le contrôle par voie d'action

Le contrôle par voie d'action prend la forme d'un recours direct exercé devant le juge constitutionnel contre la norme dont la constitutionnalité est contestée. Le caractère direct de ce recours exclut qu'il fasse l'objet d'un filtre par une juridiction non constitutionnelle ; en revanche l'éventuelle exigence d'un épuisement préalable des autres voies de recours disponibles n'est pas exclue.

Ce contrôle est déclenché le plus souvent contre les lois ou contre des engagements internationaux. Il peut être également engagé contre des règlements, comme en Allemagne, en Autriche ou en Espagne. La sanction de ce contrôle est en général la déclaration d'inconstitutionnalité de la norme déférée au juge constitutionnel.

Le moment du contrôle peut varier. Ce contrôle peut être exercé avant toute entrée en vigueur de la norme, comme en France. Il peut également être exercé une fois la norme entrée en vigueur, ce qui est le cas le plus fréquent dans le modèle de justice constitutionnelle de type européen.

Les trois exemples les plus régulièrement cités pour illustrer le recours direct par voie d'action sont les exemples belge, allemand et autrichien. Depuis l'adoption de la loi spéciale du 6 janvier 1989, la Cour d'arbitrage belge, qui est devenue Cour constitutionnelle après la révision constitutionnelle du 7 mai 2007, est compétente pour connaître des recours directs en annulation des lois, formés par des autorités politiques ou des particuliers. Ce recours peut être introduit dans un délai de six mois à compter de la publication de l'acte contesté par toute personne, physique ou morale, qui justifie d'« un intérêt ». L'Allemagne et l'Autriche connaissent elles aussi un système de recours individuel direct devant la cour constitutionnelle. Dans les deux cas, le recours est conditionné non par la lésion d'un simple intérêt, mais par une atteinte personnelle, directe et actuelle, à un droit fondamental de la personne.

2 - Le contrôle par voie d'exception

Le contrôle par voie d'exception est exercé quant à lui à l'occasion d'un procès devant un juge ordinaire. Dans cette hypothèse, est soulevée devant le juge, ou par le juge, une question de constitutionnalité dont dépend la solution du litige. Cette question doit être tranchée avant le règlement au fond du litige.

Le contrôle peut être exercé soit directement, par le juge saisi au fond, soit par un juge constitutionnel particulier. Dans le premier cas, le juge du fond règle à la fois la question de constitutionnalité et le litige au fond. Dans le second cas, la question de constitutionnalité est renvoyée devant le juge particulier par la voie d'un mécanisme d'exception préjudicielle. Il reviendra ensuite au juge ordinaire de régler au fond le litige.

Le point commun à ces deux hypothèses est que le contrôle est exercé *a posteriori* et qu'il se noue à l'occasion d'une instance particulière devant un juge ordinaire. La déclaration d'inconstitutionnalité produit, en pratique, un effet général sur la norme déclarée contraire à la Constitution même si la décision n'a d'effet qu'entre les parties.

Ce contrôle est pratiqué par la plupart des États européens.

B - La distinction entre contrôle *a priori* et contrôle *a posteriori*

1 - Le contrôle a priori

Le contrôle *a priori* est un contrôle préventif, exercé avant l'entrée en vigueur de la norme. Il s'illustre dans le cadre du modèle européen de justice constitutionnelle. Il s'exerce principalement vis-à-vis des lois, mais peut aussi concerner des traités internationaux ou des règlements administratifs.

La France, entre 1958 et 2008, n'a connu qu'une seule forme de contrôle de constitutionnalité, exercé exclusivement *a priori*, de façon obligatoire à l'égard des lois organiques et des règlements des assemblées parlementaires et de façon facultative à l'égard des lois ordinaires et des engagements internationaux.

On trouve également le contrôle *a priori* dans d'autres pays, mais il s'y ajoute au contrôle *a posteriori*, comme en Roumanie, au Portugal ou en Hongrie. Certains pays prévoient un contrôle *a priori* des engagements internationaux, avant leur ratification.

La portée d'un tel contrôle est en principe radicale car le contrôle de constitutionnalité se traduit par une décision dotée d'un effet *erga omnes*. Le fait que le contrôle suspende l'entrée en vigueur de la norme a pour conséquence d'imposer que l'exercice du contrôle soit enserré dans un délai court, 25 jours au Portugal, un mois en France.

2 - Le contrôle a posteriori

Le contrôle *a posteriori* s'exerce quant à lui après l'entrée en vigueur de la norme. La constitutionnalité de celle-ci est contestée alors qu'elle est appliquée. La question de constitutionnalité est bien souvent soulevée devant un juge ordinaire, à l'occasion d'un litige particulier. Mais le contrôle peut également être exercé de manière directe. Souvent, le contrôle *a posteriori* ne concerne pas seulement les lois, mais intègre aussi des recours contre les décisions juridictionnelles et les actes administratifs.

Le contrôle abstrait postérieur est le plus répandu, dans le modèle européen de justice constitutionnelle. Il a connu un fort succès dans les pays d'Europe centrale et d'Europe de l'Est qui, depuis 1990, se sont dotés d'une justice constitutionnelle. Il est alors généralement réservé à des organes de l'État, et n'est pas accessible à des particuliers.

C - Caractère abstrait ou concret du contrôle

Le contrôle est dit concret lorsque l'examen de la constitutionnalité d'un texte est effectué au moment où il en est fait application à un cas particulier. Ce contrôle se trouve mêlé à des considérations de fait et à une situation subjective qui imprime un caractère concret au contrôle. Il s'agit en principe d'un contrôle *a posteriori* par voie d'exception, car c'est dans ce cadre qu'est le plus aisément mise en cause l'application pratique de la norme arguée d'inconstitutionnalité. Ce contrôle fait porter l'examen aussi bien sur la constitutionnalité de la loi en tant que telle que sur les conditions de sa mise en œuvre.

Le contrôle est, en revanche, dit abstrait lorsque c'est la norme en elle-même qui est critiquée, et non son application à un cas ou une situation précise. Ce contrôle ne fait pas intervenir de situation subjective et se présente comme un simple conflit entre deux normes, la Constitution et une norme subordonnée. Il est par nature plus éloigné des éléments de fait, surtout lorsqu'il est exercé *a priori*. Le recours direct contre une loi en tant que telle conduit à un contrôle abstrait de celle-ci. Mais lorsque le contrôle est exercé *a posteriori*, la question de l'appréciation des faits peut réapparaître lorsque le juge envisage les éventuels effets inconstitutionnels de la norme dans son application

De nombreux États combinent les deux types de procédure de justice constitutionnelle – procédures subjectives concrètes et procédures objectives abstraites –, avec des combinaisons variables selon les États.

II - Les deux modèles de justice constitutionnelle

Deux modes types d'organisation de la justice constitutionnelle sont traditionnellement distingués.

L'un, souvent présenté comme le modèle américain, a pour illustration principale la Cour suprême des États-Unis et le système judiciaire tel qu'organisé outre-Atlantique. Il se présente comme un système de contrôle diffus de constitutionnalité au sein de l'ensemble de l'appareil juridictionnel. Dans les textes constitutionnels des États-Unis, la justice constitutionnelle n'a pas été formellement prévue, qu'il s'agisse des constitutions des États ou de la constitution fédérale. La compétence de contrôle de constitutionnalité, qui n'a pas été explicitement donnée à la Cour suprême, est assurée par les juridictions ordinaires. La cohérence de la jurisprudence est assurée par la Cour suprême qui a le pouvoir de trancher *in fine* toute contradiction de jurisprudence, constitutionnelle ou non, dès lors que la question remonte jusqu'à elle. Le modèle américain de justice constitutionnelle conduit ainsi à l'exercice d'un contrôle de constitutionnalité présentant un caractère diffus et décentralisé, concret et *a posteriori*.

L'autre modèle, présenté comme le modèle autrichien, « kelsenien » ou européen, se présente comme un système centralisé où le contrôle de constitutionnalité est exercé par une cour constitutionnelle unique créée spécifiquement à cette fin. Cette cour, placée en dehors de la hiérarchie des juridictions ordinaires, au niveau central, a le monopole de l'exercice du contrôle de constitutionnalité des lois. Ce système évite les interprétations constitutionnelles divergentes qui peuvent apparaître entre les tribunaux aux différents moments d'un procès et permet de donner immédiatement la « vérité constitutionnelle », en assurant l'unité jurisprudentielle. Le modèle européen de justice constitutionnelle met en place un contrôle de type centralisé, exercé sur un mode abstrait, souvent exercé par voie d'action.

Section 2
Le contrôle de constitutionnalité en France jusqu'en 2008

Le contrôle de constitutionnalité des lois ne naît en France qu'avec la Constitution du 4 octobre 1958. Auparavant, la greffe n'avait jamais prise dans un pays marqué, depuis la Révolution, par le souvenir négatif des Parlements d'Ancien Régime et par la souveraineté de la Nation et de ses représentants. Le projet de Sieyès d'instituer une « jurie constitutionnaire » en l'an III avait été écarté. Les Sénats impériaux, conçus comme « gardiens de la

Constitution », s'étaient fourvoyés. Ni les Chartes de 1814 et 1830, ni la Constitution de 1848 n'avaient institué de contrôle de constitutionnalité. Les lois constitutionnelles de 1875 avaient établi la prééminence des chambres et du pouvoir législatif, avec pour conséquences, exposées par Carré de Malberg dans son ouvrage sur « La loi, expression de la volonté générale » (1931), la souveraineté du Parlement et l'exclusion de tout contrôle de constitutionnalité par les juges. Dans cet esprit, tant la Cour de cassation (Crim., 11 mai 1833, *Paulin*) que le Conseil d'État (CE, 6 novembre 1936, *Arrighi*) se refusaient à exercer un tel contrôle.

La Constitution de 1946 avait rompu avec cette tradition en instituant un organe spécial, le Comité constitutionnel, chargé d'exercer un contrôle de la conformité des lois avec au moins certaines règles de la Constitution. Mais cette expérience s'était soldée par un échec, le Comité ne se réunissant qu'une seule fois en 1948 pour statuer sur une difficulté de procédure liée à la déclaration d'urgence.

La vraie rupture avec la tradition française intervint ainsi en 1958, avec la Constitution de la Ve République, qui jette les fondements du contrôle de constitutionnalité en en confiant explicitement l'exercice au Conseil constitutionnel. Mais le contrôle n'a commencé de se développer qu'à partir des années 1970, prenant alors son véritable essor.

I - Le contrôle de constitutionnalité des lois mis en place par la Constitution de 1958

Le Constituant de 1958 a fait le choix d'organiser un contrôle de constitutionnalité *a priori*, exercé exclusivement par la voie d'action, confié au Conseil constitutionnel, ouvert uniquement à certaines autorités politiques et non aux citoyens. Le contexte et l'esprit dans lesquels ce contrôle de constitutionnalité a été créé étaient cependant très différents de ceux ayant présidé à la création des cours constitutionnelles de la plupart des autres pays d'Europe, ce qui a conduit à ce que le rôle du juge constitutionnel demeure, dans un premier temps, limité. « Chien de garde du pouvoir exécutif», conçu pour veiller au contrôle du Parlement et garantir le respect du domaine réglementaire et des prérogatives gouvernementales, le Conseil constitutionnel n'a pas été à l'origine institué dans la perspective d'un contrôle de la constitutionnalité des lois, élément d'un État de droit, protecteur des libertés et des droits fondamentaux.

Dans cet esprit, il a été chargé du contrôle obligatoire des lois organiques et des règlements des assemblées, pour éviter que le Parlement n'élargisse ses pouvoirs alors que la Constitution avait entendu précisément les limiter.

Le contrôle de constitutionnalité des lois ordinaires n'a été institué qu'à titre facultatif, sous la forme uniquement d'un contrôle *a priori* avec des conditions d'exercice très encadrées : la saisine du Conseil constitutionnel intervient entre le vote de la loi et la promulgation ; le contrôle doit se faire dans un délai d'un mois, voire de huit jours en cas d'urgence à la demande du Gouvernement. Une déclaration d'inconstitutionnalité fait obstacle à la promulgation de la loi, totalement ou partiellement.

II - L'essor progressif du contrôle de constitutionnalité *a priori* après 1958

Les dispositions relatives au contrôle de constitutionnalité sont restées inchangées entre 1958 et 2008, à une exception – majeure – près : en 1974, le cercle des autorités habilitées à saisir le Conseil constitutionnel a été élargi aux parlementaires, c'est-à-dire en pratique à l'opposition. Sur tous les autres points, le dispositif constitutionnel mis en place en 1958 n'a pas connu d'évolution textuelle. Cette stabilité du droit positif n'a cependant pas fait obstacle à un essor du contrôle de constitutionnalité des lois pendant cette période, sous l'influence de plusieurs facteurs.

A - L'élargissement de la saisine du Conseil constitutionnel

Avant la révision du 29 octobre 1974, les autorités qui pouvaient saisir le Conseil constitutionnel étaient limitées à quatre autorités constitutionnelles : le président de la République, le Premier ministre et le président de chaque assemblée parlementaire.

La réforme constitutionnelle du 29 octobre 1974 a élargi la saisine aux parlementaires, en permettant à 60 députés ou 60 sénateurs de saisir le Conseil constitutionnel. Depuis l'élargissement de la saisine, le nombre de décisions du Conseil constitutionnel n'a cessé de croître au point qu'aujourd'hui la plupart des saisines sont d'origine parlementaire. L'opposition parlementaire saisit le Conseil constitutionnel de la plupart des lois importantes. La saisine du Conseil constitutionnel est presque systématique sur les lois de finances et les lois de financement de la sécurité sociale. Elle l'est également sur les lois relatives aux libertés, à l'immigration, à la bioéthique, à l'audiovisuel, aux modes de scrutin.

B - L'élargissement des normes constitutionnelles de référence

La jurisprudence résultant des décisions dites « DC » par lesquelles le Conseil constitutionnel statue sur la constitutionnalité des lois organiques et des lois, voire des traités et des règlements des assemblées parlementaires, par la voie du contrôle par voie d'action a progressivement défini l'étendue du « **bloc de constitutionnalité** », c'est-à-dire des normes constitutionnelles de référence dont le respect s'impose au législateur.

La décision n° 71-44 DC du 16 juillet 1971, venant après la décision n° 70-39 DC du 19 juin 1970 qui portait déjà mention dans ses visas du Préambule de la Constitution du 4 octobre 1958, a solennellement marqué que les normes de référence invocables dans le cadre du contrôle de constitutionnalité n'étaient pas circonscrites aux seuls articles du corps de la Constitution, mais s'étendaient aux normes résultant du Préambule, qui avait proclamé « l'attachement » solennel du peuple français « aux Droits de l'homme et aux principes de la souveraineté nationale tels qu'ils ont été définis par la Déclaration de 1789, confirmée et complétée par le préambule de la Constitution de 1946 ». Cette solution prétorienne pouvait sans doute se recommander de la lettre de l'article 61 de la Constitution, qui habilite le Conseil constitutionnel à se prononcer sur la conformité des lois déférées « à la Constitution », ce qui constitue une formule plus large que celle qui, sous la IVe République, excluant explicitement de faire référence au Préambule, définissait l'intervention du comité constitutionnel (V. l'art. 93 de la Constitution du 27 octobre 1946). Son affirmation solennelle en 1971, se traduisant en l'espèce par la censure spectaculaire d'une loi adoptée au terme d'un très vif débat politique, a néanmoins marqué la seconde, ct peut-être véritablc, naissance du Conseil constitutionnel et du contrôle de constitutionnalité en France.

L'inclusion du Préambule de la Constitution de 1958 dans le champ des normes constitutionnelles de référence a eu pour conséquence d'y intégrer, par l'effet des renvois auxquels il procède, les termes de la Déclaration des droits de l'homme et du citoyen du 26 août 1789 (V. CC, décision n° 73-51 DC du 27 décembre 1973) et ceux du Préambule de la Constitution du 27 octobre 1946. Au titre de ce dernier renvoi, se sont vus ainsi reconnaître valeur constitutionnelle, d'une part, les principes « particulièrement nécessaires à notre temps », de caractère politique, économique et social, énoncés par les différents alinéas du Préambule de 1946 et, d'autre part, les « principes fondamentaux reconnus par les lois de la République » évoqués par le premier alinéa de ce Préambule. Ce dernier ensemble de principes constitutionnels a été consacré dès la décision du 16 juillet 1971, qui a « rangé » au nombre des principes fondamentaux reconnus par les lois de la République le principe de la liberté d'association, qui est « à la base des dispositions générales de la loi du 1er juillet 1901 relative au contrat d'association ».

La jurisprudence ultérieure a dégagé l'existence d'autres principes fondamentaux reconnus par les lois de la République. Elle a aussi livré les critères présidant à leur reconnaissance (V. en particulier CC, décision n° 88-244 DC du 20 juillet 1988 ; décision n° 89-254 DC du 4 juillet 1989) : ces principes doivent avoir pour origine une législation républicaine – c'est-à-dire avoir été adoptés sous un régime républicain, sous la forme de lois votées normalement par les assemblées parlementaires – même si la jurisprudence n'exclut pas de reconnaître dans une législation adoptée par une autorité exécutive assumant le pouvoir législatif comme le Gouvernement provisoire en 1945 la source d'un tel principe (CC, décision n° 2002-461 DC du 29 août 2002) –, avoir été constamment maintenus sous les régimes républicains sans être démentis après leur affirmation initiale, avoir été consacrés avant l'entrée en vigueur de la Constitution du 27 octobre 1946. Ont ainsi, notamment, été rangés, par la jurisprudence constitutionnelle après 1971, au nombre des principes fondamentaux reconnus pas les lois de la République, outre la liberté d'association, le respect des droits de la défense (CC, décision n° 76-70 DC du 2 décembre 1976), la liberté de l'enseignement (CC, décision n° 77-87 DC du 23 novembre 1977), l'indépendance de la juridiction administrative (CC, décision n° 80-119 DC du 22 juillet 1980), l'indépendance des professeurs d'université (CC, décision n° 83-165 DC du 20 janvier 1984), l'atténuation de la responsabilité pénale des mineurs et les particularités de la justice des mineurs (CC, décision n° 2002-461 DC du 29 août 2002).

L'adoption plus récente de la Charte de l'Environnement, par l'effet de la loi constitutionnelle n° 2005-205 du 1er mars 2005, à laquelle fait référence le Préambule de la Constitution de 1958, modifié pour l'occasion, a encore élargi le cercle des normes constitutionnelles de référence aux neuf principes proclamés par cette Charte (CC, décision n° 2005-514 DC du 28 avril 2005 ; décision n° 2005-516 DC du 7 juillet 2005 ; décision n° 2008-564 DC du 19 juin 2008).

Ainsi, à compter de 1960 (V. la décision n° 60-6 DC du 15 janvier 1960 qui procède au premier examen de conformité d'une loi organique « aux dispositions » de la Constitution), puis de 1971, la jurisprudence du Conseil constitutionnel s'est petit à petit déployée pour intégrer dans le « bloc de constitutionnalité » l'ensemble des articles du corps même de la Constitution, dont la portée – procédurale ou substantielle – varie et dont le nombre s'est d'ailleurs accru au gré de la vingtaine de révisions constitutionnelles adoptées depuis 1958, les articles de la Déclaration de

1789, les principes résultant du Préambule de la Constitution de 1946, les principes fondamentaux reconnus par les lois de la République et les principes proclamés par la Charte de l'Environnement. La jurisprudence a progressivement défini l'interprétation et la portée que ces différentes sources, adoptées à des périodes différentes de notre histoire, devaient se voir reconnaître aujourd'hui.

À ces normes constitutionnelles de référence, qui résultent plus ou moins directement de dispositions textuelles expresses, on peut ajouter quelques prescriptions auxquelles le Conseil constitutionnel a reconnu une valeur constitutionnelle de façon prétorienne. Le principe de continuité du service public a été affirmé par la décision n° 79-105 DC du 25 juillet 1979, sans ancrage textuel revendiqué, de même que l'exigence de prendre les mesures nécessaires pour assurer la continuité de la vie nationale (décision n° 79-111 DC du 30 décembre 1979). Après ces décisions, le Conseil constitutionnel a toujours pris soin de rattacher à un texte, même lointain, même obscur, les exigences constitutionnelles qu'il a dégagées. Non sans que le rattachement soit parfois ténu, comme le montre le principe constitutionnel de sauvegarde de la dignité de la personne humaine déduit des premiers mots de l'adresse du Préambule de la Constitution de 1946 (CC, décision n° 94-343/344 DC du 27 juillet 1994). Sans non plus que le Conseil ne s'interdise de se référer, dans son contrôle, à des objectifs de valeur constitutionnelle qui visent à la mise en œuvre effective des droits constitutionnels : ainsi de l'objectif de sauvegarde de l'ordre public ou de celui de poursuivre les auteurs d'infractions, destinés à permettre à la loi de garantir à l'ensemble des citoyens, en leur apportant la sécurité, le bénéfice effectif de leurs droits.

C - Une subordination effective de la loi aux normes constitutionnelles

Sans révision constitutionnelle jusqu'en 2008 autre que celle relative aux conditions de sa saisine en 1974, le Conseil constitutionnel a également fait évoluer son rôle pour asseoir, progressivement, la supériorité effective de la Constitution sur la loi.

À partir de la décision n° 71-44 DC du 16 juillet 1971 et de la révision constitutionnelle de 1974, la conjonction de l'extension du bloc de constitutionnalité et de l'élargissement de la saisine a été à l'origine d'une profonde évolution du rôle du Conseil constitutionnel. Celui-ci s'est mis à veiller au respect non seulement de la répartition des compétences normatives entre le législateur et le pouvoir réglementaire, mais aussi de la protection des droits et libertés fondamentaux à valeur constitutionnelle. Le Conseil constitutionnel a progressivement affirmé, et fait respecter, la suprématie des normes constitutionnelles dans l'ordre juridique français.

Il l'a fait avec pour seule limite l'intervention, toujours possible, du pouvoir constituant intervenant pour le désavouer par la voie d'une sorte de « lit de justice constitutionnel » se tenant à Versailles, selon l'expression du doyen Vedel. Ces « validations constituantes » modifiant le texte constitutionnel pour contrer une décision du Conseil sont restées exceptionnelles. On peut toutefois évoquer la révision du 25 novembre 1993 relative aux conditions d'examen des demandes d'asile, la loi constitutionnelle du 8 juillet 1999 inscrivant dans la Constitution la parité pour l'exercice des fonctions et mandats électifs ou encore la révision du 23 juillet 2008 sur la question du statut de l'opposition parlementaire.

Section 3
L'échec des projets antérieurs d'institution d'un contrôle par voie d'exception

Avant 2008, deux tentatives de révision constitutionnelle avaient essayé d'introduire dans la Constitution un mécanisme de contrôle de constitutionnalité par voie d'exception.

La première tentative date de 1989. En mars de cette année-là, le président du Conseil constitutionnel Robert Badinter avait publié dans la presse un appel en faveur de l'institution d'un mécanisme de contrôle de constitutionnalité par voie d'exception. À l'occasion des célébrations du bicentenaire de la Révolution française et de la proclamation de la Déclaration des droits de l'homme et du citoyen, à l'été 1989, le président de la République François Mitterrand avait repris cette idée. Un projet de loi constitutionnelle et un projet de loi organique avaient alors été préparés, adoptés en Conseil des ministres et déposés sur le bureau de l'Assemblée nationale. Ce projet de texte constitutionnel a fait l'objet de deux lectures dans chaque assemblée mais n'a pu aboutir, faute d'accord politique entre l'Assemblée nationale et le Sénat.

La seconde tentative a suivi la première de près. Le président Mitterrand, alors que la dernière session de la 9e législature était déjà close, a fait déposer au Sénat, au mois de mars 1993, après délibération du Conseil des ministres, un projet de révision constitutionnelle d'une certaine ampleur, qui faisait suite aux réflexions et propositions d'un Comité consultatif pour la révision de la Constitution qui avait été présidé par le doyen Vedel. L'idée de l'exception d'inconstitutionnalité avait été reprise par le Comité Vedel, puis par le projet de révision constitutionnelle. Mais le Sénat a fait disparaître du texte le mécanisme d'exception d'inconstitutionnalité et la nouvelle Assemblée nationale issue des élections législatives de mars 1993 ne l'a pas rétabli. Seuls les aspects traitant de la responsabilité pénale des membres du Gouvernement et du Conseil supérieur de la magistrature qui figuraient dans le projet de révision déposé en mars 1993 ont été finalement adoptés après avoir été amendés.

Après qu'eut avorté le projet de révision, déposé à titre de témoignage par François Mitterrand en mars 1993, la question de l'exception d'inconstitutionnalité a quitté le devant de la scène constitutionnelle pour une quinzaine d'années. Aucune des 14 révisions constitutionnelles qui ont eu lieu entre 1995 et 2007 n'a comporté le projet d'instituer un mécanisme de contrôle de constitutionnalité par voie d'exception.

Pour autant, le sujet n'a pas disparu corps et biens. Il est demeuré présent dans le débat universitaire et doctrinal, et a connu certaines résurgences dans le débat politique. Lionel Jospin, venant au Conseil constitutionnel en 2001 à l'occasion du centenaire de la loi sur la liberté d'association du 1er juillet 1901, s'était ainsi publiquement prononcé en faveur d'une révision constitutionnelle ouvrant aux citoyens la possibilité de contester la constitutionnalité de la loi promulguée par voie d'exception ; il avait déjà fait figurer l'aboutissement des tentatives de révision de 1990 et 1993 dans le programme de sa candidature à l'élection présidentielle de 1995 et il a réitéré cette proposition en 2002. Par la suite, le nombre des partisans, dans le monde politique, de l'exception d'inconstitutionnalité s'est élargi : les principaux candidats à l'élection présidentielle de 2007 ont ainsi retenu l'idée, en la détaillant de façon plus ou moins précise ; en particulier, les programmes de Nicolas Sarkozy et Ségolène Royal retenaient, tous deux, au titre des modernisations institutionnelles qu'ils proposaient, l'introduction dans le droit français d'un mécanisme d'exception d'inconstitutionnalité permettant aux citoyens de saisir le Conseil constitutionnel de lois déjà promulguées.

Section 4
La préparation et l'adoption de la révision constitutionnelle de 2008

Après l'élection présidentielle de 2007, la question de l'exception d'inconstitutionnalité a été clairement remise sur la table dans le cadre de la réforme plus globale des institutions souhaitée par le nouveau président de la République.

I - Le comité Balladur

Cette question a été ainsi inscrite à l'ordre du jour de la réflexion demandée par Nicolas Sarkozy aux membres du Comité de réflexion et de proposition sur la modernisation et le rééquilibrage des institutions de la Ve République présidé par Édouard Balladur. Le comité Balladur a été institué par un décret en Conseil des ministres du 18 juillet 2007 et la lettre de mission signée par le président de la République ce même 18 juillet a évoqué, au titre des réflexions susceptibles d'être conduites, « les conditions dans lesquelles le Conseil constitutionnel pourrait être amené à statuer, à la demande des citoyens, sur la constitutionnalité des lois existantes», Nicolas Sarkozy regrettant à ce propos que «la France soit le seul grand pays démocratique dans lequel les citoyens n'ont pas accès à la justice constitutionnelle, et que certaines normes internationales aient plus de poids et d'influence sur notre droit que nos principes constitutionnels».

Les auditions publiques organisées par le Comité Balladur à partir de la fin de l'été 2007 ont montré que l'introduction d'un mécanisme d'exception d'inconstitutionnalité recueillait un accueil sinon unanime, du moins majoritairement favorable de la part de la communauté juridique. En particulier, les prises de position exprimées au cours des auditions publiques par le vice-président du Conseil d'État, le premier président de la Cour de cassation et le président du Conseil constitutionnel se sont montrées résolument favorables à l'exception d'inconstitutionnalité, même si les modalités qu'ils envisageaient pour la mise en œuvre de ce mécanisme pouvaient varier.

Le rapport du Comité Balladur a nettement pris position sur le principe de l'exception, exposant que le Comité n'avait «guère éprouvé d'hésitation à recommander aux pouvoirs publics de s'engager dans la voie d'une réforme» permettant à tout justiciable, dans des conditions à définir, d'en appeler au Conseil constitutionnel pour examiner la conformité à la Constitution d'une disposition législative qui lui est appliquée. Les opinions de ses membres n'étaient toutefois pas unanimes quant au principe même de la réforme, comme en témoignent en particulier les observations personnelles hostiles de Pierre Mazeaud, ancien président du Conseil constitutionnel et vice-président du Comité Balladur, rendues publiques avec le rapport.

Le rapport du Comité a été remis au président de la République à la fin du mois d'octobre 2007. S'il exprimait ainsi une position de principe favorable à l'introduction d'un mécanisme de contrôle de la constitutionnalité de la loi promulguée par voie d'exception, il se montrait prudent sur les caractéristiques du mécanisme et ses modalités de mise en œuvre.

II - La gestation de la révision constitutionnelle

Quelques jours après réception du rapport, le 12 novembre 2007, Nicolas Sarkozy chargeait le Premier ministre François Fillon d'engager une consultation des formations politiques sur une réforme des institutions intégrant un grand nombre des propositions formulées par le Comité Balladur : parmi les propositions retenues figurait la possibilité, pour les citoyens, de saisir le Conseil constitutionnel de la constitutionnalité des lois déjà promulguées au regard des droits fondamentaux. Ces consultations politiques ont été menées, en deux phases successives, aux mois de novembre puis de décembre 2007.

Il semble toutefois qu'à ce stade, le pouvoir exécutif n'avait pas encore définitivement acté le principe même de l'exception d'inconstitutionnalité. Des indices rendent compte d'une hésitation persistante sur cet aspect du projet de révision constitutionnelle, en particulier le fait que l'avant-projet de loi constitutionnelle rendu public par le Premier ministre à l'issue des consultations le 19 décembre 2007 ne comportait plus de disposition relative à l'exception d'inconstitutionnalité.

L'arbitrage a été définitivement rendu, au sein du pouvoir exécutif, au début de 2008. Dans la présentation faite au cours du Conseil des ministres du 19 mars 2008 par une communication exposant les grandes lignes de la révision constitutionnelle dont le texte était sur le point d'être soumis pour avis au Conseil d'État, François Fillon a ainsi annoncé que le texte « entend accorder des garanties nouvelles aux citoyens », en prévoyant notamment « d'instituer une exception d'inconstitutionnalité permettant aux justiciables de contester devant le Conseil constitutionnel la conformité à la Constitution de lois déjà promulguées ». De fait, un mois plus tard, le projet de loi constitutionnelle, arrêté après avis du Conseil d'État lors du Conseil des ministres du 23 avril 2008 et déposé le même jour sur le bureau de l'Assemblée nationale, comportait des dispositions instituant un article 61-1 dans la Constitution et modifiant son article 62.

III - Le projet de loi constitutionnelle

Les dispositions sur l'exception d'inconstitutionnalité figuraient aux articles 26 et 27 du projet de loi constitutionnelle. Leur rédaction n'a ensuite été que peu modifiée au cours des débats parlementaires. L'article 26 du projet de révision ajoutait à la Constitution un nouvel article 61-1 consacré à la saisine du Conseil constitutionnel par voie d'exception, en l'insérant à la suite de l'article 61 régissant le contrôle par voie d'action.

Dès le projet déposé, les traits essentiels du mécanisme étaient dessinés : il s'agissait d'instituer une voie de contrôle ouverte aux justiciables, et non à la généralité des citoyens, susceptible d'être mise en œuvre « à l'occasion d'une instance en cours devant une juridiction » et seulement à cette occasion, laissée à l'initiative du justiciable et non du juge, visant à permettre un contrôle de la loi promulguée au regard des « droits et libertés » garantis par la Constitution. Était ainsi retenu un mécanisme préjudiciel et non un recours direct ouvert devant le Conseil constitutionnel. La mise en œuvre du mécanisme reposait aussi sur l'intervention du Conseil d'État et de la Cour de cassation appelés à renvoyer au Conseil constitutionnel les questions soulevées devant les juridictions de leur ordre.

Pour le surplus, le nouvel article 61-1 renvoyait à la loi organique le soin de déterminer plus précisément les réserves et conditions de mise en œuvre du mécanisme.

L'article 27 du projet, pour sa part, complétait l'article 62 de la Constitution traitant des effets des décisions du Conseil constitutionnel, pour préciser que l'effet d'une déclaration d'inconstitutionnalité prononcée par voie d'exception serait l'abrogation de la loi déclarée inconstitutionnelle, soit immédiatement soit à une date postérieure fixée par le Conseil constitutionnel et pour laisser au Conseil constitutionnel toute latitude pour aménager les autres effets que la déclaration d'inconstitutionnalité pourrait emporter sur les situations constituées ou en cours.

IV - Le vote de la révision

L'article 27 du projet, complétant l'article 62 de la Constitution, a été adopté sans modification par le Parlement. L'article 26 a, pour sa part, été modifié sur deux points par l'Assemblée nationale en première lecture, par une suppression et par un ajout. La suppression a porté sur le champ du mécanisme de contrôle par voie d'exception et a eu pour conséquence d'élargir ce champ en supprimant une restriction qu'y apportait le projet gouvernemental : alors que le projet limitait le champ du contrôle par voie d'exception aux seules lois postérieures à 1958, le texte adopté par l'Assemblée nationale a fait disparaître cette restriction qui ne pouvait, il est vrai, guère se défendre en termes de cohérence et de logique juridique. L'ajout a consisté à impartir un délai au Conseil d'État et à la Cour de cassation pour se prononcer sur le renvoi des questions soulevées au Conseil constitutionnel, dans le souci de prévenir un allongement excessif des délais de jugement du fait de la mise en œuvre du contrôle de constitutionnalité par voie d'exception. Le Sénat, en première lecture, a adopté le texte de l'Assemblée nationale, en se bornant à faire disparaître, au motif que la précision était inutile, la mention selon laquelle la loi organique pouvait fixer des « réserves » à l'application du mécanisme. Le texte du Sénat ayant été adopté conforme par l'Assemblée nationale en seconde lecture, les dispositions des nouveaux articles 61-1 et 62 étaient ainsi définitivement stabilisées à la fin du mois de juin 2008.

Il restait encore, ce qui n'était pas politiquement le plus simple, à ce que la révision constitutionnelle aille dans son ensemble jusqu'au terme du processus et soit adoptée par le Congrès à la majorité requise par l'article 89 de la Constitution. Ce fut chose faite, mais de justesse, le 21 juillet 2008, après que le Sénat eut accepté de voter en deuxième lecture le projet de révision dans les mêmes termes que l'Assemblée nationale : à Versailles, ce 21 juillet, 539 parlementaires se sont exprimés pour la révision constitutionnelle, alors que la majorité qualifiée des trois cinquièmes des suffrages exprimés était de 538. Ainsi adopté, le texte a été promulgué le 23 juillet par le président de la République puis publié au *Journal officiel* du 24 juillet 2008.

Section 5
La loi organique et les autres mesures d'application de la réforme

La publication de la loi constitutionnelle n° 2008-724 du 23 juillet 2008 n'a toutefois pas eu pour effet de faire entrer en vigucur, dès le 25 juillet 2008, les nouvelles dispositions de l'article 61-1 de la Constitution.

I - La nécessité d'une loi organique

La Constitution ne suffisait en effet pas, à elle seule, pour faire fonctionner le nouveau mécanisme de contrôle de constitutionnalité par voie d'exception. Comme l'article 61-1 le laissait entendre, l'article 46 de la loi constitutionnelle du 23 juillet 2008 confirmait explicitement, au titre des dispositions transitoires et finales de la révision, que l'entrée en vigueur du nouvel article 61-1 était différée et dépendrait de l'intervention de la loi organique nécessaire à son application et des conditions que cette loi organique pourrait mettre à cette entrée en vigueur.

Cette loi organique a été mise en chantier dès l'été 2008 avec le concours du Conseil constitutionnel, du Conseil d'État et de la Cour de cassation. Ces travaux ont pu s'inspirer, dans une large mesure, de l'avant-projet de loi organique qui avait été préparé en 1990 à l'occasion de la première tentative visant à introduire un contrôle de constitutionnalité par voie d'exception. Comme l'architecture du système retenu en 2008 ne différait pas substantiellement de celle qui avait été imaginée en 1990, l'avant-projet de texte préparé à l'époque pouvait, sur de nombreux points, servir de base utile au travail engagé à l'été 2008.

Quelques mois plus tard, au printemps de 2009, l'Assemblée nationale pouvait être saisie d'un projet de loi organique relatif à l'application de l'article 61-1 de la Constitution. Le projet était déposé, après délibération du Conseil des ministres et après avoir été soumis pour avis au Conseil d'État, le 8 avril 2009. Adopté en 1re lecture le 14 septembre 2009, il a été transmis au Sénat qui l'a adopté à son tour le 13 octobre 2009. Le texte du Sénat ayant été adopté sans changement en seconde lecture par l'Assemblée nationale le 24 novembre, le texte a pu être soumis au Conseil constitutionnel en application de l'article 61 de la Constitution le 25 novembre. Par sa décision n° 2009-595 DC du 3 décembre 2009, le Conseil a jugé conforme à la Constitution, à trois réserves d'interprétation près, le texte adopté, qui a été promulgué le 10 décembre et publié au *Journal officiel* du 11 décembre.

Cette loi organique a pris le parti d'insérer les dispositions qu'elle édictait au sein de l'ordonnance n° 58-1067 du 7 novembre 1958 portant loi organique sur le Conseil constitutionnel. Elle y a regroupé trois séries de dispositions, applicables respectivement devant les juridictions de premier degré et d'appel de l'ordre administratif et de l'ordre judiciaire, devant le Conseil d'État et la Cour de cassation et devant le Conseil constitutionnel. C'est cette loi organique qui a définitivement baptisé le mécanisme en lui conférant l'appellation de « question prioritaire de constitutionnalité », qui est très rapidement entré dans le langage courant de la communauté juridique, avec l'acronyme consécutif et corrélatif de « QPC ».

S'agissant des juridictions du premier et du second degré, la loi organique a précisé les formes et conditions dans lesquelles les parties devraient soulever la question de constitutionnalité qu'elles entendent faire trancher et a déterminé les critères au vu desquels la juridiction saisie devrait transmettre la question à la juridiction suprême de son ordre. S'agissant du Conseil d'État et de la Cour de cassation, la loi organique a traité à la fois de leur rôle de filtre des questions transmises par les juridictions de leur ordre et du renvoi des questions qui leur seraient directement posées. La loi organique comprenait aussi des dispositions propres à l'organisation interne de la Cour de cassation pour le traitement des questions de constitutionnalité en instituant en son sein une formation de jugement particulière (dispositions qui n'ont toutefois pas vécu longtemps, étant abrogées dès le mois de juillet

2010 par l'article 12 de la loi organique n° 2010-830 du 22 juillet 2010). S'agissant du Conseil constitutionnel, la loi organique a précisé les principales modalités de la procédure et de l'instruction contradictoire devant lui.

En réglant ces différents points, la loi organique du 10 décembre 2009 a dessiné finement et précisément l'architecture du contrôle de constitutionnalité par voie d'exception, défini les modalités et conditions de sa mise en œuvre et fixé, *in fine*, la date d'entrée en vigueur du nouveau dispositif. Cette entrée en vigueur n'a pas été immédiate, mais a été reportée de près de trois mois pour permettre à l'ensemble des acteurs juridictionnels d'achever de se préparer à l'échéance : l'article 5 de la loi organique a ainsi différé l'entrée en vigueur du dispositif au premier jour du troisième mois suivant sa promulgation, ce qui a conduit à une entrée en vigueur au 1er mars 2010, en ouvrant à cette date la possibilité de présenter une question prioritaire de constitutionnalité dans toutes les instances qui étaient alors pendantes devant l'ensemble des juridictions administratives et judiciaires.

II - Les autres textes d'application

Dans l'intervalle séparant le 10 décembre 2009 du 1er mars 2010, trois textes complémentaires sont encore intervenus pour édicter des dispositions complémentaires à celles résultant de la loi organique : d'une part, le décret n° 2010-148 du 16 février 2010 fixant des dispositions réglementaires applicables à la procédure suivie devant les juridictions administratives et judiciaires, et le décret n° 2010-149 du 16 février 2010 relatif à la continuité de l'aide juridictionnelle, d'autre part, le règlement intérieur sur la procédure suivie devant le Conseil constitutionnel pour les questions prioritaires de constitutionnalité, adopté le 4 février 2010.

Le premier décret du 16 février 2010 a été rédigé au vu d'un travail préparatoire de qualité accompli, à partir de la fin de l'automne 2009, par deux groupes de travail, l'un institué au sein de la juridiction administrative, qui comprenait des présidents de tribunal administratif et de cour administrative d'appel, des membres du Conseil d'État, le secrétaire général des tribunaux administratifs et des cours administratives d'appel, un représentant de la Chancellerie et un représentant du Conseil constitutionnel, l'autre placé sous l'égide de la directrice des affaires civiles et du sceau qui a réuni des membres de la Cour de cassation, des magistrats des juridictions du fond, les directions du ministère de la justice et un représentant du Conseil constitutionnel.

La forme de ce décret sort de l'ordinaire, en ce qu'il s'agit d'un décret du président de la République, délibéré en Conseil des ministres, le Conseil constitutionnel ayant été consulté et le Conseil d'État entendu. Cette forme particulière découlait de l'article 4 de la loi organique du 10 décembre 2009, qui a expressément prévu l'intervention d'un tel décret. Alors que l'article 61-1 de la Constitution avait renvoyé à la loi organique le soin de déterminer ses « conditions d'application », la loi organique a elle-même renvoyé à un décret de ce type, qui est le type applicable aux décrets régissant le Conseil constitutionnel en vertu de l'article 55 de l'ordonnance organique du 7 novembre 1958, le soin d'intervenir en complément, pour fixer des « modalités » d'application n'ayant pas déjà été réglées au niveau organique. Le Conseil constitutionnel a admis, au considérant 36 de la décision n° 2009-595 DC du 3 décembre 2009, que le renvoi à un tel décret pour fixer les modalités d'application des dispositions organiques n'était pas contraire à la Constitution.

Le contenu du décret sort aussi, sur certains points, de l'ordinaire, en ce qu'il édicte, en particulier, des règles de procédure pénale par voie réglementaire, alors que cette matière relève normalement du domaine de la loi en vertu de l'article 34 de la Constitution. La compétence du pouvoir réglementaire s'explique, pour les mesures qui sont spécifiques au traitement des questions de constitutionnalité, par la double habilitation donnée successivement par la Constitution à la loi organique, puis par la loi organique au décret pris après consultation du Conseil constitutionnel, avis du Conseil d'État et délibération du Conseil des ministres, pour fixer toutes les modalités, non prévues directement par la loi organique, qui paraissent utiles à l'application du mécanisme.

Ce premier décret du 16 février a été modifié par un décret n° 2010-1216 du 15 octobre 2010 pour tirer les conséquences, au plan réglementaire, de la suppression de la formation spéciale de la Cour de cassation par l'effet de la loi organique du 22 juillet 2010 et pour étendre à la Cour de cassation les dispositions relatives au traitement des affaires sérielles qui avaient été conçues à l'origine pour les juridictions administratives.

L'autre décret du 16 février, pris dans la même forme que le précédent, a organisé la continuité de l'aide juridictionnelle pour les questions de constitutionnalité transmises par les juridictions, au stade de l'examen des questions par le Conseil d'État ou par la Cour de cassation puis, le cas échéant, au stade du Conseil constitutionnel.

Enfin, l'édiction, par le Conseil constitutionnel, d'un règlement intérieur particulier pour l'examen des questions prioritaires de constitutionnalité, a achevé de compléter le dispositif normatif. L'article 4 de la loi organique du 10 décembre 2009 a renvoyé, pour ce qui concerne la procédure applicable devant le Conseil constitutionnel, à l'article 56 de l'ordonnance organique du 7 novembre 1958, c'est-à-dire au règlement intérieur du Conseil habilité à définir ainsi les règles de procédure applicables devant lui en complément de celles directement fixées par l'ordonnance. Le Conseil a adopté le 4 février 2010 les dispositions de son règlement intérieur régissant l'examen des questions de constitutionnalité, lequel a été mis en ligne sur le site du Conseil et publié au *Journal officiel* du 18 février 2010, en même temps que les décrets du 16 février. Il n'a été modifié que de façon très ponctuelle, le 24 juin 2010, pour supprimer la mention du nom du rapporteur dans les décisions rendues.

Dix jours avant le 1er mars 2010, tous les textes nécessaires à la mise en œuvre du nouvel article 61-1 de la Constitution étaient ainsi publiés. L'entrée en vigueur du dispositif était marquée par une visite du président de la République au Conseil constitutionnel le 1er mars 2010. Ce même jour, le Conseil d'État et la Cour de cassation étaient saisis de plusieurs questions de constitutionnalité. Les premières décisions du Conseil d'État procédant au renvoi de questions au Conseil constitutionnel ont été rendues le 14 avril 2010 après des audiences tenues le 7 avril. La Cour de cassation a, pour sa part, procédé à de premiers renvois le 7 mai. Le Conseil constitutionnel s'est prononcé pour la première fois le 28 mai 2010 sur des questions de constitutionnalité, en statuant sur les première et troisième questions renvoyées par le Conseil d'État.

Première partie

Un procès dans le procès

Chapitre 1

La question de constitutionnalité dans le procès ordinaire

Le Constituant et le législateur organique ont mis en place une procédure préjudicielle d'un type particulier, devant conduire au renvoi au Conseil constitutionnel des questions de constitutionnalité nouvelles ou sérieuses soulevées par les justiciables à l'occasion des procès engagés devant les juridictions administratives et judiciaires. Cette procédure particulière réserve un rôle particulier au Conseil d'État et à la Cour de cassation pour assurer le filtrage des renvois. Les conditions de mise en œuvre du dispositif, ses règles de procédures et ses délais ont été précisément déterminés.

Section 1
Une procédure extraordinaire dans le cours ordinaire des procès

I - Une procédure préjudicielle prioritaire

La question prioritaire de constitutionnalité présente le caractère d'une procédure préjudicielle revêtue d'un caractère prioritaire. En cela, elle se différencie des autres mécanismes de question préjudicielle existant devant les juridictions administratives et judiciaires, qu'il s'agisse des questions transmises d'un ordre de juridiction à l'autre ou de celles renvoyées au juge communautaire. Ces autres questions préjudicielles ne sont en effet posées qu'après que le juge a examiné les différents moyens soulevés par la requête. Ce n'est que si le juge ne peut résoudre le litige sans que soit tranchée la question qui relève de l'autre ordre de juridiction ou du juge communautaire qu'il pose une question préjudicielle.

Tout autre est le mécanisme de la question de constitutionnalité tel qu'organisé par la loi organique du 10 décembre 2009, qui impose au juge de procéder d'abord à l'examen du moyen de constitutionnalité avant d'examiner les autres moyens et de résoudre le litige. Le caractère prioritaire de l'examen de la question de constitutionnalité conduit à donner une place première à l'examen des moyens de constitutionnalité ; le juge ne peut examiner la requête au fond, même pour y faire droit, sans avoir d'abord traité la question de constitutionnalité.

Le choix de ce caractère prioritaire se manifeste essentiellement, au-delà de l'intitulé donné à la question et au soin mis par le législateur organique à préciser tous les délais de procédure applicables, par deux précisions importantes pour la mise en œuvre du mécanisme. La première insiste, à l'article 23-2 de l'ordonnance organique, sur l'impératif pour les juridictions du fond d'examiner la question « *sans délai* », c'est-à-dire le plus vite possible, sans enserrer pour autant le jugement dans un délai déterminé. Corollairement, il appartient au Conseil d'État et à la Cour de cassation de se prononcer sur le renvoi des questions qui leur ont été transmises dans un délai déterminé, conformément à ce que prévoit la Constitution, fixé à trois mois par l'article 23-5 de l'ordonnance organique. La seconde précision porte sur l'ordre d'examen par la juridiction des différents moyens de droit qui lui sont soumis. L'article 23-2 de l'ordonnance organique, pour les juridictions du fond, et l'article 23-5, pour le Conseil d'État et la Cour de cassation, instituent une priorité d'examen relative, au bénéfice des moyens de constitutionnalité, entre les moyens mettant en cause la conformité de la loi à la Constitution et les moyens mettant en cause la compatibilité de la loi aux engagements internationaux.

II - Les juridictions concernées

Le mécanisme conduit le juge ordinaire à suspendre le cours du procès pour s'interroger sur la nécessité de saisir le Conseil constitutionnel de la question posée. Ce mécanisme préjudiciel est actionné par les cours suprêmes des deux ordres de juridictions que sont le Conseil d'État et la Cour de cassation.

La quasi-totalité des juridictions françaises sont concernées par le mécanisme puisque l'article 23-1 de la loi organique vise toutes les juridictions relevant du Conseil d'État ou de la Cour de cassation. Sont ainsi concernées aussi bien les juridictions d'instruction que les juridictions de jugement, les juridictions spécialisées que les juridictions de droit commun. La seule exception concerne les juridictions n'appartenant ni à l'ordre administratif ni à l'ordre judiciaire.

Il s'agit, pour l'essentiel, du Tribunal des conflits. La nature des questions qui lui sont soumises n'a pas paru imposer que ce tribunal, qui ne relève pas du Conseil d'État ou de la Cour de cassation, mette en œuvre le mécanisme d'exception d'inconstitutionnalité même si l'hypothèse n'est pas impossible. Ainsi, en 2010, à propos d'une disposition législative ayant entendu modifier de façon rétroactive la nature, publique ou privée, des contrats passés entre EDF et les producteurs autonomes d'électricité, le Tribunal des conflits a écarté l'application rétroactive de la loi en se fondant sur la Convention européenne des droits de l'homme (T. confl., 13 décembre 2010, *Sté Green Yellow c/ EDF*, n° 3800). Mais en tout état de cause, une question de constitutionnalité peut être soulevée avant ou après le Tribunal des conflits, devant la juridiction initialement saisie ou celle déclarée compétente.

Est également exclue la Cour supérieure d'arbitrage, instituée par la loi du 11 février 1950 relative aux conventions collectives et aux procédures de règlement des conflits collectifs du travail, dont l'activité est fort réduite.

III - L'objet de la question : la contestation d'une disposition législative

L'article 61-1 de la Constitution institue un contrôle de constitutionnalité par voie d'exception à l'encontre de toute « disposition législative ». Le contrôle peut ainsi porter sur tous les actes de valeur législative.

Sont ainsi incluses dans le champ des dispositions contestables toutes les dispositions législatives résultant des lois « ordinaires », mais aussi des lois organiques, des lois de finances ou des lois de financement de la sécurité sociale, des ordonnances prises en vertu de l'article 38 une fois ratifiées, voire des actes pris en matière législative par le titulaire du pouvoir exécutif en période de confusion des pouvoirs (Gouvernement provisoire de la République française en 1944-45, article 16 de la Constitution de 1958).

S'agissant des lois organiques, on peut toutefois penser que seules les ordonnances organiques prises en 1958-1959 en application de l'ancien article 92 de la Constitution pourront en pratique donner lieu à des questions de constitutionnalité. En effet, ces ordonnances organiques n'ont pas été soumises au Conseil constitutionnel, qui n'a été mis en place que le 5 mars 1959, alors que les lois organiques adoptées depuis lors lui ont été soumises pour l'ensemble de leurs dispositions. Ce n'est qu'en cas de « changement des circonstances », comme l'envisage l'article 23-2 de l'ordonnance organique, que ces lois organiques pourront faire l'objet d'une question de constitutionnalité.

Les lois référendaires, qui ne sont pas contestables par la voie du contrôle *a priori*, seront-elles écartées du champ de la question prioritaire de constitutionnalité ? La lettre des dispositions constitutionnelles ne l'impose pas. Mais, alors que la rédaction de l'article 61 de la Constitution ne commande pas directement la solution retenue par le Conseil constitutionnel, consistant à exclure de ce contrôle les lois adoptées par la voie du référendum, il y aurait, à vrai dire, une forme de paradoxe à ce que puissent être contestées par la voie de l'exception des lois qui ne peuvent faire l'objet d'une contestation par la voie du contrôle *a priori* de constitutionnalité. Sauf à ce que le Conseil constitutionnel ne revienne, dans le cadre du contrôle *a priori*, sur sa jurisprudence sur les lois référendaires, il paraît peu probable qu'il accepte de connaître de ces lois par la voie du contrôle *a posteriori*.

En revanche, il paraît clair que les lois constitutionnelles, eu égard à leur objet et à leur nature, ne pourront être contestées devant le Conseil constitutionnel sur le fondement de l'article 61-1 de la Constitution (V. la décision n° 2003-469 DC du 26 mars 2003).

Les lois du pays de la Nouvelle-Calédonie, qui pouvaient faire l'objet d'un contrôle *a priori* devant le Conseil constitutionnel depuis les accords de Nouméa de 1998, ont été incluses dans le champ de la question prioritaire de constitutionnalité. L'article 23-8 de la loi organique le précise tout en procédant aux quelques adaptations procédurales nécessaires, notamment pour l'information des autorités de cette collectivité.

IV - La forme de la question : un moyen soulevé au cours d'une instance

L'article 23-1 de la loi organique qualifie la question prioritaire de constitutionnalité de « moyen ». La question de constitutionnalité constitue un motif juridique invoqué par une partie au soutien d'une de ses prétentions. Elle ne peut donc constituer ni la cause ni l'objet principal de l'instance : elle est soulevée au soutien d'une demande d'une partie et en est l'accessoire jusqu'à ce que le Conseil constitutionnel en soit, le cas échéant, saisi.

Les parties à l'instance, qu'elles soient en demande ou en défense, peuvent soulever un tel moyen. En va-t-il de même pour un simple intervenant ? Saisi de cette question, le Conseil d'État ne l'a finalement pas tranchée, les parties s'étant entre temps approprié la question de constitutionnalité soulevée par l'intervenant dans son mémoire (CE, 14 juin 2010, *Association nationale des sociétés d'exercice libéral*, n° 328937). Les termes de l'article 61-1 de la Constitution comme ceux de la loi organique ne limitent pas expressément les questions prioritaires de constitutionnalité aux « parties » au sens plein du terme, mais retiennent une formulation impersonnelle (« Lorsqu'il est soutenu… à l'occasion d'une instance… »). Les dispositions réglementaires du Code de justice administrative, du Code de procédure pénale et du Code de procédure civile se réfèrent quant à elles aux « parties », mais ce terme n'est pas toujours univoque, en particulier pour ce qui concerne la procédure contentieuse administrative. De forts arguments tenant au respect de la volonté et de la stratégie procédurale des parties plaident cependant en faveur d'une limitation de la possibilité de soulever une question prioritaire de constitutionnalité aux seules parties à l'instance : admettre qu'un intervenant puisse soulever une telle question conduirait à lui permettre de bouleverser le cours du procès et, d'une certaine façon, à modifier la nature des conclusions des parties. Laisser aux seules parties l'initiative de soulever une question prioritaire de constitutionnalité est une solution plus respectueuse de leur stratégie contentieuse.

Compte tenu de sa nature, la question de constitutionnalité présente le caractère d'un moyen de droit, qui s'apparente à certains égards à un moyen de pur droit dans la mesure où, comme le précise l'article 23-1, il peut être soulevé pour la première fois en cassation. En revanche il ne peut être relevé d'office par le juge. Le Conseil constitutionnel a jugé que la loi organique avait pu apporter cette précision à partir de la formulation du premier alinéa de l'article 61-1 de la Constitution : il a déduit de cette formulation qu'elle fait « interdiction à la juridiction saisie de soulever d'office une question prioritaire de constitutionnalité » (V. le considérant 9 de la décision n° 2009-595 DC du 3 décembre 2009).

Si le juge ne peut d'office soulever une question de constitutionnalité, une incertitude demeure sur la faculté pour le ministère public de le faire. Les débats parlementaires ont souligné que le ministère public sera compétent pour soulever une question s'il est partie principale à l'instance. Mais pourra-t-il le faire en dehors de cette hypothèse, par exemple lorsqu'il intervient à l'instance en qualité de partie jointe ? La question demeure ouverte. Il reviendra à la jurisprudence de préciser cette question du rôle du ministère public, que la loi organique ne règle pas expressément.

V - L'obligation de surseoir à statuer en cas de renvoi

Dès lors qu'elle a transmis la question, la juridiction doit surseoir à statuer jusqu'à réception de la décision du Conseil d'État ou de la Cour de cassation ou, s'il a été saisi, du Conseil constitutionnel, sauf à prendre les mesures conservatoires utiles et provisoires (article 23-3 de la loi organique, 1er alinéa).

Il existe toutefois une exception à l'obligation de sursis à statuer, lorsqu'une personne est privée de liberté à raison de l'instance au moment où la question est soulevée ou bien lorsque l'instance a pour objet de mettre fin à une mesure privative de liberté (article 23-3, 2e alinéa). Il s'agit d'une exception automatique, en ce sens que la juridiction ne peut surseoir à statuer dans ce cas.

D'autres exceptions au sursis à statuer, facultatives celles-là, ont été posées par les trois derniers alinéas de l'article 23-3, dans des hypothèses où il est urgent qu'une décision puisse intervenir rapidement. La première concerne l'hypothèse où la loi ou le règlement prévoit que la juridiction statue dans un délai déterminé ou en urgence ; la deuxième est celle où le sursis à statuer risquerait d'entraîner des conséquences irrémédiables ou manifestement excessives pour les droits d'une partie (dans ce cas, la juridiction qui décide de transmettre la question peut statuer sur les points qui doivent être immédiatement tranchés) ; la troisième est celle d'un pourvoi en cassation introduit alors que l'intéressé est privé de liberté à raison de l'instance et que la loi prévoit que la Cour de cassation statue dans un délai déterminé. Dans ces trois cas, le juge peut prendre les mesures nécessaires ou statuer sans attendre la décision relative à la question prioritaire de constitutionnalité.

Ces dispositions ont conduit le Conseil d'État, statuant lui-même comme juge des référés, à admettre que le juge des référés puisse prendre des mesures provisoires alors même qu'une question de constitutionnalité est soulevée devant lui et qu'il estime devoir transmettre la question. Ainsi, même s'il décide de renvoyer la question au Conseil constitutionnel, le juge des référés peut faire usage des pouvoirs que lui confère l'article L. 521-1 du Code de justice administrative et ordonner à titre provisoire la suspension de l'exécution de l'acte attaqué, s'il estime que les conditions posées par cet article sont remplies (CE, réf, 21 octobre 2010, *Conférence nationale des présidents des unions régionales de médecins libéraux*, n° 343527, *Rec.*). De la même façon, saisi dans le cadre d'un référé liberté, le juge des référés peut prendre toutes les mesures provisoires et conservatoires nécessaires, tout en appréciant si les conditions mises à la transmission au Conseil d'État ou au renvoi au Conseil constitutionnel de la question de constitutionnalité sont réunies (CE, réf, 16 juin 2010, *Mme Diakité*, n° 340250, *Rec.*).

De son côté, la chambre criminelle de la Cour de cassation a eu à connaître de l'hypothèse d'une question prioritaire de constitutionnalité posée à la chambre de l'instruction qui statue sur la détention (Crim., 2 sept 2010, n° 10-84027, publié au *Bull.*). Elle a jugé que si, lorsque la question est transmise, il n'est pas sursis à statuer jusqu'à réception de la décision de la Cour de cassation ou, s'il a été saisi, du Conseil constitutionnel, quand l'instance a pour objet de mettre fin à une mesure privative de liberté, il appartient cependant à la chambre de l'instruction de statuer sur la transmission de la question prioritaire de constitutionnalité par priorité et sans délai. Encourt dès lors la cassation l'arrêt de la chambre de l'instruction qui statue sur la détention sans examiner la question prioritaire de constitutionnalité, pour statuer sur ladite question par un arrêt postérieur, alors qu'il lui revenait de statuer sur la transmission de la question et sur le fond dans les délais impartis par la loi en matière de détention. La question prioritaire de constitutionnalité reste donc prioritaire, y compris devant le juge des recours contre la décision de détention.

VI - Une atténuation du caractère prioritaire en cas de mise en cause de la conformité de la disposition législative avec le droit communautaire ?

Le législateur organique a fait le choix de conférer un caractère prioritaire à la question de constitutionnalité, lorsque les parties au litige ont soulevé une telle question. Il a institué en conséquence une priorité d'examen entre les moyens mettant en cause la conformité de la loi à la Constitution et ceux mettant en cause la compatibilité de la loi aux engagements internationaux (articles 23-2 et 23-5 de la loi organique). Si la question, essentielle, de l'articulation entre contrôle de constitutionnalité et contrôle de conventionnalité fera l'objet de développements plus substantiels par la suite, sera déjà abordée, à ce stade, celle de son incidence sur le caractère prioritaire de l'exception d'inconstitutionnalité.

La doctrine s'est interrogée sur la compatibilité de ces dispositions de la loi organique avec la jurisprudence de la Cour de justice des communautés européenne, au regard notamment des termes de l'arrêt *Simmenthal*, rendu le 9 mars 1978 (affaire CJCE 106/77), qui précise que le juge national doit procéder, « de sa propre autorité » et sans délai, à l'application du droit communautaire.

Dans un arrêt du 16 avril 2010, la Cour de cassation a décidé de poser à la Cour de justice de l'Union européenne, dans le cadre de l'article 267 du Traité sur le fonctionnement de l'Union européenne (TFUE), une question préjudicielle sur la compatibilité du caractère prioritaire de la question de constitutionnalité avec les exigences découlant de la primauté du droit communautaire.

Par l'arrêt rendu le 22 juin 2010, la Cour de justice de l'Union européenne a admis que le mécanisme prioritaire n'était pas contraire au droit de l'Union tout en fixant certaines limites. L'arrêt rappelle ainsi qu'afin d'assurer la primauté du droit de l'Union, le juge national doit rester libre de saisir, à tout moment de la procédure qu'il juge approprié, et même à l'issue d'une procédure incidente de contrôle de constitutionnalité, la Cour de justice de toute question préjudicielle qu'il juge nécessaire. Dans cette perspective, l'article 267 TFUE s'oppose, dit la Cour, à une législation nationale instaurant une procédure incidente de contrôle de constitutionnalité des lois nationales qui empêcherait le juge national d'exercer cette faculté. Seule peut satisfaire à cette exigence une procédure qui laisse les juridictions nationales libres :

– de saisir la Cour, à tout moment de la procédure qu'elles jugent approprié, et même à l'issue de la procédure incidente de contrôle de constitutionnalité ;

– d'adopter toute mesure nécessaire afin d'assurer la protection juridictionnelle provisoire des droits conférés par l'ordre juridique de l'Union ;

– et de laisser inappliquée, à l'issue d'une telle procédure incidente, la disposition législative nationale en cause si elles la jugent contraire au droit de l'Union.

La CJUE confie à la juridiction de renvoi la mission de vérifier si la législation nationale peut être interprétée conformément à ces exigences du droit de l'Union.

La Cour de cassation, mettant en exergue le fait qu'elle ne peut pas prononcer de mesures provisoires ou conservatoires, a tiré de cet arrêt la conséquence que lorsqu'un litige met en jeu la conformité d'une disposition avec le droit européen, elle doit, pour sauvegarder l'application du droit européen, d'abord se prononcer sur cette conformité, soit en renvoyant une question préjudicielle soit en la tranchant elle-même (Cass., 29 juin 2010, n° 12132, *Melki et Abdeli*). Le caractère prioritaire d'une question de constitutionnalité doit dans ce cas, selon l'arrêt de la Cour de cassation, s'effacer devant les dispositions du droit communautaire.

Le Conseil d'État, pour sa part, a, après l'arrêt de la Cour de justice, rejeté une demande de question préjudicielle à la Cour par une décision du 8 octobre 2010 *Daoudi* (n° 338505, publié au *Rec.*), en estimant qu'il n'y avait pas sérieusement matière à renvoi, avant de renvoyer au Conseil constitutionnel une question de constitutionnalité présentant un caractère nouveau. Cette décision n'exclut pas qu'une question préjudicielle à la Cour de justice de l'Union européenne puisse être posée en même temps qu'une question prioritaire de constitutionnalité.

La mise en cause de la conformité d'une disposition législative au droit communautaire est donc susceptible de conduire, dans certaines hypothèses, à atténuer le caractère prioritaire du mécanisme de la question de constitutionnalité.

Section 2
Le rôle de filtre des juridictions suprêmes

I - Le principe du filtre des questions par les juridictions suprêmes

Le Constituant a fait le choix d'écarter le modèle du contrôle diffus de la constitutionnalité des lois par voie d'exception et de réserver au Conseil constitutionnel l'exercice de ce contrôle. Ce premier choix, structurant, a été accompagné d'un autre consistant à confier au Conseil d'État et à la Cour de cassation le soin d'exercer un filtrage des questions transmises au Conseil constitutionnel. Ce choix délibéré visait, d'une part, à éviter que naissent à l'occasion de l'introduction du mécanisme d'exception d'inconstitutionnalité des procédures dilatoires qui ralentiraient ou paralyseraient l'action de la justice et, d'autre part, à prévenir l'encombrement du Conseil constitutionnel. Il est apparu cohérent, dans cette optique, de prévoir un filtre confiant aux juridictions suprêmes le soin d'apprécier si la question de l'inconstitutionnalité paraît suffisamment fondée pour être renvoyée devant le Conseil constitutionnel.

Le Conseil d'État et la Cour de cassation sont, l'un comme l'autre, conduits à exercer ce rôle de deux façons différentes, selon que les questions de constitutionnalité leur sont transmises par les juridictions ordinaires ou sont posées pour la première fois devant eux.

La Cour de cassation peut, en ce qui la concerne, être amenée à examiner une question d'inconstitutionnalité dans quatre hypothèses :

– lorsqu'une juridiction du fond lui transmet une question prioritaire de constitutionnalité ;

– lorsqu'une partie forme un pourvoi contre l'arrêt d'une cour d'appel (ou un jugement rendu en premier et dernier ressort) qui, après avoir refusé de renvoyer à la Cour de cassation, statue sur le fond ;

– lorsqu'une partie soulève, pour la première fois devant elle à l'occasion d'un pourvoi, en demande ou en défense, la question de constitutionnalité ;

– lorsqu'un moyen d'inconstitutionnalité est soulevé dans un écrit accompagnant la déclaration d'appel d'un arrêt rendu par la cour d'assises en premier ressort (écrit immédiatement transmis par la cour d'assises).

Le Conseil d'État peut quant à lui être saisi dans trois hypothèses :

– lorsqu'une juridiction du fond lui transmet une question prioritaire de constitutionnalité,

– lorsqu'une partie forme un pourvoi contre l'arrêt d'une cour administrative d'appel (ou un jugement rendu en premier et dernier ressort) qui, après avoir refusé de renvoyer une question prioritaire de constitutionnalité, statue sur le fond ;

– lorsqu'une partie soulève, pour la première fois devant lui, à l'occasion d'un recours direct, d'un appel ou d'un pourvoi en cassation, en demande ou en défense, une question de constitutionnalité qui se greffe au litige dont il est saisi.

Dans chacun des ordres juridictionnels, la cour suprême joue ainsi un rôle de filtre qui s'exerce de deux façons, selon qu'elle est saisie directement d'une question ou que celle-ci lui est transmise par les juridictions du premier et du second degré. Elle procède au renvoi en cas de question nouvelle ou présentant un caractère sérieux.

La réforme revient à laisser un pouvoir d'appréciation non négligeable aux juridictions suprêmes, qui deviennent *de facto* juges – juges de second rang mais juges tout de même – de la constitutionnalité des lois, dans la mesure où, en s'abstenant de saisir le Conseil constitutionnel, elles sont conduites à reconnaître indirectement la constitutionnalité de la disposition législative contestée.

II - L'organisation des juridictions suprêmes pour examiner les questions

Au Conseil d'État, l'examen des questions de constitutionnalité a été d'emblée confié aux sous-sections de la section du contentieux, c'est-à-dire aux formations ordinaires.

À la Cour de cassation, c'est une organisation différente qui a d'abord prévalu. La loi organique du 10 décembre 2009 avait mis en place deux formations spéciales alternatives pour examiner les QPC, présidées toutes les deux par le premier président de la Cour et composées, la première, des présidents des chambres et de deux conseillers appartenant à chaque chambre spécialement concernée, et la seconde, du président de la chambre spécialement concernée et d'un conseiller de cette dernière (article 23-6 de l'ordonnance du 7 novembre 1958 portant loi organique sur le Conseil constitutionnel). En pratique, la première formation, dont la composition s'inspirait des formations d'avis, a été exclusivement réunie. Elle avait été créée afin d'assurer la cohérence de la jurisprudence de la Cour dans une matière qu'elle ne pratiquait pas, et alors que les juridictions susceptibles de la saisir étaient très diverses.

La loi organique n° 2010-830 du 22 juillet 2010 relative à l'application de l'article 65 de la Constitution a supprimé les formations spécialisées de la Cour de cassation en charge des QPC. La compétence en matière de QPC appartient dorénavant aux formations ordinaires de la Cour, les chambres. Cette réforme procédurale polémique s'est inscrite dans une démarche législative ayant un tout autre objet puisque traitant de la composition du Conseil supérieur de la magistrature, du statut de la magistrature et de la mise en cause de la responsabilité des magistrats par les justiciables. La suppression est inscrite laconiquement à l'article 12 de cette loi organique, qui abroge l'article 23-6 de l'ordonnance portant loi organique du 7 novembre 1958, moins d'un semestre après la mise en place des formations spécialisées. Le décret n° 2010-2016 du 15 octobre 2010 donne plein effet à cette disposition législative, mais la Cour de cassation n'a pas attendu la parution du décret pour appliquer le nouveau dispositif. La modification de la procédure est devenue effective le 1er septembre 2010.

Les QPC sont donc désormais traitées, à la Cour de cassation comme au Conseil d'État, par les différentes chambres ou sous-sections de la section du contentieux. Il en résulte plusieurs formations de jugement possibles : à la Cour de cassation, depuis la formation restreinte, composée de trois conseillers spécialisés de la section compétente, éventuellement jumelés avec ceux d'une autre section, jusqu'à la formation plénière de chambre, voire les chambres mixtes ; au Conseil d'État, depuis la décision d'un conseiller statuant seul jusqu'à l'Assemblée du contentieux. On constate qu'au Conseil d'État, aucune décision relative à une QPC n'a été rendue par une formation supérieure de jugement (Section ou Assemblée du contentieux). Les QPC sont le plus souvent examinées en formation de sous-sections réunies, parfois en sous-section jugeant seule et le cas échéant, quand se pose une question de compétence de la juridiction ou de recevabilité de la demande, par ordonnance.

Section 3
Les conditions de mise en œuvre

I - Les textes applicables

La loi organique du 10 décembre 2009 a inséré dans l'ordonnance portant loi organique sur le Conseil constitutionnel un nouveau chapitre II bis sur la question prioritaire de constitutionnalité. Les deux premières sections de ce chapitre, consacrées respectivement aux dispositions applicables devant les juridictions relevant du Conseil d'État ou de la Cour de cassation (articles 23-1 à 23-3) et aux dispositions applicables devant le Conseil d'État et la Cour de cassation (articles 23-4 à 23-7), décrivent dans ses grandes lignes la procédure de traitement des questions prioritaires de constitutionnalité devant les juridictions administratives et judiciaires. Ces règles organiques ont été complétées par des dispositions réglementaires spécifiques à chaque ordre de juridiction.

La procédure applicable par les juridictions administratives a été détaillée dans le Code de justice administrative, au sein d'un chapitre 1er bis consacré à la question prioritaire de constitutionnalité, créé au sein du titre VII (Disposition spéciales) du Livre VII (Le jugement). Ce chapitre distingue les dispositions applicables devant les tribunaux administratifs et les cours administratives d'appel de celles applicables devant le Conseil d'État. Il comporte deux articles organiques (LO 771-1 et LO 771-2) et des articles réglementaires (articles R. 771-3 à 771-21).

Pour ces juridictions administratives spécialisées que sont les juridictions financières, le Code des juridictions financières comporte un article LO 142-2 qui renvoie, pour les questions de constitutionnalité soulevées devant une juridiction régie par ce Code, aux règles définies par les articles 23-1 à 23-3 de l'ordonnance du 7 novembre 1958. Il n'y a pas, devant les juridictions financières, de dispositions spécifiques autres que celles figurant au second alinéa de l'article LO 142-2, qui indiquent que devant une juridiction financière, l'affaire est communiquée au ministère public dès que le moyen tiré de ce qu'une disposition législative porte atteinte aux droits et libertés garantis par la Constitution est soulevé, afin qu'il puisse faire connaître son avis.

La procédure de traitement des QPC par les juridictions judiciaires se trouve quant à elle décrite à la fois dans le Code de procédure civile, le Code de procédure pénale et le Code de l'organisation judiciaire.

Dans le Code de procédure civile, un titre V bis consacré à la question prioritaire de constitutionnalité, inséré dans le livre Ier, comprend les règles applicables aux juridictions judiciaires statuant en matière civile, organisées en deux chapitres, l'un relatif à la transmission par les juges du fond de la QPC à la Cour de cassation, l'autre à la transmission de la question par la Cour de cassation au Conseil constitutionnel (articles 126-1 à 126-12). Dans le Code de procédure pénale, a été créé au début du livre IV un titre Ier bis, composé lui aussi de deux chapitres, comprenant les règles applicables aux juridictions judiciaires statuant en matière pénale (article LO 630 et articles R. 49-21 à R. 49-33, regroupés en un chapitre consacré à la transmission par les juges du fond de la QPC à la Cour de cassation et un chapitre relatif à la transmission de la question par la Cour de cassation au Conseil constitutionnel). Le Code de l'organisation judiciaire comporte quant à lui quelques dispositions relatives à l'organisation de la Cour de cassation pour le traitement des QPC (création d'un titre VI au sein du livre VI, composé des articles LO 461-1 et 461-2 ainsi que des articles R. 461-1 à R. 461-5 ; depuis la réforme de la procédure de traitement des QPC à la Cour de cassation, les articles pertinents du COJ sont les articles LO 461-1 et 461-2, L. 431-1 et R. 461-1).

II - Les conditions de recevabilité

La procédure prévue par l'article 61-1 de la Constitution et par la loi organique s'impose à peine d'irrecevabilité du moyen mettant en cause la constitutionnalité de la loi. Les conditions de recevabilité se posent en des termes identiques devant les juridictions suprêmes et devant les juridictions du premier et du second degré.

A - L'exigence d'un mémoire distinct et motivé

L'article 23-1 fixe une seule condition générale de recevabilité : la QPC doit être présentée dans un « mémoire distinct et motivé ». Cette condition, qui figure aux articles R. 771-3, R. 771-9 et R. 771-15 du Code de justice administrative, à l'article 126-2 du Code de procédure civile et aux articles R. 49-21, R. 49-22, R. 49-24 et R. 49-29 du Code de procédure pénale, est destinée à assurer le traitement rapide de la question et à garantir ainsi son caractère prioritaire.

La constitutionnalité de la loi doit donc être mise en cause sous la forme d'un mémoire distinct et motivé, présenté postérieurement au 1er mars 2010 (CE, Section, 16 juillet 2010, *Colomb*, n° 294329, *Rec.*). La contestation de la constitutionnalité de la loi ne peut pas prendre une autre voie que celle de la QPC soulevée dans les conditions fixées par l'ordonnance du 7 novembre 1958 (CE, 16 juillet 2010, *Mme Mezzi*, n° 319993). Le requérant qui ne produit pas d'autre écrit que le mémoire par lequel il a soumis au juge administratif les conclusions de sa requête ne satisfait pas à cette obligation et la question de constitutionnalité exposée dans le mémoire est irrecevable, quand bien même ce mémoire ne comporte pas d'autre moyen et qu'il a été produit avec la mention « question prioritaire de constitutionnalité » (CE, 2 juin 2010, *Ponsart*, n° 338965).

L'exigence ainsi posée quant à la présentation formelle de la question de constitutionnalité a pour effet de cristalliser la question. Une fois la question posée par le justiciable, il n'est plus possible de la modifier. Ainsi, dans le cas d'une QPC soulevée à l'appui d'un recours pendant devant un tribunal administratif ou une cour administrative d'appel et transmise par la juridiction saisie au Conseil d'État, ne sont pas recevables les moyens d'inconstitutionnalité qui n'ont pas été soumis à la juridiction et qui sont invoqués pour la première fois devant le Conseil d'État (CE, 16 juillet 2010, *Sté de brasseries et casinos Les Flots Bleus*, n° 339292, *Lebon T*). On constate cependant que la requête n'est en réalité cristallisée que sur les dispositions législatives contestées, le juge constitutionnel refusant d'examiner une disposition législative qui n'aurait pas été contestée dans la QPC, mais non sur les moyens invoqués à leur encontre, le règlement intérieur du Conseil constitutionnel sur la QPC envisageant expressément la possibilité pour le Conseil de soulever des griefs d'office. Le mémoire distinct et motivé a donc pour effet de figer le seul périmètre des dispositions législatives contestées.

L'exigence d'un mémoire distinct contribue au caractère abstrait du contrôle *a posteriori* de constitutionnalité. Elle déconnecte la question de constitutionnalité des faits de l'espèce, en imposant à la partie qui la pose de prendre du recul par rapport au litige et de faire une critique générale de la disposition législative contestée.

Si l'exigence d'un mémoire distinct et motivé n'est pas respectée, l'article R. 771-4 nouveau du CJA pose la règle selon laquelle il n'appartient pas à la juridiction saisie de faire régulariser. L'irrecevabilité découlant de l'absence d'un tel mémoire peut être soulevée d'office par le juge sans en informer préalablement les parties. Ceci n'interdit pas, bien sûr, aux parties de procéder spontanément à une régularisation.

Les juridictions pénales et les juridictions civiles doivent, elles aussi, soulever d'office l'irrecevabilité tenant à l'absence d'un mémoire écrit et motivé. Mais le juge devra mettre en demeure la personne de régulariser la procédure (article préliminaire du Code de procédure pénale, article 16 du Code de procédure civile et CE, Ass., 12 octobre 1979, *Rassemblement des nouveaux avocats de France et autres*). Le juge judiciaire ne peut donc sanctionner cette irrégularité qu'après avoir avisé la partie de l'obligation de formuler la QPC dans un écrit distinct et motivé et l'avoir invitée à régulariser.

B - L'absence de délai d'invocation d'une QPC

Le législateur organique n'a inséré l'invocation d'une QPC dans aucun délai. La QPC peut donc être soulevée à tout moment de l'instruction.

Devant le Conseil d'État, la QPC peut être invoquée jusqu'à la clôture de l'instruction, sauf possibilité exceptionnelle d'une production par la voie d'une note en délibéré. Devant la Cour de cassation, le mémoire spécial QPC doit de même être déposé dans le délai d'instruction du pourvoi (19 mars 2010, n° 09-81027). Lorsque le mémoire est produit hors du délai imparti au demandeur pour déposer un mémoire au fond, il n'est pas irrecevable de droit, mais il appartient à la chambre de décider s'il y a lieu de rouvrir l'instruction afin qu'il soit procédé à l'examen de la question prioritaire ou non (15 avril 2010, n° 09-15034), et cela même lorsque le mémoire est produit après le dépôt de son rapport par le conseiller rapporteur (Soc, 15 déc. 2010, n° 08-44-569).

C - Une condition spéciale d'irrecevabilité : la cour d'assises

L'article 23-1 de la loi organique prévoit une solution particulière pour le cas de la cour d'assises : il interdit qu'une QPC puisse être présentée devant elle. Cette règle, que justifient les spécificités de l'organisation de la cour d'assises et du déroulement du procès devant elle, constitue une restriction au droit, très vaste, que reconnaît l'article 61-1 de la Constitution de soulever une question de constitutionnalité. Le Conseil constitutionnel a jugé que cette restriction n'est pas contraire à l'article 61-1 de la Constitution (décision n° 2009-595 DC du 3 décembre 2009, cdt 10).

Il reste qu'une QPC peut être soulevée dans la phase de l'instruction, en amont du procès criminel, qui dure souvent plusieurs années. La loi organique prévoit en outre qu'en cas d'appel d'une décision de cour d'assises rendue en premier ressort, une QPC peut être soulevée au moment de la déclaration d'appel.

III - La procédure d'instruction des questions

Les juridictions judiciaires comme les juridictions administratives ont un délai bref pour se prononcer sur les QPC dont elles sont saisies. Ce délai doit intégrer le déroulement de l'instruction contradictoire entre les parties au litige de fond.

À cet égard, il existe de légères différences entre la procédure devant les juridictions du fond et les juridictions suprêmes, ainsi qu'entre le Conseil d'État et la Cour de cassation.

A - Devant les juridictions du premier et du second degré

Devant les tribunaux administratifs et les cours administratives d'appel, le mémoire soulevant la question prioritaire de constitutionnalité est notifié aux autres parties. C'est donc entre elles seules qu'a lieu l'échange contradictoire. Un « bref délai », qui n'est pas précisément fixé, leur est imparti pour présenter les observations.

L'article R. 771-5 du CJA précise que, s'il apparaît de façon certaine, au vu du mémoire distinct, qu'il n'y a pas lieu de transmettre au Conseil d'État la QPC, le mémoire distinct et motivé relatif à la QPC n'est pas notifié aux autres parties.

Devant les juridictions civiles et pénales du premier et du second degré, le débat contradictoire est également limité aux parties et n'est pas élargi à d'autres autorités. Mais dans un cas comme dans l'autre, le ministère public est obligatoirement partie jointe, lorsqu'il n'est pas partie principale. Il doit en conséquence avoir communication du dossier pour pouvoir donner son avis sur la question soulevée et être également averti de la date de l'audience.

C'est en tenant compte de la particularité des juridictions financières que l'article LO 142-2 du Code des juridictions financières, s'inspirant de ces dispositions, a prévu que devant une juridiction financière, l'affaire est communiquée au ministère public dès que le moyen tiré de ce qu'une disposition législative porte atteinte aux droits et libertés garantis par la Constitution est soulevé, afin qu'il puisse faire connaître son avis.

Devant les juridictions judiciaires du premier et du second

degré, les dispositions procédurales applicables ne précisent pas le délai laissé aux parties et au ministère public pour produire leurs observations. Il est seulement indiqué que le juge statue « sans délai », le ministère public avisé et les autres parties entendues ou appelées (C. pr. civ., article 126-4), ou « après que le ministère public et les parties, entendues ou appelées, ont présenté leurs observations sur la question prioritaire de constitutionnalité » (C. pr. pén., article R. 49-25). Ce dernier article ajoute que la juridiction peut statuer sans recueillir ces observations s'il apparaît de façon certaine qu'il n'y a pas lieu de transmettre la question.

B - Devant le Conseil d'État et la Cour de cassation

Devant le Conseil d'État, l'échange contradictoire est élargi au ministre compétent et au Premier ministre. Il ne reste donc pas, comme devant les tribunaux administratifs et les cours administratives d'appel, circonscrit aux parties.

Pour les questions soulevées directement devant le Conseil d'État, il est imparti aux parties, ainsi qu'au ministre compétent et au Premier ministre, « un bref délai » pour présenter leurs observations (article R. 771-15 du CJA). Lorsque le Conseil d'État est saisi d'une question de constitutionnalité transmise par les tribunaux et les cours, le délai pour produire laissé aux parties, ainsi qu'au ministre compétent et au Premier ministre, est fixé à un mois (article R. 771-20). Ce délai court normalement, en ce qui concerne les parties, à compter de la notification de la décision de transmission et doit être indiqué dans la notification de cette décision. En l'absence d'indication dans la notification, il appartient au Conseil d'État de l'indiquer. Le président de la sous-section peut en tout état de cause aménager le calendrier d'instruction, eu égard à l'urgence de l'examen de la question.

Il en va différemment devant la Cour de cassation. L'échange contradictoire est limité aux parties, avec intervention du ministère public. Et le délai imparti aux parties pour produire est dans tous les cas fixé à un mois, que la question soit soulevée à l'occasion d'un pourvoi ou qu'elle soit transmise par une autre juridiction (Code de procédure pénale, articles R. 49-30 et R. 49-31 ; Code de procédure civile, articles 126-9 et 126-10). Il est précisé que le premier président peut, en cas d'urgence, réduire ce délai (Code de procédure pénale, article R. 49-32 ; Code de procédure civile, article 126-11).

Pour le Conseil d'État et la Cour de cassation, les observations sont signées par un avocat au Conseil d'État et à la Cour de cassation, dans les matières où la représentation est obligatoire (CJA, article R. 771-20, C. pr. civ., article 126-9). En matière pénale, la signature des observations par un avocat aux conseils est obligatoire « sauf lorsqu'elles émanent de la personne condamnée, de la partie civile en matière d'infraction à loi sur la presse ou du demandeur en cassation lorsque la chambre criminelle est saisie d'un pourvoi en application des articles 567-2, 574-1 et 574-2 » (C. pr. pén., article 49-30).

Des dispositions particulières concernant la procédure d'admission des pourvois en cassation ont été prévues pour le Conseil d'État. Lorsqu'une question prioritaire de constitutionnalité est posée à l'appui d'un pourvoi en cassation, le Conseil d'État se prononce sur le renvoi de cette question au Conseil constitutionnel sans être tenu de statuer au préalable sur l'admission du pourvoi (article R. 771-17 du CJA). Cette disposition déconnecte la procédure d'admission des pourvois en cassation et la procédure de la QPC, afin de ne pas faire de l'une le préalable de l'autre. Elle permet de ne pas ralentir le renvoi au Conseil constitutionnel d'une question qui le mériterait au motif qu'il faudrait au préalable voir si le pourvoi doit être admis et, à l'inverse, de ne pas obliger à admettre le pourvoi du seul fait que la question mérite d'être renvoyée.

Le Conseil d'État a ainsi déjà statué dans un premier temps sur une QPC présentée à l'appui d'un pourvoi en cassation pour refuser de la renvoyer au Conseil constitutionnel faute de caractère sérieux avant, par une décision ultérieure, de refuser l'admission du pourvoi (15 septembre 2010, *Michel*, n° 340570). Il lui est également arrivé de mettre en œuvre simultanément la procédure d'examen de la QPC et la procédure d'admission (25 juin 2010, *Mortagne*, n° 326363, publié au *Rec.*, ou 16 juillet 2010,

SCI La Saulaie, n° 334665, publié au *Rec.*, pour un refus d'admission ; 7 octobre 2010, *Berreterot*, n° 323882, *Lebon T*, pour une admission partielle).

On constate que ces dispositions n'ont pas leur pendant pour la Cour de cassation, alors pourtant qu'existe également devant la Cour une procédure de filtrage des pourvois. En pratique, rien n'empêche cependant que, comme au Conseil d'État, le pourvoi fasse l'objet d'une non admission après que l'instruction de la QPC n'a pas donné lieu à renvoi, ou a conduit à une décision du Conseil constitutionnel estimant la disposition critiquée conforme.

IV - La forme de la décision

L'article R. 771-7 du CJA permet que devant les tribunaux administratifs et les cours administratives d'appel, la transmission d'une question au Conseil d'État, ou le refus de procéder à cette transmission, soit décidé par ordonnance, sans formation collégiale et sans audience. Un tel mécanisme est destiné à apporter de la souplesse et de la rapidité et à éviter d'encombrer les rôles des formations collégiales. Il n'exclut pas, naturellement, que telle ou telle question soit examinée par une formation collégiale, selon les règles procédurales de droit commun. Cette économie de moyens apparaît d'autant plus appropriée que l'appréciation du juge initialement saisi de la question prioritaire de constitutionnalité n'est pas, dans le cas général, des plus complexes. Elle s'avère même souvent assez simple. En application de l'article 23-2 de l'ordonnance organique, la transmission doit être faite si la disposition législative incriminée est applicable au litige, si elle n'a pas déjà été déclarée conforme à la Constitution par le Conseil constitutionnel et si la question n'est pas dépourvue de sérieux. La première appréciation correspond au travail de base du juge, la deuxième consiste en une recherche de jurisprudence assez simple et la troisième ne laisse pas place à une grande latitude d'appréciation.

Pour les juridictions judiciaires du premier et du second degré, qu'elles soient civiles (Code de procédure civile, article 126-3) ou pénales (Code de procédure pénale, article R. 49-25), les règles sont différentes. Le Code de procédure civile comme le Code de procédure pénale prescrivent de statuer dans les formes qui s'appliquent à la juridiction qui tranchera le fond. En l'absence de disposition particulière prévoyant la forme que peut prendre la décision statuant sur une question prioritaire de constitutionnalité, c'est la façon dont la juridiction saisie tranchera le fond qui détermine la forme que prendra la décision rendue. Les décisions de transmission ou de refus de transmission sont *de facto* souvent prises par ordonnance (lorsqu'elles émanent du juge des référés, du juge de la famille, du magistrat chargé de la mise en état, ...).

En ce qui concerne les juridictions suprêmes, on constate que le recours aux ordonnances est exceptionnel. Le Conseil d'État ne peut statuer par ordonnance sur les questions de constitutionnalité dont il est saisi que pour refuser de procéder à une transmission, et dans les cas les plus simples (article R. 771-19 du CJA : incompétence, irrecevabilité manifeste). La première décision rendue par le Conseil d'État à propos d'une QPC a d'ailleurs été une ordonnance, en date du 17 mars 2010, constatant que le litige ne relevait pas de la juridiction administrative (*Kemlin*, n° 335657). Les transmissions ne peuvent quant à elles être décidées que par une formation collégiale, avec audience. La Cour de cassation ne peut, quant à elle, statuer sur une question prioritaire de constitutionnalité par ordonnance, et ce quel que soit le sens de la décision rendue.

V - Les délais de mise en œuvre du mécanisme prioritaire

A - L'absence de délai préfix pour les juridictions du premier et du second degré

L'article 23-2 de la loi organique indique que le juge a quo « statue sans délai » sur la transmission de la question prioritaire de constitutionnalité au Conseil d'État ou à la Cour de cassation. Il n'institue donc pas de délai déterminé impératif pour le juge saisi. L'Assemblée nationale avait initialement institué un délai de deux mois au terme duquel, si le juge *a quo* n'avait pas statué, le requérant pouvait saisir de la question le Conseil d'État ou la Cour de cassation. Ce dispositif n'a finalement pas été retenu par le législateur organique, car il a semblé trop lourd et uniforme. Le Conseil constitutionnel n'a pas jugé inconstitutionnelle cette absence de délai, l'article 61-1 n'imposant en effet un délai que pour le Conseil d'État et la Cour de cassation. Mais le commentaire aux Cahiers du Conseil constitutionnel de la décision du 3 décembre 2009 souligne l'impératif pour les juridictions du fond d'examiner la QPC « le plus vite possible ».

L'exigence d'un jugement « sans délai » est reprise à l'article 126-4 du C. pr. civ. et à l'article R. 49-25 du C. pr. pén.

Si la question soulevée satisfait aux conditions, la juridiction la transmet dans les huit jours de son prononcé à la juridiction suprême dont elle relève, en application du dernier alinéa de l'article 23-2.

B - Un délai de trois mois pour le Conseil d'État et la Cour de cassation

Les juridictions suprêmes ont en revanche un délai de trois mois pour se prononcer à peine de renvoi automatique au Conseil constitutionnel. Ce délai est identique, que la QPC ait été transmise par une juridiction du fond ou qu'elle ait été posée directement devant la juridiction suprême.

La mention d'un renvoi automatique de l'examen de la question prioritaire au Conseil constitutionnel à l'expiration du délai de trois mois figure à la fin du premier alinéa de l'article 23-7 de la loi organique. Au-delà de ce délai, la Cour de cassation et le Conseil d'État transmettent la question prioritaire de constitutionnalité au Conseil constitutionnel. Ce dernier a validé cette disposition d'automaticité de transmission, indiquant au considérant 28 de sa décision du 3 décembre 2009 *« qu'en prévoyant, en outre, la transmission de plein droit de la question au Conseil constitutionnel si le Conseil d'État ou la Cour de cassation ne s'est pas prononcé dans un délai de trois mois, le législateur organique a mis en œuvre les dispositions de l'article 61-1 de la Constitution qui disposent que le Conseil d'État ou la Cour de cassation se prononce dans un délai déterminé ».*

Ces contraintes procédurales montrent que pour les juridictions suprêmes, le respect du délai de trois mois suppose un suivi minutieux des questions arrivées. Le Conseil d'État comme la Cour de cassation y sont parvenus avec succès jusqu'à ce jour puisqu'aucun cas de dessaisissement de l'une ou de l'autre des juridictions suprêmes n'est encore survenu.

Il convient de préciser que le délai de trois mois fixé par l'article 23-5 ne trouve pas à s'appliquer lorsque la Cour de cassation et le Conseil d'État sont saisis, comme juge de cassation pour la première, comme juge de cassation ou d'appel pour le second, contre des refus de transmission opposés par les tribunaux ou les cours. Ces contestations sont alors jugées dans le cadre du contrôle d'appel ou de cassation de droit commun.

Section 4
Les critères de transmission

Les critères de transmission des QPC sont au nombre de trois. Il s'agit de critères cumulatifs. Les deux premiers sont communs à toutes les juridictions, qu'elles soient du premier ou du second degré ou qu'il s'agisse du Conseil d'État ou de la Cour de cassation. Le troisième critère diffère, quant à lui, selon que la juridiction en cause est une juridiction subordonnée ou une juridiction suprême.

I - Les critères de transmission vers les juridictions suprêmes

Le législateur organique a précisément défini les critères de transmission des QPC vers le Conseil d'État et la Cour de cassation par les juridictions du premier et du second degré.

L'article 23-2 de l'ordonnance organique définit trois critères. La question soulevée par une partie doit être transmise au Conseil d'État ou à la Cour de cassation par le tribunal ou la cour si trois conditions sont cumulativement remplies : il doit s'agir d'une disposition législative applicable au litige ou à la procédure, ou qui constitue le fondement des poursuites ; cette disposition ne doit pas avoir été encore déclarée conforme à la Constitution par le

Conseil constitutionnel, sauf changement de circonstances ; la question soulevée ne doit pas être dépourvue de caractère sérieux.

A - Premier critère : une disposition législative applicable au litige

Le premier critère, celui de l'applicabilité de la disposition au litige, est examiné au premier chef.

Le projet de loi initial exigeait que la disposition contestée « commande l'issue du litige ou la validité de la procédure ou constitue le fondement des poursuites ». La formulation finalement retenue, moins restrictive, présente plus de souplesse. Elle permet également d'éviter toute ambiguïté. Sans la formulation retenue, une disposition législative aurait pu être considérée comme ne commandant plus l'issue du litige si elle avait été écartée par le juge pour inconventionnalité. La rédaction finalement adoptée fait obstacle à cette interprétation.

Ce critère apparaît comme le plus simple à apprécier. Il est rempli dès lors que la disposition législative est susceptible d'être appliquée dans l'espèce au requérant.

Le Conseil constitutionnel refuse de s'ériger, sur ce point, en juge de l'appréciation portée par les juridictions de renvoi sur l'applicabilité au litige des dispositions contestées. Il estime que cette appréciation relève en dernier ressort des juridictions suprêmes, et d'elles seules, et ne peut plus être remise en cause devant lui (CC, décision n° 2010-1 QPC du 28 mai 2010).

B - Deuxième critère : une disposition qui n'a pas déjà été déclarée conforme à la Constitution

Le deuxième critère, selon lequel la disposition en cause ne doit pas avoir été déclarée conforme à la Constitution dans les motifs ou le dispositif de la décision du Conseil constitutionnel, est d'appréciation plus complexe.

Ce critère, qui ne fait qu'exprimer l'autorité des décisions du Conseil constitutionnel énoncée par l'article 62 de la Constitution, a évolué au cours de l'élaboration de la révision constitutionnelle. L'avant-projet de loi constitutionnelle de 2008 limitait la possibilité de poser des QPC aux lois « qui n'ont pas été soumises au Conseil constitutionnel en application de l'article 61 ». Une telle limitation n'aurait pas été heureuse, l'ampleur et la complexité de certaines lois étant telles que le Conseil constitutionnel ne peut les apprécier dans leur ensemble dans le délai qui lui est imparti pour statuer. Le fait qu'une loi ait été déférée au Conseil ne suffit donc pas en soi à juger que le deuxième critère de transmission n'est pas rempli : encore faut-il que la disposition législative ait été déclarée conforme dans les motifs et le dispositif de la décision du Conseil, sans changement des circonstances. Et, à la différence de l'avant-projet de loi constitutionnelle, la rédaction retenue ne limite par les décisions de conformité aux seules décisions rendues dans le cadre de la procédure de contrôle *a priori* : il n'est pas exclu qu'une disposition législative soit regardée comme ayant été déclarée conforme à la Constitution par une décision du Conseil constitutionnel statuant sur une question prioritaire de constitutionnalité.

L'évolution des techniques de rédaction des décisions du Conseil constitutionnel explique le choix des termes de la loi organique. Le Conseil constitutionnel a en effet connu quatre périodes différentes dans la présentation du « considérant balai », c'est-à-dire du dernier considérant précédant les articles du dispositif, et la rédaction du dispositif lui-même : 1960 à 1977, où le dispositif ne statue que sur les dispositions examinées ; 1977 à 1991, où le Conseil se prononce dans le dispositif sur l'ensemble des dispositions de la loi déférée ; 1991 à 1993, où le « considérant balai » est supprimé et le dispositif ne se prononce que sur les dispositions contestées ; depuis 1993, où le Conseil ne statue que sur les dispositions qui lui sont expressément soumises ou qu'il a soulevées d'office. Le Conseil constitutionnel sera conduit à préciser l'étendue, au regard des dispositions de la loi organique, du brevet de constitutionnalité qui résulte de ses décisions passées compte tenu des techniques de rédaction employées pour chacune d'entre elles.

Des précisions ont d'ores et déjà été apportées sur ce deuxième critère par le Conseil constitutionnel. Contrairement à la première condition, le juge constitutionnel estime relever de sa compétence le contrôle de l'applicabilité de ce critère par les juridictions suprêmes. L'argument en faveur de cette solution tient au fait qu'il aurait été curieux que le Conseil constitutionnel s'en remette purement et simplement à ces juridictions pour interpréter sa propre jurisprudence.

La première précision concerne la portée des décisions de conformité de la loi non promulguée. La décision QPC n° 2010-9 du 2 juillet 2010 illustre la méthode et le raisonnement du juge constitutionnel. Le Conseil constitutionnel a jugé qu'avait été déclaré conforme à la Constitution par les motifs et le dispositif d'une précédente décision l'article 706-53-21 du Code de procédure pénale issu de l'article 1er de la loi du 25 février 2008 relative à la rétention et à la surveillance de sûreté, article qui insérait 21 nouveaux articles dans le Code de procédure pénale, alors que si cet article 1er avait été déclaré conforme à la Constitution par le dispositif de la décision du Conseil, les motifs de la décision ne portaient que sur certaines des dispositions insérées par cet article, sans que l'article du Code de procédure pénale mis en cause par la QPC ait pour sa part fait l'objet d'un motif spécifique (CC, 2 juillet 2010, 2010-9 QPC, *Section française de l'observatoire international des prisons*). Le Conseil constitutionnel a ce faisant écarté l'interprétation selon laquelle le 2° de l'article 23-2 ne viserait que celles des dispositions ou parties de dispositions sur lesquelles porte précisément la motivation du Conseil constitutionnel conduisant à la déclaration de conformité à la Constitution : la décision de conformité s'apprécie à partir du dispositif, lequel est la conclusion d'une argumentation contenue dans les motifs.

Le Conseil d'État a par ailleurs jugé qu'une disposition législative devait être regardée comme ayant été déjà jugée conforme lorsqu'elle a été déclarée conforme dans le dispositif et les motifs d'une décision du Conseil constitutionnel, alors même que serait invoqué à l'appui de la QPC un autre grief d'inconstitutionnalité que celui sur lequel le Conseil constitutionnel s'est expressément prononcé dans les motifs de sa décision (CE, 19 mai 2010, *Commune de Buc*, n° 330310, publié au *Rec.*).

La seconde précision porte sur l'interprétation de la notion de changement des circonstances que réserve l'article 23-2. Le Conseil constitutionnel a d'emblée apporté des précisions sur ce point par sa décision n° 2009-595 DC du 3 décembre 2009 (cdt 13). Ce changement peut, en premier lieu, résider dans celui des normes de constitutionnalité applicables, par exemple l'adossement à la Constitution de la Charte de l'environnement intervenu depuis une précédente décision de conformité. Ce changement peut, en deuxième lieu, résider dans le changement des circonstances de fait qui affecteraient la portée de la disposition législative critiquée. En troisième lieu, il ne faut pas interpréter le changement de circonstances de fait comme renvoyant aux circonstances individuelles et propres à l'instance.

Il a été jugé que des modifications législatives apportées depuis l'intervention de la décision du Conseil constitutionnel ayant jugé de la conformité à la Constitution des dispositions législatives initiales pouvaient être regardées comme traduisant un changement de circonstances de nature à justifier que la question soit à nouveau soumise au Conseil constitutionnel (CE, 9 juillet 2010, *M. et Mme Mathieu*, n° 339081, *Lebon T*). Par ailleurs dans une importance décision du 30 juillet 2010, le Conseil constitutionnel s'est appuyé sur le changement de circonstances de droit et surtout de fait pour admettre qu'un réexamen de dispositions législatives déjà déclarées conformes à la Constitution est justifié (CC, 30 juillet 2010, n° 2010-14/22 QPC, *M. Daniel W et autres*, garde à vue) : la décision relève, à propos des dispositions du Code de procédure pénale relatives à la garde à vue, que les évolutions survenues ont contribué à banaliser la garde à vue, y compris pour des infractions mineures, ont renforcé la phase d'enquête policière dans la constitution des éléments sur le fondement desquels une personne mise en cause est jugé et ont conduit à ce que plus de 790 000 gardes à vue aient été décidées en 2009.

C - Troisième critère : une question non dépourvue de caractère sérieux

Le troisième critère concerne le caractère non dépourvu de sérieux de la question posée. Il vise à écarter les questions fantaisistes ou à but dilatoire. Il est aussi destiné à écarter les questions qui, dans leur libellé, sont mal posées et sont donc maladroites, plus encore que fantaisistes.

Le caractère peu discriminant de ce critère – seules sont écartées les questions privées de tout caractère sérieux – explique que beaucoup des questions de constitutionnalité transmises par les juridictions du premier et du second degré au Conseil d'État et à la Cour de cassation ne donnent pas lieu à transmission au Conseil constitutionnel.

II - Les critères de renvoi vers le Conseil constitutionnel

La loi organique a défini les critères du renvoi par le Conseil d'État et la Cour de cassation des QPC au Conseil constitutionnel aux articles 23-4 (pour les questions transmises par les tribunaux et les cours) et 23-5 (pour les questions posées directement devant le Conseil d'État ou la Cour de cassation) de l'ordonnance organique. Ces critères sont les mêmes, qu'il s'agisse d'une question transmise par une juridiction ou d'une question soulevée directement devant le juge suprême.

La Cour de cassation et le Conseil d'État doivent saisir le Conseil constitutionnel de la question de constitutionnalité lorsque trois conditions cumulatives sont réunies : la disposition contestée doit être applicable au litige ou à la procédure ; elle ne doit pas avoir déjà été déclarée conforme à la Constitution dans les motifs et le dispositif d'une décision du Conseil constitutionnel, sauf changement des circonstances ; elle doit être nouvelle ou présenter un caractère sérieux.

Les deux premiers critères sont identiques à ceux au vu desquels les tribunaux et les cours décident de transmettre à la cour suprême les questions soulevées devant eux. Le troisième est, en revanche, formulé de façon différente et implique un examen d'une autre nature : alors que les tribunaux et les cours doivent transmettre toutes les questions qui ne sont pas « dépourvues de caractère sérieux », il appartient au Conseil d'État et à la Cour de cassation d'apprécier si « la question est nouvelle ou présente un caractère sérieux ». Cette différence traduit le rôle de filtre qu'exercent les juridictions suprêmes en ce domaine.

A - Une question nouvelle

La notion de **« question nouvelle »** est celle qui a suscité le plus d'interrogations quant à sa signification et son contenu. Cette notion a en effet pu être perçue comme une répétition inutile du critère d'absence d'examen préalable par le Conseil constitutionnel de la disposition législative attaquée. Mais le Conseil constitutionnel a précisé qu'*« une question prioritaire de constitutionnalité ne peut être nouvelle… au seul motif que la disposition législative contestée n'a pas déjà été examinée par le Conseil constitutionnel »* (CC, 3 décembre 2009 : 2009-595 DC). Une distinction est donc clairement faite entre disposition constitutionnelle dont le Conseil n'a pas encore eu l'occasion de faire application et disposition n'ayant pas déjà été déclarée conforme à la Constitution dans les motifs et le dispositif d'une de ses décisions.

Une signification autonome doit en conséquence être donnée au critère de la « question nouvelle ». Deux sens peuvent être donnés à ces termes, l'un qui assimile question nouvelle à disposition ou principe constitutionnel nouveau ou inédit, l'autre qui fait de la question nouvelle un critère alternatif de renvoi.

La première signification est la plus évidente. Selon la décision du 3 décembre 2009, *« le législateur organique a entendu… imposer que le Conseil constitutionnel soit saisi de l'interprétation de toute disposition constitutionnelle dont il n'a pas encore eu l'occasion de faire application »*. Aux termes de cette décision, une question nouvelle est donc une question portant sur l'interprétation d'une disposition ou d'un principe constitutionnel dont le Conseil constitutionnel n'a encore jamais fait application.

Ceci s'avère en pratique assez rare. Mais le Conseil d'État a été conduit à opérer un tel renvoi déjà à une reprise, dans une affaire mettant en cause la compatibilité avec l'article 66-1 de la Constitution, issu de la loi constitutionnelle du 23 février 2007, qui prohibe la peine de mort, des dispositions de l'article L. 712-2 du Code de l'entrée et du séjour des étrangers et du droit d'asile, issues de la loi du 10 décembre 2003, qui ont exclu du bénéfice de la protection subsidiaire des réfugiés les auteurs de crimes graves de droit commun, de même que les personnes dont les activités constituent une menace grave pour l'ordre public, la sécurité publique, ou la sûreté de l'État (8 octobre 2010, *M. Daoudi*, n° 338505 publié au *Rec.*). Il a estimé que « *le moyen tiré de ce que les dispositions de l'article L. 712-2, en tant qu'elles excluent les personnes qu'elles désignent du bénéfice de la protection subsidiaire prévue par l'article L. 712-1 du même Code, les exposent dès lors à des risques de condamnation à la peine de mort à l'étranger et méconnaissent, de ce fait, le principe selon lequel nul ne peut être condamné à la peine de mort énoncé par l'article 66-1 de la Constitution, dont le Conseil constitutionnel n'a pas fait application à ce jour, soulève une question non dénuée de rapport avec les termes du litige, qui présente un caractère nouveau au sens et pour l'application de l'article de l'article 23-5 de l'ordonnance du 7 novembre 1958 portant loi organique sur le Conseil constitutionnel* ».

La notion de « question nouvelle » revêt également une seconde signification. Ainsi que l'indique la décision du 3 décembre 2009, le législateur organique a entendu, par l'ajout de ce critère, « *permettre au Conseil d'État et à la Cour de cassation* (dans les cas autres que ceux où est en cause une disposition constitutionnelle nouvelle ou inédite) *d'apprécier l'intérêt de saisir le Conseil constitutionnel en fonction de ce critère alternatif* ». Les juridictions suprêmes ont donc une certaine marge d'appréciation. Le critère de nouveauté s'avère être un critère alternatif – au sens de complémentaire – offert aux juridictions souveraines pour déterminer s'il est ou non opportun de transmettre une question prioritaire éventuellement dépourvue de caractère sérieux. Ainsi d'une question dont le caractère sérieux ne serait pas manifeste –

ou même dont le caractère non sérieux serait manifeste – mais qui se poserait à l'occasion de nombreuses instances (cas d'une série mettant en cause la conformité à la Constitution d'une disposition législative), de sorte qu'il serait précieux que le Conseil constitutionnel tranche lui-même en amont la question de constitutionnalité, pour dire le droit avec l'autorité qui s'attache à ses décisions, ou encore d'une question qui conduirait le Conseil constitutionnel à prendre parti sur une question inédite et importante, lui permettant ainsi d'enrichir sa jurisprudence. Ce peut être aussi l'hypothèse où une norme constitutionnelle pourrait se voir reconnaître une portée nouvelle. Ainsi, dans une affaire, le Conseil d'État a renvoyé une question portant sur l'interprétation du 8e alinéa du Préambule de la Constitution de 1946 dans une hypothèse nouvelle (CE, 10 novembre 2010, *Fédération nationale CGT des personnels des organismes sociaux*, n° 340106). Quoi qu'il y ait une jurisprudence abondante du Conseil constitutionnel sur cette disposition, aucune décision ne portait sur le point précisément en litige, à savoir la portée du principe de la participation des travailleurs dans le cas d'un organisme mixte résultant de la fusion d'une personne publique et d'une personne privée et composé, comme tel, de personnels de droit public et de droit privé. Il était soutenu que ce principe était méconnu faute pour la loi d'avoir prévu l'élection des représentants des personnels de droit public et de droit privé au comité de chaque agence régionale de santé par des collèges électoraux différents et la consultation distincte de ces personnels sur les questions qui les concernent directement.

Le Conseil d'État a procédé à ce jour à 5 renvois fondés sur le critère de la question nouvelle : CE, 23 avril 2010, *M. Cachard*, n° 327174 (à propos du IV de l'article 137 de la loi de finances rectificative pour 2008, dans une série relative au plafonnement de l'indemnité temporaire de retraite outre-mer) ; CE, 2 juin 2010, *Association des pensionnés civils et militaires en Nouvelle-Calédonie*, n° 326444 (à propos du III du même article de la loi de finances rectificative pour 2008, toujours dans le cadre de la série d'affaires relatives au plafonnement de l'indemnité temporaire de retraite outre-mer) ; CE, 8 octobre 2010, *M. Daoudi* (à propos de l'article 66-1 de la Constitution introduit par la révision de 2007) ; CE, 10 novembre 2010, *Fédération nationale CGT des personnels des organismes sociaux*, n° 340106 (à propos du 8e alinéa du Préambule de la Constitution de 1946) ; CE, 17 décembre 2010, *Le Normand de Bretteville*, n° 343752, *Lebon T* (renvoi d'une question portant sur le point de savoir si l'exigence de mise en conformité de la loi interne par rapport à un règlement communautaire peut être regardée comme un motif d'intérêt général suffisant de nature à justifier l'atteinte portée à des situations légalement acquises, au sens de l'article 16 de la Déclaration des droits de l'homme et du citoyen).

La Cour de cassation a également appliqué le critère de la question nouvelle, dans une décision du 16 novembre 2010 (n° 10-40.042) relative à la constitutionnalité des dispositions interdisant le mariage entre personnes du même sexe. Cette décision relève que : « *Attendu que les questions posées font aujourd'hui l'objet d'un large débat dans la société en raison, notamment, de l'évolution des mœurs et de la reconnaissance du mariage entre personnes de même sexe dans les législations de plusieurs pays étrangers ; que, comme telles, elles présentent un caractère nouveau au sens que le Conseil constitutionnel donne à ce critère alternatif de saisine* ». La Cour de cassation a de même renvoyé au titre de la question nouvelle, compte tenu de l'arrêt du 16 novembre 2010 de la CEDH (*Taxquet c/ Belgique*, n° 926/05), la question de l'absence de motivation des arrêts d'assises (Crim., 19 janvier 2011, n° 10-85.305 et 10-85.159). Ce renvoi est d'autant plus remarquable que la Cour avait à plusieurs reprises avant l'arrêt de la CEDH refusé de renvoyer la question.

B - Une question ayant un caractère sérieux

Le « **caractère sérieux** » de la question est un critère alternatif de renvoi. Ce critère est systématiquement examiné lorsque la question n'est pas renvoyée. En revanche lorsque la question est renvoyée, ce n'est pas le cas puisqu'il suffit que l'un des deux critères, celui de la question nouvelle ou celui de la question ayant un caractère sérieux, soit rempli pour qu'il y ait lieu à transmission. Il existe cependant au moins une affaire dans laquelle le Conseil d'État a retenu les deux critères, des caractères nouveau et sérieux de la question posée, pour transmettre une QPC (10 novembre 2010, *Fédération nationale CGT des personnels des organismes sociaux*, n° 340106). La question, posée à l'occasion d'un recours contre le décret du 31 mars 2010 relatif à la composition du comité des agences régionales de santé, a été jugée comme étant à la fois nouvelle (car posant une question inédite sur la portée des alinéas 6 et 8 de la Constitution de 1946) et sérieuse.

En pratique le caractère sérieux de la question constitue le motif de renvoi le plus fréquemment retenu par le Conseil d'État comme par la Cour de cassation.

Les méthodes d'appréciation du caractère sérieux seront exposées. Il sera également fait état de divergences d'appréciation entre les juridictions suprêmes quant au caractère sérieux de questions qui se sont posées en des termes identiques devant chacune d'elles.

1 - Les méthodes d'appréciation

L'appréciation à laquelle se livrent le Conseil d'État et la Cour de cassation sur le caractère sérieux d'une question se prête difficilement à une théorisation. On peut néanmoins dégager certaines lignes directrices.

En premier lieu, une répartition de compétences entre juridictions du fond et juridictions suprêmes peut sans doute s'articuler autour de la distinction entre **le caractère « opérant » du moyen soulevé et son caractère « pertinent »**. Aux juges du fond revient l'analyse essentielle de l'applicabilité au litige de la disposition législative attaquée, l'analyse du sérieux se limitant à un regard sur les moyens fantaisistes ou dilatoires : à ce stade, seules sont écartées les questions privées de tout caractère sérieux. Aux juridictions suprêmes incombe l'analyse de la question de constitutionnalité en elle-même, le Conseil d'État et la Cour de cassation ayant à vérifier si une question de constitutionnalité se pose bel et bien de façon sérieuse : à leur niveau, les questions doivent avoir un caractère sérieux pour donner lieu à renvoi.

En deuxième lieu, la notion de question sérieuse est plastique et se prête à des interprétations évolutives, au fur et à mesure à la fois de l'acclimatation et de la banalisation de la procédure devant les juridictions administratives et judiciaires et des réponses apportées par le Conseil constitutionnel aux questions déjà renvoyées. Dans un premier temps, le Conseil d'État et la Cour de cassation ont eu une interprétation large de la notion de question sérieuse ; depuis le mois de septembre 2010, l'interprétation de la notion de question sérieuse peut apparaître un peu plus resserrée. La politique de renvoi repose sur l'idée d'un doute raisonnable. À partir du moment où un tel doute existe, la question est transmise au Conseil constitutionnel.

En troisième lieu, on observe que l'appréciation déjà portée par une juridiction suprême sur un moyen tiré de l'inconventionnalité de la disposition législative critiquée peut jouer un certain rôle dans l'appréciation du caractère sérieux de la question de constitutionnalité lorsque celle-ci porte sur une norme constitutionnelle ayant un contenu analogue à la norme conventionnelle. Ainsi, par une décision du 19 mai 2010, *M. Théron*, n° 331025, publié au *Rec.*, le Conseil d'État n'a pas renvoyé une question portant sur la constitutionnalité de l'article 728-1 du Code de procédure pénale relatif au pécule des détenus se trouvait mise en cause au regard du principe de la présomption d'innocence énoncé par l'article 9 de la Déclaration des droits de l'homme et du citoyen alors que sa conventionnalité avait déjà été examinée et admise au regard des stipulations de l'article 6-2 de la Convention européenne des droits de l'homme qui posent elles aussi le principe de la présomption d'innocence (CE, 6 juin 2007, *M. Garnier*, *Lebon T* p. 653). La décision rendue s'étant bornée à constater que la disposition législative n'avait par elle-même ni l'objet ni l'effet que lui prêtaient les requérants, on ne peut, de ce fait, guère en tirer d'enseignements. Voir en revanche pour une solution plus explicite, CE, 8 novembre 2010, *M. Chebaro*, n° 342699. Plus intéressant est un cas symétrique dans lequel le Conseil d'État a eu à connaître d'une affaire posant la question de la méconnaissance du principe constitutionnel d'égalité par une disposition législative posant une condition de nationalité et de résidence pour la délivrance de l'allocation de reconnaissance aux harkis, disposition pour laquelle il avait déjà jugé que la condition de nationalité n'était pas compatible avec l'article 14 de la Convention européenne des droits de l'homme (CE, 6 avril 2007, *Comité Harkis et Vérité, Lebon T* p. 970). On constate, sans surprise, qu'a été considéré comme présentant un caractère sérieux de nature à justifier le renvoi de la question le moyen tiré de l'atteinte portée par cette disposition législative au principe d'égalité devant la loi (CE, 24 novembre 2010, *Comité Harkis et Vérité*, n° 342957). Le Conseil constitutionnel a de fait jugé la disposition législative contraire à la Constitution au motif que la différence instituée selon la nationalité n'était pas justifiée par l'objet de la loi (CC, décision n° 2010-93 QPC du 4 février 2011).

Le fait qu'une réponse ait été donnée sur la compatibilité de la disposition législative avec les stipulations conventionnelles, soit par le Conseil d'État soit par la Cour européenne des droits de l'homme, ne suffit certes pas à faire considérer que la question de constitutionnalité posée est par principe dépourvue de caractère sérieux ou, à l'inverse, qu'elle revêt par principe un caractère sérieux, mais ces décisions jouent nécessairement un rôle au stade du filtre exercé par la cour suprême.

En quatrième lieu, on constate que les décisions de renvoi de questions jugées sérieuses sont peu motivées. Les juridictions suprêmes se bornent, le plus souvent, à renvoyer la question après avoir affirmé qu'elle revêtait un caractère sérieux. Cette position se comprend aisément dans la mesure où, d'une part, ces juridictions ne souhaitent pas empiéter sur la compétence dévolue en cette matière au juge constitutionnel, et où, d'autre part, ce dernier ne se considère de toute façon pas lié par les griefs d'inconstitutionnalité soulevés contre les dispositions législatives contestées. Il arrive malgré tout, en particulier lorsque plusieurs moyens d'inconstitutionnalité sont soulevés, que les décisions de renvoi fassent apparaître dans les motifs celui ou ceux des moyens d'inconstitutionnalité qui, parmi ceux invoqués par les parties, ont paru le plus sérieux (CE, 14 avril 2010, *Union des familles en Europe*, n° 323830, publié au *Rec.*).

Les décisions de refus de transmission comportent quant à elles une motivation un peu plus étoffée. Dans la mesure où le Conseil d'État et la Cour de cassation statuent dans ce cas eux-mêmes sur le moyen d'inconstitutionnalité, ils sont naturellement conduits à exposer le raisonnement qui les a conduits à estimer que la question n'avait pas lieu d'être renvoyée.

2 - Certaines divergences d'interprétation

Deux divergences d'interprétation sur la notion de question sérieuse sont apparues.

La première concerne la question du contrôle de dispositions législatives abrogées. La question s'est posée de savoir si une QPC pouvait porter sur une disposition législative temporaire ou abrogée pour le futur. Le Conseil constitutionnel a pris fermement position dans le sens d'une réponse positive, sur renvoi par la juridiction administrative (11 juin 2006, n° 2010-6 QPC ; et, avec une rédaction de principe, 18 octobre 2010, n° 2010-55 QPC, *M. Rachid et autres*) : « *[…] la modification ou l'abrogation ultérieure de la disposition contestée ne fait pas disparaître l'atteinte éventuelle à ces droits et libertés ; […] elle n'ôte pas son effet utile à la procédure voulue par le constituant ; […] par suite, elle ne saurait faire obstacle, par elle-même, à la transmission de la question au Conseil constitutionnel au motif de l'absence de caractère sérieux de cette dernière* ». Le requérant a donc le droit de voir contrôler la conformité à la Constitution d'une disposition législative qui lui est appliquée dès lors que les droits et libertés constitutionnellement garantis sont en jeu, et ce droit peut jouer même lorsque la disposition législative est déjà abrogée, mais est encore appliquée. La Cour de cassation, de son côté, a refusé de voir dans une disposition législative disparue de l'ordonnancement juridique un moyen sérieux de nature à renvoyer une QPC au Conseil constitutionnel (Cass., 25 juin 2010, 09-71.801, 09-71.805, 09-71.806).

La seconde porte sur le point de savoir si une QPC peut porter sur l'interprétation jurisprudentielle d'une disposition législative. La Cour de cassation a estimé, tant en matière civile qu'en matière pénale, qu'une telle question ne revêtait pas un caractère sérieux car elle « vise en réalité non à contester la constitutionnalité des dispositions législatives qu'elle vise, mais l'interprétation qu'en donne la Cour de cassation » (Cass., QPC 19 mai 2010, n° 09-82582 ; 31 mai 2010, n° 09-70716). Mais le Conseil d'État a retenu une position opposée, en acceptant d'examiner le caractère sérieux d'une QPC portant sur des dispositions législatives ayant déjà donné lieu à une interprétation par sa jurisprudence (16 juillet 2010, *SCI La Saulaie*, n° 334665, publié au *Rec.*). Ceci ne fait pas obstacle à ce qu'il tienne compte, d'une manière générale, de l'interprétation de la disposition législative donnée par sa propre jurisprudence (25 juin 2010, *Mortagne*, n° 326363, *Rec.* ; 16 juillet 2010, *SCI La Saulaie* précité).

Le Conseil constitutionnel a pris position nettement dans le sens de la possibilité de renvoi d'une question portant sur l'interprétation jurisprudentielle d'une disposition législative (6 octobre 2010, n° 2010-39 QPC, *Mmes Isabelle D. et Isabelle B.*, à propos de l'article 365 du Code civil ; 14 octobre 2010, n° 2010-52 QPC, à propos de la loi du 30 avril 1941 portant approbation de deux conventions passées entre le ministre de l'Agriculture et la Compagnie agricole de la Crau) : *« en posant une question prioritaire de constitutionnalité, tout justiciable a le droit de contester la constitutionnalité de la portée effective qu'une interprétation jurisprudentielle constante confère à cette disposition »*. Le Conseil constitutionnel estime donc qu'il a la possibilité de censurer la Cour de cassation ou le Conseil d'État lorsque l'interprétation des juges ne correspond pas à l'interprétation qu'il entend donner de la loi contestée au regard de la Constitution. Et la décision du 6 octobre 2010 montre que pour le Conseil, un seul arrêt de la Cour de cassation peut constituer une jurisprudence constante : dans cette décision, le Conseil relève en effet que *« depuis l'arrêt du 20 février 2007 susvisé, la Cour de cassation juge de manière constante que, lorsque le père ou la mère biologique entend continuer à élever l'enfant, le transfert à l'adoptant des droits d'autorité parentale qui résulterait de l'adoption par le concubin ou le partenaire du parent biologique est contraire à l'intérêt de l'enfant et, par suite, fait obstacle au prononcé de cette adoption* » ; or l'arrêt cité est le seul à avoir tranché cette question.

Une décision du 5 octobre 2010 de la Cour de cassation semble amorcer une évolution, la chambre criminelle ayant estimé que la question soulevée ne présentait pas un caractère sérieux « *dès lors que les textes susvisés sont interprétés par la jurisprudence de telle sorte qu'ils ne portent pas atteinte à la Constitution* » (Crim., n° 10-83090).

Section 5
Le sort des décisions de non transmission

I - La contestation du refus des juridictions du premier et du second degré de transmettre une QPC

Les juridictions du premier et du second degré statuent sur les questions prioritaires de constitutionnalité soit par une décision autonome, soit en même temps qu'elles tranchent le litige auxquels ces questions se greffent. En pratique c'est le fait que l'affaire soit ou non en état d'être jugée qui commande le choix entre une décision autonome ou une seule décision pour refuser de transmettre et juger le reste du litige.

Le refus de transmettre une QPC opposé par une juridiction relevant du Conseil d'État ou de la Cour de cassation peut être contesté. Cette contestation est portée devant le juge compétent pour connaître du recours contre la décision rendue sur le fond et ne peut faire l'objet d'une contestation autonome (article 23-2 de l'ordonnance organique). Ce contrôle s'inscrit ainsi dans le droit commun de l'appel ou de la cassation, sans caractère prioritaire. Le Conseil d'État a jugé que l'on ne pouvait réitérer une QPC portant sur ne même disposition législative et par les mêmes moyens indépendamment de la contestation du refus de transmission (CE, 1er février 2011, *Prototech*, n° 342536).

Pour les juridictions administratives, le Code de justice administrative pose une triple exigence de recevabilité de la contestation d'un refus de transmission : contestation dans le délai de recours, sauf en cas de recours incident ; exigence d'un mémoire distinct et motivé ; obligation de production du refus de transmission (articles R. 771-12 et -16). Le Code de procédure pénale fixe lui aussi l'exigence d'un mémoire distinct et motivé (article R. 49-29). Une telle règle ne figure pas, en revanche, dans le Code de procédure civile. Elle devrait malgré tout pouvoir être opposée par le juge judiciaire autre que pénal. Pour rejeter comme irrecevables des pourvois formés contre des arrêts de la Cour de justice de la République ayant refusé de transmettre des questions prioritaires de constitutionnalité, l'assemblée plénière de la Cour de cassation s'est ainsi directement fondée sur les dispositions combinées des articles 23-2, alinéa 6, et 23-5, alinéa 1er, de l'ordonnance organique de 1958, en déduisant de ces dispositions « *que le refus de transmettre une question prioritaire de constitutionnalité ne peut faire l'objet que d'une contestation, laquelle doit être présentée devant la juridiction saisie de tout ou partie du litige, sous forme d'un écrit distinct et motivé posant de nouveau la question* » (Ass. plén., arrêt n° 586, 23 juillet 2010 (10-85.505)).

Est-il possible, à l'occasion de la contestation d'un refus de transmission opposé par un tribunal ou par une cour, de mettre en cause la constitutionnalité de la disposition législative contestée sur un autre fondement, voire de soulever une nouvelle question de constitutionnalité ? La question, qui devra être sans doute tranchée prochainement, n'appelle pas de réponse évidente.

II - L'absence de contestation des décisions de refus de transmission des juridictions suprêmes

Comme les juridictions du premier et du second degré, le Conseil d'État et la Cour de cassation ont le choix entre prendre une décision de refus de transmission autonome ou rejeter la demande de transmission en même temps qu'ils trancheront le litige. Ce choix dépend en pratique, compte tenu du délai très contraint dont disposent les juridictions suprêmes pour statuer sur une question de constitutionnalité et des conséquences qui s'attachent au non-respect de ce délai, du stade de la procédure où sera soulevée la question de constitutionnalité. Plus la question sera soulevée à un stade aval de la procédure, alors que l'affaire est en état d'être jugée, plus le Conseil d'État et la Cour de cassation auront tendance à statuer par une seule décision à la fois pour décider de ne pas transmettre et pour trancher le litige.

Le refus de transmission opposé par le Conseil d'État ou la Cour de cassation ne peut, en l'état des dispositions de l'ordonnance organique, être contesté.

Le dépôt par le président de la commission des lois du Sénat d'une proposition de loi organique complétant l'ordonnance portant loi organique sur le Conseil constitutionnel par un article 23-7-1 ainsi rédigé : « La décision de ne pas saisir le Conseil constitutionnel peut être contestée devant lui par une des parties dans les dix jours de son prononcé. Le Conseil constitutionnel examine la contestation dans les vingt jours de son enregistrement. Il peut, par une décision motivée, déclarer la contestation admise », a suscité une vive émotion. Motivée par le reproche adressé à la Cour de cassation de ne pas exercer son rôle conformément aux dispositions de la loi organique, cette proposition n'était pas anodine et aurait risqué de remettre en cause les équilibres institués entre les deux juridictions suprêmes et le Conseil constitutionnel pour l'exercice du contrôle de constitutionnalité *a posteriori*. Si un tel texte avait été voté, la Cour de cassation et le Conseil d'État seraient en effet devenus, à un certain égard, des juridictions subordonnées au Conseil constitutionnel pour le traitement des questions prioritaires de constitutionnalité, celui-ci se voyant conférer la maîtrise ultime des affaires qu'il estimerait devoir traiter.

Cette proposition de loi n'a pas, à ce jour, été inscrite à l'ordre du jour du Sénat. Son dépôt a donné lieu à quelques auditions organisées par la commission des lois du Sénat, mais sans que son inscription à l'ordre du jour soit jamais envisagée.

Un amendement au projet de loi organique relatif au défenseur des droits visait à introduire une disposition d'inspiration comparable, en donnant au Conseil constitutionnel un pouvoir d'évocation des questions de constitutionnalité non transmises par le Conseil d'État ou la Cour de cassation (amendement n° 290). Le

Conseil constitutionnel pouvait demander à l'une ou l'autre de ces juridictions de procéder à une nouvelle délibération relative au renvoi de la question au Conseil constitutionnel ; en l'absence de décision dans un délai d'un mois à compter de la demande de nouvelle délibération, la question était transmise au Conseil constitutionnel. Cet amendement a été retiré lors de l'examen de ce texte en seconde lecture par l'Assemblée nationale le 13 janvier 2011.

L'émotion suscitée par le dépôt de cette proposition de loi semble aujourd'hui, à l'heure où sont écrites ces lignes, retombée. Il reste que la réapparition de ce débat à l'occasion de l'examen du projet de loi organique sur le défenseur des droits montre qu'il n'est pas clos.

Section 6
Bilan quantitatif des décisions rendues

I - Les juridictions de l'ordre administratif

Au 31 décembre 2010, les tribunaux administratifs et les cours administratives d'appel avaient enregistré 732 questions prioritaires de constitutionnalité (490 pour les tribunaux administratifs et 242 pour les cours administratives d'appel).

Au 31 décembre 2010, le Conseil d'État avait été saisi de 289 QPC. Ces questions provenaient pour 92 d'entre elles de tribunaux administratifs et de cours administratives d'appel. Le nombre de QPC transmises par des juridictions administratives spécialisées était beaucoup plus modeste – 6 au total – et concernait des juridictions très diverses – Conseil national de l'ordre des sages-femmes, Cour régionale des pensions de Poitiers et Chambre territoriale des comptes de Polynésie française, notamment –. Le Conseil d'État avait été saisi directement, quant à lui, de 191 questions prioritaires de constitutionnalité.

Sur l'ensemble des QPC qui avaient été traitées à cette date par le Conseil d'État (soit 230 en tout, tous modes de saisine confondus), celui-ci en a transmis 60 au Conseil constitutionnel (dont 3 transmissions partielles). Parmi ces 60 questions, 24 avaient été transmises par les tribunaux administratifs et les cours administratives d'appel, 1 par une juridiction administrative spécialisée et 35 directement soumises au Conseil d'État. Ce dernier a donc transmis au Conseil constitutionnel 26 % des questions prioritaires de constitutionnalité sur lesquelles il a statué. À ces 60 décisions de transmission, il convient d'ajouter 20 décisions de non transmission assorties d'un sursis à statuer dans l'attente de la décision du Conseil constitutionnel, sur des questions analogues déjà transmises. Devant le Conseil d'État, il n'existe aucun cas dans lequel le renvoi d'une question prioritaire de constitutionnalité ne s'est pas accompagné d'un sursis à statuer.

L'essentiel des QPC enregistrées au Conseil d'État concerne la matière fiscale (40 % environ). Le droit social (incluant les pensions) et le droit des collectivités territoriales constituent les deux autres matières principales dans lesquelles des questions prioritaires de constitutionnalité sont posées. Elles représentent, respectivement, environ 10 % et 7,6 % des QPC enregistrées. La place du contentieux fiscal est encore plus déterminante au niveau des cours et des tribunaux administratifs : 53 % des QPC enregistrées et 50 % des questions transmises au Conseil d'État portent sur cette matière.

II - Les juridictions de l'ordre judiciaire

Au 31 décembre 2010, la Cour de cassation avait été saisie de 537 QPC, réparties entre 232 en matière civile et 305 en matière pénale.

Ces questions émanaient pour 191 d'une juridiction du fond et étaient pour 346 d'entre elles incidentes à un pourvoi.

Au 31 décembre 2010, la Cour de cassation avait transmis 122 QPC sur les 424 affaires traitées. La majorité d'entre elles concernent la matière pénale : 99 questions sur les 122 renvoyées.

À la Cour de cassation, deux chambres sont principalement concernées par les QPC : la chambre criminelle et la chambre commerciale. La première traite près de 60 % des QPC dont est saisie la Cour. La matière pénale a donné lieu à des renvois aux conséquences majeures : régularité des gardes à vue (arrêts du

31 mai 2010) ; peines complémentaires obligatoires (8 juillet 2010, n° 10-80.203 et 10-90.077) ; article L. 7 du Code électoral (7 mai 2010, n° 09-86.425). La chambre commerciale traite notamment de la matière fiscale, qui donne lieu à des questions nombreuses sur des problématiques récurrentes. Pour sa part, la chambre sociale est saisie d'un nombre plus faible de questions, ciblées sur le droit du travail, avec notamment un tir groupé contre les dispositions sur la représentativité syndicale de la loi du 20 août 2008 (8 juillet 2010, n° 10-60.189 ; 3 arrêts du 20 septembre 2010, n° 10-19.113, 10-40.025 et 10-18.699). Les trois chambres civiles sont les moins sollicitées par les QPC. Le droit de la sécurité sociale a quand même donné lieu à quelques QPC : ainsi du régime d'indemnisation des accidents du travail en cas de faute inexcusable de l'employeur (7 mai 2010, n° 09-87.288). En outre les chambres civiles ont transmis des questions à fort retentissement social, portant sur la dévolution de l'autorité parentale en cas d'adoption hors mariage (8 juillet 2010, n° 10-10.385) ou sur le mariage entre personnes du même sexe (16 novembre 2010, n° 10-40.042).

En pratique on constate que l'ordre de grandeur des questions renvoyées au Conseil constitutionnel est comparable devant les deux cours suprêmes : une question sur quatre.

Chapitre 2

La question prioritaire de constitutionnalité devant le Conseil constitutionnel

L'institution de la question prioritaire de constitutionnalité ne pouvait rester sans conséquence sur la procédure et les méthodes d'examen du Conseil constitutionnel statuant sur la constitutionnalité de la loi.

Comme il vient d'être dit, les questions prioritaires de constitutionnalité se greffent sur le cours ordinaire des procès engagés devant les juridictions administratives et judiciaires. Ces procès mettent aux prises des parties, qui débattent de façon contradictoire des causes qu'elles soumettent au juge. Il est naturel que ces parties, aux prises dans le litige donnant lieu à la question de constitutionnalité, soient mises à même de faire valoir leurs arguments devant le Conseil constitutionnel lui-même. Il convenait donc d'élargir le cercle des interlocuteurs du Conseil constitutionnel statuant sur la constitutionnalité de la loi, au-delà des autorités constitutionnelles déjà appelées à intervenir dans le cadre du contrôle *a priori*.

Un tel élargissement était nécessaire pour satisfaire aux exigences de la contradiction, corollaire du principe constitutionnel des droits de la défense (CC, décision n° 89-268 DC du 29 décembre 1989) qui implique une procédure juste et équitable (CC, décision n° 2002-461 DC du 29 août 2002), garantissant l'équilibre des droits des parties au procès.

Il était aussi commandé par les exigences résultant de l'article 6 de la Convention européenne de sauvegarde des droits de l'homme et des libertés fondamentales. La prise en considération de ces exigences conventionnelles a été une nouveauté pour le Conseil constitutionnel, qui n'y est directement soumis ni dans le cadre du contrôle de constitutionnalité *a priori* ni dans le cadre du contentieux électoral. Pour le contrôle *a priori*, la saisine du Conseil constitutionnel, qui est limitée par la Constitution aux autorités constitutionnelles que sont le président de la République, le Premier ministre et les présidents des deux assemblées ainsi que soixante députés ou soixante sénateurs, n'entre pas dans le champ du droit à un procès équitable garanti aux justiciables par l'article 6 de la Convention européenne : procès abstrait d'un genre particulier, portant sur la constitutionnalité de la loi, se tenant avant l'entrée en vigueur de la loi, dans lequel interviennent des autorités politiques limitativement énumérées, le contrôle de constitutionnalité par voie d'action ne peut être regardé comme une contestation portant sur des droits et obligations de caractère civil, non plus, naturellement, que comme une accusation en matière pénale. Pour ce qui concerne le contentieux des élections législatives et sénatoriales porté devant le Conseil constitutionnel, la Cour européenne des droits de l'homme a jugé qu'il ne relevait pas, de par sa nature politique, du champ des contestations sur des droits et obligations de caractère civil ou des accusations en matière pénale visées par l'article 6, même lorsqu'est en cause la sanction de l'inéligibilité instituée par la législation sur le financement des campagnes électorales (CEDH, 21 octobre 1997, *Pierre-Bloch c/ France*, n° 24194/94). Il en va *a fortiori* de même pour l'intervention non juridictionnelle du Conseil constitutionnel dans l'organisation de l'élection présidentielle ou des scrutins référendaires.

En revanche, l'applicabilité de l'article 6 de la Convention européenne ne fait pas de doute dans le cas d'un mécanisme de contrôle de constitutionnalité par voie d'exception se greffant sur le cours de procès engagés devant les juridictions, dans la mesure du moins où ces procès relèvent eux-mêmes du champ de l'article 6. La Cour européenne des droits de l'homme juge, en effet, de façon constante qu'une procédure relève de l'article 6 paragraphe 1, même si elle se déroule devant une juridiction constitutionnelle, dès lors que son issue est déterminante pour des droits ou obligations de caractère civil ou des accusations pénales (CEDH, 16 juillet 1971, *Ringeisen c/ Autriche*, série A n° 13, p. 39 ; CEDH, 19 avril 1993, *Kraska c/ Suisse*, série A n° 254-B, p. 48, CEDH, 16 septembre 1996, *Süssmann c/ Allemagne*, n° 20024/92). Les exigences résultant de l'article 6 sont, en conséquence, applicables aux juridictions constitutionnelles des États parties à la convention en cas de recours direct des justiciables devant la cour constitutionnelle (CEDH, 16 septembre 1996, *Süssmann c/ Allemagne*, n° 20024/92) ou en cas de question préjudicielle posée à la cour constitutionnelle (CEDH, 23 juin 1993, *Ruiz-Mateos c/ Espagne*, série A n° 262, 12952/87). Le mécanisme de la question prioritaire de constitutionnalité, qui s'apparente à un renvoi préjudiciel, relève certainement de cette lignée de jurisprudence de la Cour de Strasbourg.

Or, parmi les exigences résultant de l'article 6 de la Convention européenne, figure en particulier celle d'une procédure contradictoire permettant aux parties de débattre effectivement des questions posées (CEDH, 23 juin 1993, *Ruiz-Mateos c/ Espagne*, précité ; CEDH, 3 mars 2000, *Krcmar c/ République tchèque*, 35376/97).

C'est au vu de ces exigences, constitutionnelles et conventionnelles, qu'ont été arrêtées, par la loi organique du 10 décembre 2009 et par le règlement intérieur du Conseil constitutionnel, adopté le 4 février 2010, les règles procédurales applicables à l'instruction des questions prioritaires de constitutionnalité devant le Conseil constitutionnel ainsi que celles régissant, de façon plus générale, l'intervention du Conseil dans le cadre de cette procédure de contrôle de constitutionnalité par voie d'exception. C'est dans ce cadre procédural renouvelé qu'ont été rendues, à partir du 28 mai 2010, les premières décisions du Conseil statuant sur des questions prioritaires de constitutionnalité.

Section 1
L'instruction contradictoire devant le Conseil constitutionnel

Les exigences d'une procédure contradictoire ont conduit à aménager, devant le Conseil constitutionnel, un échange contradictoire entre les parties au litige de fond, échange élargi aux autorités constitutionnelles habituellement mises en cause dans le cadre du contrôle de constitutionnalité et regardées comme habilitées à défendre la constitutionnalité de la loi. L'organisation de cet échange contradictoire est tributaire du laps de temps assez court qui est imparti au Conseil par la loi organique pour se prononcer sur les questions renvoyées. Mais le débat devant le Conseil constitutionnel n'est pas vierge de toute décantation antérieure en ce qu'il prolonge un débat qui a commencé, notamment au titre du caractère sérieux ou nouveau de la question, devant les juges du fond et devant le Conseil d'État ou la Cour de cassation.

I - La saisine du Conseil constitutionnel et la transmission d'une partie du dossier du litige

Même si la question prioritaire de constitutionnalité ne présente pas tous les caractères d'une classique question préjudicielle, notamment en raison des délais de mise en œuvre du mécanisme et de la priorité d'examen qui résultent de la loi organique, sa logique est celle d'un mécanisme préjudiciel, qui conduit la juridiction ayant à statuer sur un litige de fond à saisir en cours d'instance – ici par le truchement, le cas échéant, de la juridiction suprême de son ordre – un autre organe à caractère juridictionnel afin que ce dernier statue sur une question relevant de sa compétence.

Une telle construction préjudicielle a pour double conséquence que le litige ne commence pas avec la saisine de la juridiction de renvoi et que la juridiction saisie par renvoi n'est pas appelée à connaître de l'ensemble du litige mais seulement d'une question particulière.

Cette double conséquence est vérifiée dans le cas de la question prioritaire de constitutionnalité. D'une part, le mécanisme de contrôle de constitutionnalité par voie d'exception, tel qu'il a été construit par la Constitution et la loi organique, n'a pas pris la forme d'un recours direct devant le Conseil constitutionnel : il ne conduit pas à ouvrir des litiges autonomes devant le Conseil. De ce fait, sa saisine ne marque pas le début de l'instance. D'autre part, le Conseil constitutionnel n'est appelé à se prononcer que sur la constitutionnalité de la disposition législative qui est mise en cause dans le litige ; il ne lui appartient ni d'apprécier si la disposition en cause est applicable au litige, ni de statuer sur le litige pour tirer, dans ce cadre, les conséquences de la décision qu'il a rendue.

Les dispositions organiques et la jurisprudence constitutionnelle ont, dans cet esprit, précisé les conditions de la mise en œuvre de l'exception d'inconstitutionnalité et de la saisine du Conseil constitutionnel.

L'exigence organique du **mémoire distinct**, écrit et motivé, découle de cette conception du mécanisme préjudiciel. Elle vise également à faciliter l'identification des questions et la mise en œuvre rapide de ce mécanisme prioritaire (CC, décision n° 2009-595 DC du 3 décembre 2009, considérant 8). Mais elle permet surtout, en imposant que les arguments relatifs à la question de constitutionnalité soient mis par écrit et qu'ils soient séparés des autres éléments de l'argumentation des parties, de détacher le traitement de la question de constitutionnalité du reste du litige. Elle contribue ainsi à maintenir le caractère abstrait du contrôle de constitutionnalité exercé par le Conseil constitutionnel. L'argumentation de constitutionnalité doit être ainsi regroupée dans des mémoires particuliers, distincts des autres productions des parties, susceptibles d'être transmis au Conseil d'État ou à la Cour de cassation et, surtout, au Conseil constitutionnel indépendamment des mémoires se rapportant au fond du litige. À cet égard, le Conseil constitutionnel s'est fondé sur la circonstance qu'il n'est pas compétent pour connaître de l'instance à l'occasion de laquelle la question prioritaire de constitutionnalité est posée pour affirmer nettement que *« seuls l'écrit ou le mémoire distinct et motivé ainsi que les mémoires et conclusions propres à cette question prioritaire de constitutionnalité devront lui être transmis »* (CC, décision n° 2009-595 DC du 3 décembre 2009, considérant 27).

Cela explique la rigueur avec laquelle s'impose l'exigence du mémoire écrit, distinct et motivé. Comme il a été dit, l'article 23-1 de l'ordonnance organique du 7 novembre 1958 résultant de la loi organique du 10 décembre 2009 l'impose dans toutes les instances, y compris les instances engagées devant des juridictions judiciaires qui mettent en œuvre une procédure orale, avec les difficultés qui peuvent alors en résulter pour les parties ou leurs conseils. L'article 23-1, de même que l'article 23-5 pour les questions posées directement devant le Conseil d'État et la Cour de cassation, impose cette obligation à peine d'irrecevabilité, opposée d'office par le juge administratif sans demande de régularisation ni communication d'un moyen d'ordre public et devant être relevée d'office par le juge civil et par le juge pénal.

La **saisine du Conseil constitutionnel** résulte, en vertu de l'article 23-7 de l'ordonnance organique du 7 novembre 1958, de la transmission au Conseil constitutionnel de la décision du Conseil d'État ou de la Cour de cassation qui décide de lui renvoyer une question prioritaire de constitutionnalité. La transmission de la décision s'accompagne de la transmission des mémoires et conclusions des parties spécifiques à la question de constitutionnalité soulevée.

La réception au Conseil constitutionnel de la décision du Conseil d'État ou de la Cour de cassation se traduit par **l'enregistrement** de la question prioritaire de constitutionnalité au secrétariat général du Conseil constitutionnel, prévu par l'article 1er du règlement intérieur du Conseil. C'est à ce stade qu'est donné à la question renvoyée un numéro d'ordre qui deviendra le numéro de l'affaire, apparaissant notamment sur la décision qui sera rendue. Le Conseil constitutionnel a ouvert, pour les questions prioritaires de constitutionnalité, une nouvelle série de numéros, caractérisés par le suffixe QPC qui les distingue des autres catégories de décisions (notamment les décisions DC qui caractérisent le contrôle de constitutionnalité par voie d'action, concernant les lois organiques, les lois et les règlements des assemblées déférés en application de l'article 61 ainsi que les traités soumis au Conseil en application de l'article 54 ; les décisions L qui traitent des saisines sur le partage entre le domaine de la loi et le domaine du règlement faites en application de l'article 37 ; les décisions électorales statuant sur le contentieux des élections législatives ou sénatoriales qui, depuis 1958, ne portent pas de suffixe particulier).

II - Les personnes appelées à débattre contradictoirement devant le Conseil

Prolongement préjudiciel d'un procès engagé devant une juridiction administrative ou judiciaire, l'examen de la question prioritaire de constitutionnalité suppose naturellement que les **parties à ce litige** puissent présenter, devant le Conseil constitutionnel, des observations sur la constitutionnalité de la disposition législative contestée. Il est ainsi logique que l'article 1er du règlement intérieur du Conseil ait prévu que les parties au litige seraient avisées par le secrétariat général du Conseil dès l'enregistrement de la saisine. Cet avis peut être adressé au mandataire qui les représente déjà dans l'hypothèse où elles en ont désigné un dans l'instance de fond, avant la saisine du Conseil.

Compte tenu de leurs intérêts divergents dans le procès, on peut penser que les différentes parties au litige, si elles interviennent effectivement devant le Conseil constitutionnel, développent des thèses antagonistes quant à la constitutionnalité de la disposition législative contestée. Leur intervention, qui comme procureur de la loi, qui comme avocat de la loi, contribuera ainsi à l'appropriation de la Constitution par le plus grand nombre qui était l'un des objectifs poursuivis par la révision constitutionnelle.

Mais la nature de la disposition contestée et le caractère particulier du contrôle de constitutionnalité de la loi conduisent aussi à ce que certaines **autorités constitutionnelles** soient mises en cause devant le Conseil.

La loi organique a ainsi décalqué, pour l'instruction des questions prioritaires de constitutionnalité renvoyées au Conseil constitutionnel, les dispositions figurant déjà dans l'ordonnance du 7 novembre 1958 pour la mise en œuvre du contrôle de constitutionnalité par voie d'action (article 18 de l'ordonnance n° 58-1067 du 7 novembre 1958). Elle a ainsi décidé que le Conseil constitutionnel devrait aviser immédiatement, dès réception de sa saisine, le président de la République, le Premier ministre et les présidents des deux assemblées parlementaires, de telle sorte qu'ils puissent adresser au Conseil leurs observations sur la question de constitutionnalité qui lui est soumise. À ces autorités constitutionnelles, regardées comme habilitées à défendre la loi dans le prétoire constitutionnel, il faut ajouter, dans le cas où la disposition mise en cause serait une loi de pays de la Nouvelle-Calédonie, les autorités compétentes de Nouvelle-Calédonie que sont le président du gouvernement de la Nouvelle-Calédonie, le président du congrès et les présidents des assemblées de province.

Les autorités constitutionnelles appelées en cause ne mettent pas toutes à profit la possibilité qui leur est ainsi donnée de faire valoir leur point de vue quant à la constitutionnalité de la disposition législative contestée. Seul le Premier ministre dépose des observations dans chaque affaire, pour défendre la constitutionnalité de la loi. Le président de l'Assemblée nationale a déposé des observations dans les affaires 2010-1 QPC et 2010-3 QPC qui ont été les premières à être inscrites à une audience du Conseil constitutionnel le 25 mai 2010, puis dans les affaires 2010-4 QPC et 2010-5 QPC ; mais il s'est abstenu de le faire dans les autres affaires. Le président de la République et le président du Sénat n'ont jamais produit d'observations écrites dans le cadre de l'instruction des questions prioritaires de constitutionnalité.

Cette situation, qui voit le Premier ministre assurer la défense de la constitutionnalité de la loi devant le Conseil constitutionnel, n'est pas sans rappeler celle qui prévaut dans le cadre du contrôle de constitutionnalité de l'article 61 où des observations en défense sont systématiquement présentées par le Premier ministre et préparées par le secrétariat général du Gouvernement alors qu'aucune observation n'est présentée, sauf cas très exceptionnel, par les présidents ou les membres des assemblées parlementaires, réserve faite naturellement des cas où ils défèrent eux-mêmes la loi votée au Conseil constitutionnel. Ce mode de défense de la loi, assurée par des représentants du pouvoir exécutif, ne va pas de soi et a fait l'objet d'interrogations récurrentes ; mais il s'est imposé en pratique faute d'appétence du Parlement à défendre lui-même la loi et il fonctionne de manière satisfaisante. Il reste que, s'agissant de la question prioritaire de constitutionnalité, la défense de la loi pourra être assurée par les représentants d'un Premier ministre qui n'appartient pas au courant politique qui était majoritaire à l'Assemblée nationale lors de l'adoption de la loi contestée.

Ni la loi organique, ni le règlement intérieur du Conseil n'ont mentionné la possibilité pour d'**autres intervenants** de faire valoir leur opinion devant le Conseil constitutionnel à propos d'une question de constitutionnalité qui lui a été transmise. Dans le cas du contrôle de constitutionnalité par voie d'action, il n'est pas rare que le Conseil soit rendu destinataire de mémoires mettant en cause tel aspect d'une loi votée qui lui a été déférée, émanant de personnes autres que celles qui sont habilitées par la Constitution et l'ordonnance organique à le saisir ou à lui adresser des observations. Ces mémoires, adressés par des organisations professionnelles, syndicales, sociales ou politiques ou par des groupes de pression, que le doyen Vedel a baptisé de l'appellation de « portes étroites » (G. Vedel « L'accès des citoyens au juge constitutionnel », *La vie judiciaire* 11 mars 1991 ; « Réflexions sur la singularité de la procédure devant le Conseil constitutionnel », *Mélanges Perrot*, 1996 p. 549), attirent l'attention du Conseil constitutionnel sur certains articles de la loi, que ces articles soient contestés ou non par les véritables saisines, et développent une argumentation visant, le plus souvent, à contester leur constitutionnalité. Ces productions spontanées peuvent, le cas échéant, éclairer le Conseil constitutionnel sur les tenants et aboutissants de la disposition législative mise en cause et approfondir le débat de constitutionnalité, en lui permettant d'appréhender plus complètement la portée de la disposition contestée et les questions de constitutionnalité qu'elle soulève. Ces « portes étroites » n'ont pas de statut procédural défini : dépourvues d'existence officielle, elles peuvent être ignorées par le Conseil comme elles peuvent être prises en compte par lui ; le Conseil n'est, en tout cas, nullement tenu de se prononcer explicitement sur la teneur de leur argumentation.

Le règlement intérieur sur les questions prioritaires de constitutionnalité garde soigneusement le silence sur les « portes étroites », ignorant ainsi délibérément les personnes autres que les parties au litige et les autorités constitutionnelles habilitées à produire des observations dans le cours de la procédure. Ce silence laisse le Conseil entièrement libre pour décider du sort qu'il voudra réserver, par voie jurisprudentielle et au vu de l'expérience, à de telles interventions dans le cadre du contrôle de constitutionnalité par voie d'exception, sans préempter cette question par une position *a priori* consistant soit à les exclure par principe, soit à les encourager en en ouvrant explicitement la possibilité. On peut noter que l'intérêt et l'utilité de telles interventions dans le cadre de l'exception d'inconstitutionnalité diffèrent de ceux des « portes étroites » dans le contentieux constitutionnel par voie d'action. Dans un sens, il ne peut être question, dans le cadre de l'article 61-1 de la Constitution, d'étendre le champ de la saisine du Conseil à d'autres dispositions que celles, applicables au litige, qui ont fait l'objet de la question prioritaire de constitutionnalité renvoyée par le Conseil d'État ou par la Cour de cassation, à la différence du rôle des « portes étroites » dans le cadre de l'article 61 qui peuvent inciter le Conseil à examiner d'office des dispositions de la loi déférée autres que celles mises en cause par la saisine. D'un autre côté, la pluralité des requérants susceptibles de vouloir contester la même disposition législative dans des litiges analogues peut justifier que leur argumentation soit transmise et prise en compte par le Conseil constitutionnel, quand bien même ces requérants ne seraient pas parties au litige qui a donné lieu à renvoi devant le Conseil.

Il appartiendra à la jurisprudence du Conseil constitutionnel d'arbitrer entre ces différentes préoccupations et de statuer, *in fine*, sur la recevabilité des interventions qui pourront lui être adressées, émanant d'autres personnes que les parties au litige ayant donné lieu à renvoi. Aucune décision du Conseil n'a explicitement pris parti sur cette question à ce jour. Mais une pratique différenciée semble avoir commencé de s'instituer : on peut observer que quelques rares décisions QPC portent mention, dans leurs visas, d'observations « en intervention » présentées par des personnes autres que les parties au litige de fond (V. en particulier les décisions n° 2010-42 QPC du 7 octobre 2010 ; décision n° 2010-58 QPC du 18 octobre 2010 ; décision n° 2010-55 QPC du 18 octobre 2010 ; décision n° 2010-71 QPC du 26 novembre

2010 ; décision n° 2010-85 QPC du 13 janvier 2011) ; ces interventions ont été communiquées dans l'instruction contradictoire ; elles ont même pu conduire à ce qu'un mandataire de l'intervenant soit entendu au cours de l'audience publique (décision n° 2010-71 QPC du 26 novembre 2010 ; décision n° 2010-85 QPC du 13 janvier 2011). Mais la rareté de ces exemples peut laisser penser que, dans d'autres affaires, des interventions ont été ignorées par le Conseil, qui les a implicitement jugé irrecevables et les a traitées par prétérition. Passés les premiers mois d'expérimentation du mécanisme, cette incertitude peu satisfaisante sur le traitement des interventions mériterait d'être levée, soit par une modification du règlement intérieur du Conseil, soit à tout le moins par une motivation explicite de la ligne jurisprudentielle définie par le Conseil.

III - Les modalités de l'instruction contradictoire devant le Conseil

Le **règlement intérieur du Conseil** a déterminé les règles qui président à l'échange de mémoires entre les parties au litige et les autorités constitutionnelles appelées dans la cause. L'organisation de la contradiction comme les modalités pratiques de mise en œuvre portent la marque d'une contrainte qui pèse fortement sur la procédure, celle du temps. Elle résulte du bref délai qui est imparti au Conseil pour statuer sur les questions qui lui sont renvoyées. Le souci manifesté par le législateur organique était de prévenir le risque d'un allongement excessif des délais de jugement qui aurait été imputable à la mise en œuvre du contrôle de constitutionnalité par voie d'exception. Mais la réponse apportée a consisté à imposer au Conseil constitutionnel de se prononcer sur les questions qui lui sont renvoyées dans un délai de trois mois. Ce bref délai, même s'il n'est pas prescrit à peine de dessaisissement du Conseil ou de caducité de la question, conduit à enserrer l'intervention du Conseil dans un laps de temps réduit, et à comprimer en conséquence le temps, indispensable, de l'instruction contradictoire, lequel s'impute nécessairement sur le temps globalement imparti au Conseil.

Ce sont ces **contraintes de délai** qui expliquent les modalités de l'organisation de l'instruction contradictoire telle qu'elle a été définie par l'article 1er du règlement intérieur. Cette organisation n'obéit pas au schéma classique de la dialectique contentieuse contradictoire, dans lequel les parties se répondent, dans une forme de dialogue : dans ce schéma classique, il appartient au requérant – ici ce serait la partie qui a soulevé la question prioritaire de constitutionnalité – d'exposer en premier ses arguments ; le défendeur répond ensuite à ce premier mémoire par un mémoire communiqué au requérant qui peut y répliquer ; et ainsi de suite tant que la poursuite du débat apparaît utile. Si ce schéma avait été retenu pour la procédure devant le Conseil constitutionnel, le mémoire initial de celui qui pose la question de constitutionnalité serait communiqué aux autres parties et autorités constitutionnelles ; ces derniers produiraient à leur tour des mémoires pour répliquer aux arguments soulevés ; et la partie ayant soulevé la question aurait ultérieurement la possibilité de répliquer aux mémoires en défense.

La contrainte du délai de trois mois ne permettait pas raisonnablement d'organiser l'instruction contradictoire devant le Conseil constitutionnel selon ce schéma. Pour que la succession de ces échanges itératifs demeure inscrite dans le délai global imparti au Conseil constitutionnel, il aurait fallu ou bien que le délai laissé aux parties et autorités pour produire à chaque stade soit très bref, ou bien que devienne très bref le temps de la réflexion, du délibéré et de la décision du Conseil. Que l'on privilégie l'une ou l'autre branche de l'alternative, le très bref risquait d'apparaître comme trop bref.

Les particularités de la procédure de type préjudiciel mise en place par la Constitution et la loi organique pouvaient toutefois permettre de s'affranchir du schéma classique, dans la mesure où l'instance ne commence pas avec la saisine du Conseil constitutionnel. La question prioritaire de constitutionnalité est, en effet, soulevée devant les juges saisis du fond du litige sous la forme d'un mémoire écrit et motivé, qui doit déjà énoncer les termes de la question et les griefs articulés à l'encontre de la disposition législative. Un échange contradictoire a déjà lieu, entre les parties, devant la juridiction saisie du litige. Un débat contradictoire sur la question de constitutionnalité a, de plus, nécessairement lieu devant le Conseil d'État ou la Cour de cassation. Au stade du filtre exercé par les deux juridictions suprêmes, le débat porte, en particulier, sur le caractère sérieux de la question de constitutionnalité, c'est-à-dire déjà sur le bien-fondé des critiques de constitutionnalité adressées à la disposition législative contestée. Ce débat contentieux met souvent aux prises des intervenants avertis du contrôle de constitutionnalité, qu'il s'agisse des avocats au Conseil d'État ou à la Cour de cassation ou d'autres avocats ou mandataires spécialisés dans ces questions. Devant le Conseil d'État, le débat est, en outre, automatiquement étendu aux ministres intéressés et au Premier ministre en vertu des dispositions réglementaires issues du décret du 16 février 2010. C'est ainsi qu'avant même que le Conseil constitutionnel ne soit saisi, un premier débat contradictoire, déjà nourri, a eu lieu. Et tous les mémoires échangés devant les juridictions du fond, devant le Conseil d'État ou devant la Cour de cassation sur la question de constitutionnalité sont transmis au Conseil constitutionnel. On voit ainsi que le débat contradictoire sur la question de constitutionnalité ne débute pas avec la saisine du Conseil constitutionnel, mais s'y prolonge et s'y approfondit. Les premiers échanges contradictoires entre les parties, voire avec les ministres intéressés et le Premier ministre, servent de socle au débat contradictoire devant le Conseil constitutionnel. En le préparant, ils permettent plus facilement de s'affranchir du schéma classique du dialogue contradictoire.

C'est ainsi que le règlement intérieur du Conseil a retenu un autre mode d'organisation de l'instruction contradictoire de la question de constitutionnalité entre les parties et les autorités constitutionnelles. Cette instruction contradictoire prend la forme de **deux salves successives**, de deux « rounds d'observations » successifs.

L'organisation de cette procédure est détaillée par l'article 1er du règlement intérieur du Conseil, qui prévoit que :

– le secrétariat général du Conseil constitutionnel avise de la question, dès réception de la décision qui la renvoie au Conseil, les parties au litige, ou leurs représentants, ainsi que les autorités constitutionnelles appelées à présenter des observations, en leur impartissant un délai pour produire de premières observations ;

– cette première salve d'observations parallèles est communiquée contradictoirement, pour mettre les parties et autorités à même de répliquer ;

– la réplique prend la forme d'une seconde salve qui doit être produite avant l'expiration d'un autre délai fixé par le Conseil et qui ne peut avoir d'autre objet que de répondre aux premières observations.

La succession de ces deux salves d'observations présente l'inconvénient de juxtaposer les arguments des uns et des autres sans qu'ils puissent eux-mêmes s'articuler ou se répondre : les arguments sont préparés simultanément par toutes les parties et autorités intéressées, à l'aveugle de ceux préparés par les autres, et produits simultanément pour la même date. Ce n'est que la seconde phase contradictoire qui permet de répliquer aux arguments des autres parties prenantes à l'échange contradictoire. L'inconvénient qui s'attache à la juxtaposition des arguments pèse surtout sur le Conseil constitutionnel, dans son travail d'analyse des mémoires et des arguments, en lui laissant seul la charge d'articuler les éléments avancés en faveur ou en défaveur de la loi contestée. Mais cette appréciation relève, de toute façon, de son office et l'avantage résultant d'une présentation ordonnée des arguments par les parties elles-mêmes ne doit sans doute pas être surestimé. La qualité du débat contradictoire entre les parties et autorités souffre aussi de ce mode d'organisation, en les conduisant à exprimer leurs arguments à l'aveugle, dans l'ignorance de ceux des autres parties prenantes. Mais l'existence de la seconde phase, qui ménage une fenêtre pour permettre aux parties prenantes de répliquer utilement aux arguments qui leur ont été opposés, permet, en tout cas, de corriger le tir et de considérer que l'instruction devant le Conseil constitutionnel est suffisamment contradictoire. La tenue de l'audience publique donne, de plus, une nouvelle possibilité pour les parties de s'exprimer oralement devant le Conseil, le cas échéant pour répliquer aux observations complémentaires produites au cours de la seconde salve.

On peut relever que l'organisation de cette procédure contradictoire s'apparente à celle que met en œuvre la Cour de justice pour l'instruction des renvois préjudiciels effectués sur le fondement de l'article 267 du Traité sur le fonctionnement de l'Union européenne. À la réception de la question préjudicielle, la Cour invite les institutions européennes et les États membres à produire des observations, en parallèle, avant une date qu'elle fixe ; les parties au litige devant la juridiction nationale peuvent également produire leurs observations. Les observations produites sont ensuite communiquées, mais appellent très rarement des observations complémentaires.

Devant le Conseil constitutionnel, les pratiques observées depuis le mois d'avril 2010 sont variables : les parties au litige produisent souvent à chaque stade de la procédure. Le Premier ministre, pour sa part, s'en tient généralement à la production d'observations défendant la constitutionnalité de la loi au cours de la première phase. Il déroge parfois à ce parti, en produisant au cours de la deuxième phase des observations complémentaires, pour répondre spécifiquement à des critiques résultant de la première salve et faire valoir en réponse de nouveaux arguments au soutien de la loi.

La mise en œuvre de cette procédure contradictoire dans des délais resserrés suppose le respect d'une stricte discipline. Le règlement intérieur du Conseil a veillé à ce qu'elle soit respectée, en prévoyant que le **calendrier de production fixé par le Conseil** présente un caractère obligatoire. L'article 1er du règlement intérieur dispose ainsi que l'avis par lequel le secrétariat général du Conseil avise les parties et autorités de la question de constitutionnalité mentionne la date avant laquelle les premières observations doivent être produites. Le règlement précise que cette date ne peut pas être reportée et fait apparaître qu'elle est impérative, avec pour conséquence que les observations et pièces adressées après cette date sont purement et simplement écartées de la procédure. De même, la production des secondes observations s'inscrit de façon similaire dans un délai impératif fixé par le Conseil lors de la communication contradictoire des premières observations. On peut penser, de même, qu'une production de secondes observations hors délai s'expose à ne pas être versée au dossier de la procédure.

En pratique, le Conseil constitutionnel impartit des délais de vingt jours pour produire, lors de chacune des deux phases de l'instruction. Ce choix de calendrier revient, en théorie, à partager en deux périodes de durée à peu près égale le temps global dans lequel le Conseil doit se prononcer : deux phases contradictoires de vingt jours correspondent, en effet, à près d'un mois et demi, laissant ensuite une durée équivalente au Conseil pour étudier la question de constitutionnalité, organiser l'audience, délibérer et rendre sa décision. En pratique, la durée de la seconde période est souvent plus réduite, à chaque fois que le Conseil rend ses décisions avant l'échéance du délai de trois mois.

Les modalités concrètes retenues pour l'instruction contradictoire contribuent également à la rapidité des échanges et au respect des délais. L'article 3 du règlement intérieur du Conseil organise, en effet, une **procédure entièrement dématérialisée**, fondée sur des **échanges par voie électronique** pour la transmission de tous les actes et pièces de procédure, expédition des avertissements ou convocation aux audiences. A cette fin, l'article 3 prévoit que les parties doivent communiquer au Conseil une adresse électronique à laquelle la notification de tous les envois sera valablement faite. Dans le cas où les parties sont représentées par un mandataire, c'est ce dernier qui reçoit électroniquement toutes ces communications. Les échanges électroniques valent aussi pour les productions des autorités constitutionnelles mises en cause, conformément à ce qui se pratiquait déjà, depuis novembre 2009, pour les productions et envois entre le Conseil constitutionnel, la Présidence de la République, les services du Premier ministre et les présidences des assemblées parlementaires dans le cadre du contrôle de constitutionnalité par voie d'action de l'article 61.

IV - Les mesures particulières d'instruction

L'essentiel de l'instruction des questions prioritaires de constitutionnalité résulte de l'échange organisé et contradictoire entre les parties et autorités constitutionnelles appelées dans la cause. La nature des questions soumises au Conseil constitutionnel par la voie de l'article 61-1 de la Constitution comme l'office du juge constitutionnel se satisfont, dans la plupart des cas, de ces échanges spontanés d'arguments, sans qu'il y ait lieu, pour le Conseil constitutionnel, d'ordonner quelque mesure d'instruction complémentaire que ce soit.

Toutefois, dans deux hypothèses distinctes, le Conseil constitutionnel peut être conduit à prendre des initiatives dans le cours de l'instruction des questions prioritaires de constitutionnalité.

A - Demandes d'information et audition d'instruction

Le Conseil peut, en premier lieu, juger utile de compléter son information en adressant, à titre de **mesure d'instruction**, des demandes spécifiques aux parties et autorités constitutionnelles, voire en organisant une audition. Ainsi, au cours de l'instruction de certaines questions, le Conseil a-t-il pu demander aux parties des indications factuelles sur l'application des dispositions législatives soumises à son contrôle, par exemple le nombre de gardes à vue, ou le nombre de prélèvements enregistrés au fichier des empreintes génétiques, ou encore le nombre des hospitalisations sans le consentement de la personne concernée.

L'article 6 du règlement intérieur du Conseil prévoit, en outre, la possibilité pour le Conseil de recourir à une **audition d'instruction**. Pour garantir le caractère contradictoire de cette procédure et éviter d'allonger par trop la durée de l'instruction, le règlement intérieur précise que les parties et les autorités constitutionnelles sont invitées à assister à l'audition et peuvent, ensuite, avant l'expiration d'un délai fixé par le Conseil, présenter des observations écrites complémentaires. À ce jour, le Conseil n'a pas encore mis en œuvre pareille mesure d'instruction dans le cadre de l'examen des questions prioritaires de constitutionnalité. Mais de tels procédés ne lui sont toutefois pas inconnus pour avoir été appliqués, en quelques occasions, soit dans le contentieux des élections législatives ou sénatoriales – le contradictoire étant alors assuré par la communication aux parties d'un compte-rendu de l'audition faite hors leur présence –, soit dans le cadre du contrôle de constitutionnalité par voie d'action – sans alors prévoir de restitution contradictoire entre les auteurs de la saisine et le Gouvernement –.

B - Communication des griefs relevés d'office

Il appartient, en second lieu, au Conseil constitutionnel de prendre l'initiative de susciter une discussion contradictoire spécifique lorsqu'il envisage d'examiner d'office un grief de constitutionnalité qui n'a pas été soulevé par les parties au litige. L'article 7 du règlement intérieur lui impartit, dans un tel cas, de **communiquer aux parties et aux autorités constitutionnelles les griefs susceptibles d'être relevés d'office** pour leur permettre de présenter leurs observations écrites sur ce point particulier, dans un délai fixé par le Conseil.

Ce dispositif s'inspire de celui qui s'applique en procédure civile pour les moyens relevés d'office par le juge et qui figure à l'article 16 du nouveau Code de procédure civile ainsi que de celui qui prévaut, s'agissant de la communication des moyens et questions d'ordre public, devant les juridictions administratives depuis le décret du 22 janvier 1992 et figure aujourd'hui à l'article R. 611-7 du Code de justice administrative. L'article 7 du règlement intérieur du Conseil transpose ces mécanismes désormais éprouvés au cas du grief d'inconstitutionnalité relevé d'office par le Conseil constitutionnel examinant les questions prioritaires de constitutionnalité qui lui ont été renvoyées. Cette façon de procéder vis à vis des parties apparaît naturelle aujourd'hui et constitue un élément normal des standards processuels. Rien d'étonnant à ce que le Conseil constitutionnel l'ait adoptée dans son règlement.

Son existence même met toutefois en lumière une asymétrie procédurale voulue par le pouvoir constituant et le législateur organique, symptomatique des rôles qu'ils ont respectivement assignés aux juridictions ordinaires et au Conseil constitutionnel. L'article 61-1 de la Constitution, en subordonnant la mise en œuvre de l'exception d'inconstitutionnalité à la condition qu'il soit « soutenu » à l'occasion d'une instance qu'une disposition législative est contraire aux droits et libertés garantis par la Constitution, et le législateur organique, en précisant nettement que les juridictions ne peuvent soulever d'office une question de constitutionnalité, ont clairement entendu laisser aux seules parties l'initiative de contester la constitutionnalité de la loi par voie d'exception. Ces dispositions constitutionnelles et organiques interdisent ainsi aux juridictions saisies du litige, comme au Conseil d'État ou à la Cour de cassation jouant le rôle de filtre, de relever d'office une question de constitutionnalité. En revanche, ni la Constitution ni la loi organique n'ont entendu limiter l'office du Conseil constitutionnel et le priver de la faculté qu'il s'est toujours reconnu de relever d'office, dans les limites du texte qui lui est déféré, tout grief de constitutionnalité. L'article 7 du règlement intérieur du Conseil le souligne, en organisant la procédure contradictoire que doit suivre le Conseil lorsqu'il envisage de relever d'office un grief non articulé par les parties.

Dans le cadre du contrôle de constitutionnalité par voie d'action de l'article 61, le Conseil constitutionnel se reconnaît le pouvoir d'examiner d'office toute question de constitutionnalité à propos du texte qui lui est déféré. Ce pouvoir a une double portée, quant au champ des dispositions examinées et quant aux critiques susceptibles de leur être adressées. Le Conseil ne s'estime, en effet, pas lié par le champ de ses saisines, se réservant toujours la possibilité de censurer toute disposition de la loi déférée quand bien même elle ne ferait l'objet d'aucune critique explicite de la part des saisissants. Il use de ce pouvoir avec modération, mais, chaque année, au moins l'examen des lois de finances ou des lois de financement de la sécurité sociale montre qu'il censure d'office, notamment comme « cavaliers budgétaires » ou comme « cavaliers sociaux », des dispositions qui n'avaient pas été ciblées par les recours qui le saisissent de ces lois. Le Conseil ne s'estime pas davantage lié par l'argumentation de constitutionnalité des saisissants et se réserve toujours la faculté de censurer une disposition législative sur le terrain de constitutionnalité qui lui apparaît le plus pertinent, même si l'argumentation des recours n'y fait pas référence. Le caractère particulier du contrôle de constitutionnalité par voie d'action, qui oppose des acteurs constitutionnels, ne le conduit toutefois pas à suivre une procédure formalisée de communication des griefs d'ordre public, même s'il en avise en pratique le Gouvernement et l'invite à justifier les dispositions ainsi mises en cause.

Dans le cadre de la question prioritaire de constitutionnalité, le Conseil constitutionnel ne peut toutefois examiner d'office une question qui excéderait le champ du renvoi qui lui a été adressé. L'objet des questions de constitutionnalité est circonscrit aux dispositions législatives applicables au litige telles qu'énumérées dans les décisions de renvoi du Conseil d'État ou de la Cour de cassation. Dans le partage de tâches défini par la loi organique, l'applicabilité au litige des dispositions législatives critiquées est définitivement tranchée par le Conseil d'État ou la Cour de cassation et il n'appartient pas au Conseil constitutionnel de remettre en cause l'appréciation des juridictions suprêmes sur ce point (CC, décision n° 2010-1 QPC du 28 mai 2010). En revanche, le Conseil constitutionnel dispose, pour sa part et à la différence des juridictions, de la faculté de sortir du cadre de l'argumentation des parties pour relever d'office un grief de constitutionnalité qui n'aurait pas été invoqué par les parties. Le règlement de procédure lui impose alors de communiquer préalablement ce grief aux parties pour leur permettre d'en débattre contradictoirement. En pratique, le Conseil a déjà procédé à la communication de griefs d'ordre public, sans d'ailleurs nécessairement retenir ces griefs ensuite en statuant sur la constitutionnalité des dispositions législatives contestées : ainsi, par exemple, comme le fait apparaître le visa de la décision n° 2010-28 QPC du 17 septembre 2010 *Association sportive football club de Metz* (taxe sur les salaires), celle-ci a été précédée d'une lettre adressée aux parties le 27 juillet 2010 par le secrétaire général du Conseil constitutionnel, leur faisant connaître que le Conseil était susceptible de soulever d'office un grief et laissant un délai d'environ dix jours pour leur permettre de produire d'éventuelles observations sur ce point.

Section 2
L'audience et la récusation

La mise en place d'un contrôle de constitutionnalité par voie d'exception, à l'occasion des procès engagés par les justiciables, a été cause de plusieurs novations de la procédure devant le Conseil constitutionnel.

I - La tenue d'audiences publiques

La plus importante de ces novations est l'obligation, pour le Conseil constitutionnel, de tenir des audiences publiques avant de statuer sur les questions prioritaires de constitutionnalité.

Depuis 1958, le Conseil constitutionnel n'avait jamais fait précéder le délibéré de ses décisions d'une audience publique, que ce soit dans le cadre du contrôle de constitutionnalité *a priori* ou dans le cadre du contentieux électoral. A fortiori ne tient-il pas d'audiences publiques dans le cadre de ses autres attributions, dont l'exercice n'est pas de nature juridictionnelle. Le Conseil avait seulement admis, à partir de 1995, dans le cadre du contentieux électoral, la possibilité d'audiences permettant aux parties aux litiges électoraux de demander à être entendues (article 17 du règlement intérieur applicable à la procédure suivie par le Conseil constitutionnel pour le contentieux de l'élection des députés et des sénateurs) ; mais ces audiences tenues à la demande des parties ne sont en tout état de cause pas ouvertes au public.

Pour le traitement des questions prioritaires de constitutionnalité toutefois, **les exigences de l'article 6 de la Convention européenne des droits de l'homme** conduisaient inéluctablement à faire évoluer la pratique traditionnelle du Conseil. L'article 6 de la convention impose en effet la tenue d'une audience publique avant qu'il ne soit statué sur les droits et obligations de caractère civil ou les accusations en matière pénale, sauf dans certaines circonstances très exceptionnelles. Comme il a été dit au début de ce chapitre, ces stipulations ne sont pas applicables dans le cas particulier du contrôle de constitutionnalité *a priori*, non plus que dans le contentieux électoral des élections législatives et sénatoriales ; mais elles sont certainement applicables, et invocables par les parties, dans le cadre du contrôle de constitutionnalité par voie d'exception tel qu'organisé par l'article 61-1 de la Constitution et l'ordonnance organique du 7 novembre 1958.

Si l'article 61-1 de la Constitution est resté muet sur cette question de l'audience publique, la **loi organique** du 10 décembre 2009 a expressément prévu que le Conseil constitutionnel tiendrait une audience publique « sauf dans les cas exceptionnels définis par le règlement intérieur du Conseil constitutionnel ».

Le **règlement intérieur** sur la procédure suivie devant le Conseil constitutionnel pour les questions prioritaires de constitutionnalité met en œuvre ces dispositions organiques. D'une part, il définit les modalités pratiques de la publicité de l'audience : l'article 8 énonce que l'audience fait l'objet d'une retransmission audiovisuelle diffusée en direct dans une salle ouverte au public dans l'enceinte du Conseil constitutionnel ; l'article 9 complète le dispositif en prévoyant que l'enregistrement de l'audience est diffusé sur le site internet du Conseil constitutionnel, sur décision du président du Conseil ayant au préalable recueilli l'avis des parties présentes. En pratique, les parties ne s'opposent que très exceptionnellement à la mise en ligne (V. par exemple la décision n° 2010-8 QPC du 18 juin 2010 et la décision n° 2010-72/75/82 QPC du 10 décembre 2010).

D'autre part, le règlement intérieur définit les cas, exceptionnels, dans lesquels l'audience pourra avoir lieu à **huis clos**. L'article 8 dispose que « le président peut, à la demande d'une partie ou d'office, restreindre la publicité de l'audience dans l'intérêt de l'ordre public ou lorsque les intérêts des mineurs ou la protection de la vie privée des personnes l'exigent. Il ne peut ordonner le huis clos des débats qu'à titre exceptionnel et pour ces seuls motifs ». Ces dérogations limitées à la règle générale de la publicité correspondent à celles qui sont admises par l'article 6 de la Convention européenne des droits de l'homme, qui autorise que l'accès de la salle d'audience puisse être interdit « à la presse et au public pendant la totalité ou une partie du procès dans l'intérêt de la moralité, de l'ordre public ou de la sécurité nationale dans une société démocratique, lorsque les intérêts des mineurs ou la protection de la vie privée des parties au procès l'exigent, ou dans la mesure jugée strictement nécessaire par le tribunal, lorsque dans des circonstances spéciales la publicité serait de nature à porter atteinte aux intérêts de la justice ». Les dérogations prévues par le règlement du Conseil constitutionnel apparaissent, par ailleurs, en harmonie avec celles qui régissent le huis clos devant les juridictions administratives (article L. 731-1 du Code de justice administrative).

L'organisation de ces audiences publiques a conduit le Conseil constitutionnel à procéder à certains **aménagements pratiques**. La configuration des locaux du Conseil dans l'aile Montpensier du Palais Royal ne permettait pas facilement d'aménager d'emblée une grande salle d'audience susceptible d'accueillir le public en plus des parties et de leurs représentants. Le choix a donc été retenu, pour la phase initiale de lancement, de transformer une salle au rez-de-chaussée des locaux du Conseil pour pouvoir y accueillir le public, appelé à assister indirectement à l'audience se tenant habituellement dans la salle des délibérations du Conseil au premier étage, par l'intermédiaire d'une retransmission audiovisuelle interne. L'aménagement d'une nouvelle salle d'audience est par ailleurs en projet. Pour certaines affaires exceptionnelles, mettant en cause un grand nombre de parties, le Conseil peut aussi tenir l'audience publique dans le grand salon du premier étage, ce qu'il a fait pour l'examen des questions mettant en cause les dispositions relatives à la garde à vue. Enfin, le site internet du Conseil a été renforcé pour permettre la diffusion des enregistrements des audiences à un plus large public.

II - Le déroulement des audiences

La **date de l'audience** est, conformément à ce que prévoit l'article 5 du règlement intérieur, indiquée aux parties ainsi qu'aux autorités constitutionnelles appelées dans la cause, dès lors que le président du Conseil a inscrit l'affaire à l'ordre du jour d'une séance. En pratique, les parties sont généralement infor-

UNIVERSITÉ DE BRETAGNE OCCIDENTALE Bibliothèque de Quimper

mées une huitaine de jours à l'avance de la date de l'audience. Cette date est, plus largement, rendue publique par le Conseil, notamment par l'intermédiaire de son site internet, quelques jours avant la séance. L'audience a souvent lieu un mardi.

Le **déroulement de l'audience** est déterminé par l'article 10 du règlement intérieur du Conseil. Il est d'abord donné lecture, par le secrétariat général du Conseil, de la question de constitutionnalité et des étapes de la procédure suivie. La parole est ensuite donnée aux représentants des parties et aux agents des autorités constitutionnelles mises en cause.

La **police de l'audience** appartient, ainsi que le précise l'article 8 du règlement intérieur, au président du Conseil constitutionnel qui dirige les débats et veille au bon déroulement de la séance. C'est lui qui donne, et reprend, la parole aux représentants des parties et des autorités constitutionnelles. Il détermine l'ordre des prises de parole et le temps accordé à chaque intervenant.

Devant le Conseil constitutionnel, les parties ne sont pas autorisées à prendre la parole en personne. L'article 10 du règlement intérieur prévoit que sont seuls habilités pour ce faire leurs représentants qui ont la qualité d'**avocat** ou d'**avocat au Conseil d'État ou à la Cour de cassation**. La représentation des parties n'est pas obligatoire devant le Conseil : aucune disposition organique ni aucune disposition du règlement intérieur n'impose quelque règle de représentation que ce soit, comme c'est d'ailleurs également le cas dans le contentieux des élections législatives et sénatoriales. Il s'ensuit que les parties peuvent produire leurs observations devant le Conseil constitutionnel par écrit personnellement ou par l'intermédiaire du mandataire de leur choix, sans que ce mandataire soit nécessairement un avocat. Mais seuls peuvent prendre la parole à l'audience publique tenue par le Conseil les avocats ou avocats aux Conseils qui représentent les parties au litige.

Pour leur part, les autorités constitutionnelles mises en cause peuvent être représentées à l'audience par un agent spécialement désigné à cette fin pour présenter des observations orales. Seul parmi ces autorités, le Premier ministre est effectivement et systématiquement représenté à l'audience. Il l'est par le Secrétariat général du Gouvernement, qui présente des observations orales pour défendre la loi par la bouche, selon les affaires, d'un des directeurs adjoints au Secrétaire général du Gouvernement ou d'un de ses chargés de mission.

L'audience est généralement brève, les interventions orales ne dépassant pas une quinzaine de minutes. Les prises de parole sont successives et préparées ; elles ne laissent que peu place à l'improvisation ou au dialogue entre les intervenants à l'audience ou entre les intervenants et les membres du Conseil. L'audience publique se résume, pour l'essentiel, à une succession de courtes plaidoiries résumant les arguments de chacune des thèses en présence. Depuis le mois de septembre 2010, le président du Conseil permet cependant aux représentants des parties de répliquer en quelques mots à l'intervention du représentant du Premier ministre.

III - La récusation

L'audience publique peut faire apparaître que l'un au moins des membres du Conseil constitutionnel ne siège pas dans l'affaire en cause. Quel qu'en soit le motif, la conséquence de l'absence à l'audience est d'interdire au membre absent de prendre part ultérieurement au délibéré de l'affaire, ainsi que l'indique explicitement l'article 11 du règlement intérieur du Conseil.

L'absence à l'audience et au délibéré peut, notamment, résulter du déport d'un membre du Conseil. Un tel déport peut être spontané ou être la conséquence d'une demande de récusation. Lors de l'audience, si plusieurs questions de constitutionnalité sont successivement appelées, le président du Conseil indique en général explicitement que tel membre s'abstient de siéger dans telle affaire.

L'article 4 du règlement intérieur du Conseil formalise les règles applicables. Son premier alinéa traite du **déport** et prévoit que « tout membre du Conseil constitutionnel qui estime devoir s'abstenir de siéger en informe le président ». L'appréciation de la cause du déport spontané appartient au membre du Conseil et à lui seul ; une fois prise, en conscience, la décision de se déporter, le membre du Conseil en informe le président ; il s'abstient ensuite de siéger à l'audience et de prendre part au délibéré.

Les deuxième et troisième alinéas de l'article 4 organisent une procédure de **récusation** à l'initiative des parties au litige. Le deuxième alinéa subordonne la recevabilité de la demande de récusation à des conditions restrictives : exigence d'une demande écrite distincte, spécialement motivée, accompagnée de pièces justificatives ; exigence d'un mandat spécial dans le cas où la demande est présentée par le représentant d'une partie ; exigence de délai, la demande de récusation devant être enregistrée avant l'expiration du délai imparti pour produire les premières observations dans le cadre de l'instruction contradictoire devant le Conseil.

Le troisième alinéa définit la procédure d'examen des demandes de récusation. Comme il est de coutume en la matière, la demande de récusation est d'abord communiquée au membre du Conseil mis en cause. S'il acquiesce à la récusation, il s'abstient de participer à l'audience et au délibéré. Si, en revanche, il estime ne pas avoir à y déférer, il appartient au Conseil constitutionnel de statuer sur la demande de récusation hors la présence du membre mis en cause.

Le dernier alinéa de l'article 4 du règlement exprime, enfin, l'idée selon laquelle le « seul fait » qu'un membre du Conseil ait participé à l'élaboration de la disposition législative contestée par la question de constitutionnalité « ne constitue pas en lui-même une cause de récusation ». Compte tenu de la composition du Conseil constitutionnel, qui comprend traditionnellement parmi ses membres d'anciennes personnalités politiques, on ne peut exclure la situation selon laquelle certains de ses membres aient pu voter au Parlement pour ou contre la disposition législative qui est finalement contestée par voie d'exception devant le Conseil constitutionnel ou aient participé au Gouvernement qui en a proposé l'adoption. L'incompatibilité des fonctions de membre du Conseil constitutionnel avec l'exercice d'un mandat parlementaire ou l'exercice de fonctions gouvernementales (article 4 de l'ordonnance organique du 7 novembre 1958) fait le plus souvent obstacle à ce que la difficulté apparaisse dans le cadre du contrôle de constitutionnalité *a priori*, sans l'exclure tout à fait. Le décalage dans le temps qu'implique la mise en œuvre d'un contrôle de constitutionnalité par voie d'exception rend, en revanche, l'hypothèse plus plausible pour le contrôle *a posteriori*. Le dernier alinéa de l'article 4 entend, alors, exprimer la position selon laquelle l'impartialité du membre du Conseil constitutionnel ne peut être mise en doute du seul fait qu'il a participé à l'élaboration ou au vote de la disposition législative critiquée. Ce qui n'exclut pas qu'en raison de circonstances particulières ou d'une implication dans le débat qui sorte de l'ordinaire, le membre du Conseil ayant participé à l'élaboration de la loi estime devoir ne pas participer au jugement de la question de constitutionnalité ou puisse être récusé. Mais en l'absence d'une telle implication, le règlement du Conseil présuppose que l'impartialité des membres du Conseil ne peut être mise en doute pour ce seul motif. La formulation retenue sur ce point par le règlement du Conseil constitutionnel s'inspire de celle qui s'applique à la Cour constitutionnelle de Belgique (article 101 de la loi spéciale du 6 janvier 1989 sur la Cour constitutionnelle).

Section 3
Le délibéré et le prononcé de la décision

Après que l'audience publique a eu lieu, les membres du Conseil constitutionnel se retrouvent pour délibérer et statuer sur la question de constitutionnalité posée.

I - Le délibéré

Le délibéré a lieu, en général, un autre jour que l'audience. Il n'est pas public et sa date même n'est pas rendue publique. Conformément à ce qu'énonce l'article 11 du règlement intérieur du Conseil, « seuls les membres du Conseil constitutionnel qui ont assisté à l'audience peuvent participer à la délibération ».

Au cours du délibéré sont discutés puis adoptés le sens du dispositif de la décision et les motifs qui le justifient. Le texte de la décision est ensuite mis en forme. La décision n'est pas immédiatement rendue publique ; elle ne l'est qu'ultérieurement, à une date qui est en général annoncée et qui est postérieure de quelques jours à la date du délibéré.

II - Le prononcé de la décision

Aucune formalité particulière ne régit le prononcé de la décision. Le Conseil constitutionnel n'organise pas d'audience spéciale pour prononcer, lire ou rendre publique sa décision ; il ne greffe pas ce prononcé sur une autre audience qu'il aurait déjà programmée. Il se borne à rendre publique la décision, en en informant les parties et en la communiquant aux autorités constitutionnelles, puis en la rendant plus largement accessible et en diffusant l'information selon laquelle il a statué et rendu sa décision. Beaucoup de décisions sont rendues un vendredi, une dizaine de jours après l'audience.

L'article 23-11 de l'ordonnance organique du 7 novembre 1958 précise que la décision du Conseil est notifiée aux parties, communiquée au président de la République, au Premier ministre et aux présidents des assemblées parlementaires ainsi que, le cas échéant, aux autorités de la Nouvelle-Calédonie, notifiée au Conseil d'État ou à la Cour de cassation et, s'il y a lieu, à la juridiction devant laquelle la question a été posée. La décision est, plus largement, rendue accessible au public par une mise en ligne sur le site internet du Conseil constitutionnel. Elle est aussi, conformément aux dispositions de l'article 23-11 de l'ordonnance organique, publiée au *Journal officiel de la République française* ainsi qu'au *Journal officiel de la Nouvelle-Calédonie* si la décision porte sur la constitutionnalité d'une loi de pays de cette collectivité. Un communiqué de presse est, en général, diffusé par le secrétariat général du Conseil.

Sur ces différents points, le traitement des questions prioritaires de constitutionnalité est analogue à celui qui s'applique à toutes les autres décisions du Conseil constitutionnel : en toute matière, et notamment en matière électorale ou en matière de contrôle de constitutionnalité par voie d'action, aucune règle particulière ne régit le prononcé de la décision proprement dit ; sont en revanche prévues les modalités selon lesquelles la décision est communiquée aux intéressés puis rendue publique : le Conseil constitutionnel informe les parties au litige électoral et les autorités constitutionnelles de la décision qu'il a rendue avant de la rendre accessible au public par la voie d'une publication au *Journal officiel*, d'une mise en ligne sur le site internet et d'une information de la presse.

III - Les mentions de la décision

L'article 12 du règlement intérieur du Conseil détermine les mentions qui doivent figurer sur la décision. Elles doivent ainsi comporter le nom des parties et de leurs représentants, les visas des observations communiquées au cours de la procédure contradictoire, les visas des textes applicables. Elles doivent aussi, nécessairement, comporter des motifs justifiant un dispositif.

Les décisions indiquent la composition du Conseil, en mentionnant le nom des membres qui ont pris part au délibéré. La minute des décisions est signée par le président du Conseil constitutionnel, par le membre du Conseil qui en était le rapporteur et par le secrétaire général.

On peut noter que, dans sa rédaction initiale, l'article 12 du règlement intérieur du Conseil avait, en outre, prévu que figurerait sur la décision le nom du membre du Conseil qui a été désigné par le président pour être le rapporteur de l'affaire. L'exigence d'une telle mention était une novation et une marque distinctive de la question prioritaire de constitutionnalité : elle n'est, en effet, prévue pour aucune autre décision rendue par le Conseil constitutionnel, que ce soit dans le cadre du contrôle de constitutionnalité par voie d'action pour les membres du Conseil constitutionnel exerçant les fonctions de rapporteur ou dans le cadre du contentieux des élections législatives et sénatoriales pour les rapporteurs adjoints issus du Conseil d'État ou de la Cour des comptes. Mais l'exigence d'une telle mention n'a pas subsisté longtemps : le règlement intérieur a été modifié par une décision du 24 juin 2010 qui a supprimé l'indication du nom du rapporteur parmi les mentions obligatoires des décisions statuant sur les questions prioritaires de constitutionnalité. On peut d'ailleurs relever que les premières décisions rendues par le Conseil constitutionnel, entre le 28 mai 2010 et la modification du règlement intérieur le 24 juin, n'ont, en pratique, pas indiqué le nom du rapporteur.

IV - L'autorité des décisions rendues sur les questions de constitutionnalité

L'**article 62** de la Constitution dispose que les décisions rendues par le Conseil constitutionnel sont insusceptibles de recours et qu'elles s'imposent aux « pouvoirs publics et à toutes les autorités administratives et juridictionnelles ». L'autorité résultant de l'article 62 vaut pour toutes les décisions du Conseil constitutionnel ; elle vaut ainsi, notamment, pour les décisions statuant sur les questions prioritaires de constitutionnalité.

La loi constitutionnelle du 23 juillet 2008 a modifié l'article 62 pour lui ajouter un alinéa spécifique au contrôle de constitutionnalité par voie d'exception. Ces nouvelles dispositions prévoient, comme conséquence d'une déclaration d'inconstitutionnalité par voie d'exception, l'abrogation de la disposition législative déclarée contraire à la Constitution à compter de la publication au *Journal officiel* de la décision du Conseil constitutionnel ou à compter d'une date ultérieure fixée par le Conseil dans sa décision. Elles habilitent également le Conseil à déterminer, de façon plus fine, notamment pour les parties au litige ayant conduit à ce que la question lui soit soumise ou pour les parties aux litiges analogues et encore pendants, voire pour les autres sujets de droit, « les conditions et limites dans lesquelles les effets que la disposition législative a produits sont susceptibles d'être remis en cause ».

La disposition de l'article 62 de la Constitution indiquant que les décisions du Conseil constitutionnel ne sont susceptibles d'aucun recours a toujours été comprise comme s'opposant à ce qu'une décision du Conseil puisse faire l'objet d'un recours, devant lui ou a fortiori devant une autre juridiction, aux fins de remettre en cause ce qu'il avait jugé (par exemple, en matière électorale, CC, 30 juillet 1962, *AN Charente 1re circ.*, p. 113 ; CC, 21 juillet 1994, *Estrosi*, p. 95 ; CC, 12 juillet 1996, *Sénat Bas-Rhin*, p. 82 ; 12 juillet 2000, *AN Paris 2e circ.*, n° 2000-2585).

Pour autant, le Conseil a finalement admis que l'article 62 ne s'opposait pas à ce qu'il puisse **rectifier une erreur matérielle** entachant l'une de ses décisions, par voie de recours en rectification d'erreur matérielle qu'il a accueilli initialement de façon prétorienne (CC, décision du 23 octobre 1987, *AN Haute Garonne, Salvan*, p. 55), peu de temps avant de modifier son règlement intérieur applicable aux recours électoraux pour officialiser un tel recours (CC, décision du 24 novembre 1987 modifiant le règlement applicable à la procédure suivie devant le Conseil constitutionnel pour le contentieux de l'élection des députés et des sénateurs, pour y ajouter des articles 21 et 22 traitant de la rectification des erreurs matérielles).

L'article 13 du règlement intérieur sur la procédure suivie devant le Conseil constitutionnel pour les questions prioritaires de constitutionnalité a, sur le modèle du règlement électoral, prévu la possibilité d'un recours en rectification d'erreur matérielle contre les décisions ayant statué sur les questions de constitutionnalité. Cet article permet au Conseil de procéder d'office à la rectification d'une erreur matérielle et laisse aux parties et autorités constitutionnelles un délai de vingt jours pour le saisir à cette fin. Comme en matière électorale, un tel recours ne peut porter que sur une erreur matérielle et ne peut contester l'appréciation des faits, leur qualification juridique ou les conditions de forme et de procédure selon lesquelles le Conseil s'est prononcé. Autrement dit, le recours en rectification d'erreur matérielle n'est pas un recours en révision et ne saurait remettre en cause les appréciations d'ordre juridique auxquelles s'est livré le Conseil constitutionnel. Un tel recours est très rarement accueilli en matière électorale (aucun exemple depuis une décision du 19 mars 1998, *Rec.* p. 239). Il n'a, à ce jour, jamais été mis en œuvre à propos d'une décision ayant statué sur une question prioritaire de constitutionnalité.

Section 4
Les délais d'examen par le Conseil constitutionnel

Si l'article 61-1 de la Constitution a prévu qu'il appartiendrait au Conseil d'État et à la Cour de cassation d'exercer leur rôle de filtre dans un délai déterminé, fixé par la loi organique à trois mois à peine de dessaisissement et de renvoi au Conseil constitutionnel, il n'a, en revanche, pas enserré l'intervention du Conseil constitutionnel dans un délai préfix.

Le silence gardé par la Constitution sur ce point n'a pas empêché le législateur organique d'impartir au Conseil constitutionnel un délai pour se prononcer sur les questions prioritaires de constitutionnalité. L'article 23-10 de l'ordonnance organique du 7 novembre 1958, résultant de la loi organique du 10 décembre 2009, énonce ainsi que « le Conseil constitutionnel statue dans un délai de trois mois à compter de sa saisine ». Cette disposition n'a pas été jugée contraire à la Constitution (décision n° 2009-595 DC du 3 décembre 2009, considérant 30). Elle n'attache cependant aucune sanction à la méconnaissance éventuelle de ce délai.

Depuis l'entrée en vigueur de l'article 61-1 de la Constitution, le 1er mars 2010, le Conseil constitutionnel a toujours respecté le délai de trois mois qu'indique l'article 23-10 de l'ordonnance organique du 7 novembre 1958, même si, dans plusieurs cas, le Conseil a statué la veille de l'expiration de ce délai. Si l'on excepte les affaires sérielles sur lesquelles il a pu rapidement rendre une décision de non-lieu, le Conseil a rendu ses décisions au cours de l'année 2010 dans un délai oscillant entre 35 et 91 jours, ce délai global incluant naturellement le temps de l'instruction contradictoire. Le délai moyen observé en 2010, hors décisions sérielles, est de 68 jours.

Le délai d'examen est tributaire de particularités propres à chaque affaire, de ses difficultés de fond ou d'instruction. Le calendrier d'instruction peut, par exemple, expliquer que la décision 2010-4/17 QPC du 22 juillet 2010 sur l'indemnité temporaire de retraite outre-mer ait été rendue au terme d'un examen de 90 jours si l'on décompte le délai à partir de la première saisine du Conseil constitutionnel sur renvoi du Conseil d'État le 23 avril 2010 : il faut, en effet, relever qu'une seconde saisine sur la même question a été renvoyée de façon décalée par le Conseil d'État le 2 juin, conduisant à retarder le jugement de la première question renvoyée. Le délai d'examen des questions prioritaires de constitutionnalité peut, aussi, dépendre de facteurs extérieurs au contrôle de constitutionnalité par voie d'exception, notamment de la charge résultant, pour le Conseil, de saisines qu'il peut recevoir au cours de la même période au titre de ses autres attributions, notamment du contrôle de constitutionnalité *a priori* de l'article 61 de la Constitution pour lequel il lui incombe de statuer dans un délai d'un mois.

La courbe ci-dessous, qui rend compte mois par mois du délai moyen au terme duquel ont été rendues les décisions de chaque mois – ce qui permet de quelque peu lisser la série statistique –, fait apparaître une saisonnalité liée à la période d'été, marquée à la fois par une activité très réduite au mois d'août, pour le Conseil constitutionnel comme pour les juridictions de renvoi, et par l'examen de davantage de textes par le Conseil constitutionnel aux mois de juin et de juillet dans le cadre du contrôle par voie d'action, en raison de la programmation habituelle des travaux du Parlement. L'augmentation très nette du délai d'examen des questions prioritaires de constitutionnalité pour les décisions rendues en septembre et octobre par le Conseil constitutionnel (le délai moyen atteint 85 jours et 90 jours) s'explique très directement par la chute d'activité du mois d'août. Le retour à un délai moyen de 60 jours au mois de novembre est pour partie dû à la baisse d'activité du Conseil d'État et de la Cour de cassation au mois d'août. La remontée du délai en décembre (71 jours) peut être liée au surcroît d'activité habituel en cette période pour le contrôle *a priori*.

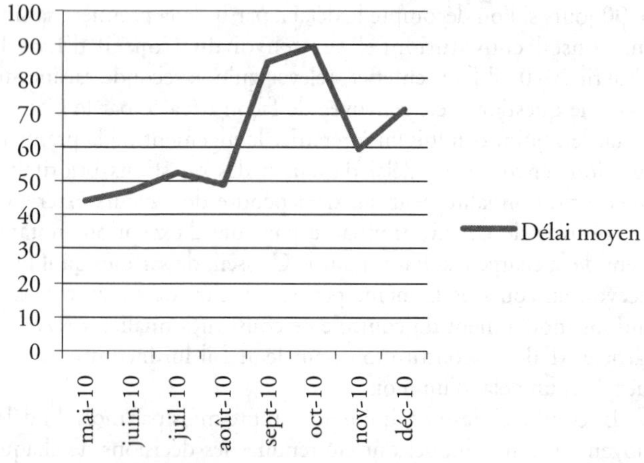

Délai moyen d'examen (en jours) par le Conseil constitutionnel
Moyenne mensuelle pondérée (hors série) pour les décisions QPC rendues entre mai et décembre 2010

Section 5
Typologie des décisions rendues par le Conseil constitutionnel

Si l'on excepte certaines décisions de non-lieu sur des questions sérielles, le Conseil constitutionnel a rendu, entre l'entrée en vigueur du mécanisme de la question prioritaire de constitutionnalité le 1er mars 2010 et le 31 décembre 2010, 61 décisions QPC sur des questions renvoyées par le Conseil d'État ou par la Cour de cassation.

Ce nombre de 61 ne correspond pas exactement au nombre des questions renvoyées par les juridictions suprêmes. Le Conseil constitutionnel a, en effet, parfois été saisi de la même disposition législative par plusieurs renvois, soit parce que le Conseil d'État ou la Cour de cassation ont estimé que différentes argumentations sur la même question, formulées par différents requérants, méritaient de lui être transmises, simultanément ou avec un léger décalage, soit en raison de l'absence, jusqu'au décret du 15 octobre

2010, de dispositions réglementaires permettant à la Cour de cassation, à la différence du Conseil d'État, de s'abstenir de renvoyer au Conseil constitutionnel des questions sérielles. Saisis de différents renvois portant sur la même question, le Conseil constitutionnel a pu décider de joindre plusieurs questions se rapportant à la même disposition législative pour statuer par une seule décision (CC, décision du 11 juin 2010, n° 2010-6/7 QPC, *Stéphane A. et autres* (article L. 7 du Code électoral) ; décision du 22 juillet 2010, n° 2010-4/17 QPC, *M. Alain C.* (indemnité temporaire de retraite outre-mer) ; décision du 30 juillet 2010, n° 2010-14/22 QPC, *M. Daniel W.* (garde à vue) ; décision du 30 juillet 2010, n° 2010-19/27 QPC, *Époux P.* (perquisitions fiscales) ; décision du 6 août 2010, n° 2010-30/34/35/47/48/50 QPC, *M. Miloud K.* (garde à vue) ; décision du 22 septembre 2010, n° 2010-39/37 QPC, *Cne de Besançon* (instruction CNI et passeports)). Si le Conseil constitutionnel ne souhaite pas, ou ne peut pas pour des raisons de délai, statuer par une seule décision sur des questions sérielles, il rend, après avoir statué sur la constitutionnalité de la disposition législative par une première décision, des décisions de non-lieu, qu'il ait déclaré la disposition contraire à la Constitution (par exemple CC, décision du 6 août 2010, n° 2010-30/34/35/47/48/50 QPC, *M. Miloud K.* (garde à vue)) ou qu'il l'ait déclarée conforme (par exemple CC, décision du 6 août 2010, n° 2010-51 QPC, *M. Pierre-Joseph F.* (perquisitions fiscales)).

À les classer en fonction de leur dispositif, quatre types de décisions sont susceptibles d'être rendues par le Conseil constitutionnel.

I - Les décisions de non-lieu

Le Conseil constitutionnel rend des décisions de non-lieu lorsqu'il a déjà statué sur la constitutionnalité de la disposition législative contestée, sans que les circonstances aient changé depuis qu'il s'est prononcé. Cette situation peut trouver deux illustrations différentes.

La première est celle des questions sérielles. Comme il vient d'être dit, lorsque la même disposition législative est contestée par une vague de questions prioritaires de constitutionnalité identiques ou analogues, et que plusieurs de ces questions ont été renvoyées au Conseil constitutionnel par le Conseil d'État ou par la Cour de cassation, le Conseil peut décider de statuer par une première décision sur la constitutionnalité de la disposition en se prononçant alors sur une ou plusieurs des questions renvoyées avant de rendre, dans un second temps, des décisions de non-lieu sur les autres renvois. Il ne tient alors pas d'audience publique avant de prononcer un non-lieu et informe les parties de l'absence d'audience. (Pour des exemples de non-lieu de ce type, voir en cas de censure de la disposition législative CC, décision du 6 août 2010, 2010-30/34/35/47/48/50 QPC, *M. Miloud K.* (garde à vue) ; décision du 6 août 2010 : 2010-36/46 QPC, *Époux B.* (pourvoi de la partie civile) ; décision du 22 septembre 2010 : 2010-31 QPC, *M. Bulent A.* (garde à vue terrorisme) ; de même, pour des exemples en l'absence de censure, CC, décision du 6 août 2010 : 2010-51 QPC, *M. Pierre-Joseph F.* (perquisitions fiscales) ; décision du 6 octobre 2010 : 2010-59 QPC, *Cne de Bron* (instruction CNI et passeports) ; décision du 12 novembre 2010 : 2010-61 QPC, *Charles S.* (refus de prélèvement biologique)). Dans cette hypothèse, la proximité des dates d'examen conduit, presque automatiquement, à considérer qu'aucun changement de circonstance n'est intervenu entre la première décision du Conseil et les décisions ultérieures de non-lieu.

La seconde hypothèse est celle où le Conseil constitutionnel, sans être saisi d'une série de questions analogues, juge que la question posée met en cause une disposition législative qu'il avait déjà antérieurement déclarée conforme à la Constitution et qu'aucun changement de circonstance n'est intervenu depuis sa précédente décision. Il rend, dans ce cas aussi, une décision de non-lieu, motivée par sa première prise de position et par l'absence de changement de circonstances de fait et de droit (pour des exemples, voir CC, décision du 2 juillet 2010 : 2010-9 QPC, *Section française de l'observatoire international des prisons* (article 706-53-21 du Code de procédure pénale) ; décision du 30 juillet 2010 : 2010-14/22 QPC, *M. Daniel W.* (garde à vue) ; décision du 30 juillet 2010 :

2010-19/27 QPC, *Époux P.* (perquisitions fiscales) ; décision du 22 septembre 2010 : 2010-31 QPC, *M. Bulent A.* (garde à vue terrorisme). Dans l'hypothèse où cette solution ne vaudrait que pour une partie seulement des dispositions législatives critiquées par la voie de la question prioritaire de constitutionnalité, le Conseil constitutionnel rend une décision de non-lieu partiel (CC, décision du 12 novembre 2010 : 2010-63/64/65 QPC, *Fédération nationale CFTC de syndicats de la métallurgie* (représentativité syndicale)).

II - Les décisions de conformité

Les décisions de conformité sont celles par lesquelles le Conseil constitutionnel déclare, dans son dispositif, que les dispositions législatives qui ont fait l'objet de la question de constitutionnalité, sont conformes à la Constitution.

En proportion, les décisions de conformité sont quantitativement les plus nombreuses parmi les décisions rendues par le Conseil constitutionnel sur les questions prioritaires de constitutionnalité (pour ne citer que quelques exemples, parmi les premières décisions QPC rendues par le Conseil voir CC, décision du 28 mai 2010 : 2010-3 QPC, *Union des familles en Europe* (Associations familiales) ; décision du 18 juin 2010 : 2010-5 QPC, *SNC Kimberly Clark* (incompétence négative en matière fiscale) ; décision du 2 juillet 2010 : 2010-12 QPC, *Cne de Dunkerque* (fusion de communes) ; décision du 9 juillet 2010 : 2010-11 QPC, *Mme Virginie M.* (pension militaire d'invalidité) ; décision du 9 juillet 2010 : 2010-13 QPC, *Mme Orient O.* (gens du voyage) ; décision du 22 juillet 2010 : 2010-4/17 QPC, M. *Alain C.* (indemnité temporaire de retraite outre-mer)).

III - Les décisions de conformité sous réserve

Mettant en œuvre, dans le cadre du contrôle par voie d'exception, une technique mise au point dans le cadre du contrôle de constitutionnalité *a priori*, le Conseil constitutionnel, statuant sur des questions prioritaires de constitutionnalité, peut aussi rendre des décisions admettant la conformité à la Constitution de la disposition législative contestée sous réserve. Il énonce alors, dans les motifs de sa décision, les réserves ou conditions qui assortissent la déclaration de conformité, qui limitent la portée ou précisent l'interprétation de la disposition législative contestée. Le dispositif de la décision fait en général écho à cette déclaration de conformité sous réserve.

Au cours de l'année 2010, le Conseil constitutionnel a eu recours à des déclarations de conformité sous réserve dans 9 cas : CC, décision du 18 juin 2010 : 2010-8 QPC, *Époux L.* (faute inexcusable de l'employeur) ; décision du 6 août 2010 : 2010-20/21 QPC, *M. Jean C.* (loi université) ; décision du 16 septembre 2010 : 2010-25 QPC, *M. Jean-Victor C.* (fichier empreintes génétiques) ; décision du 29 septembre 2010 : 2010-38 QPC, *Jean-Yves G.* (amende forfaitaire et droit au recours) ; décision du 18 octobre 2010 : 2010-57 QPC, *Sté SITA FD et autres* (taxe générale sur les activités polluantes) ; décision du 26 novembre 2010 : 2010-70 QPC, *M. Pierre-Yves M.* (lutte contre l'évasion fiscale) ; décision du 26 novembre 2010 : 2010-71 QPC, *Mlle Danielle S.* (hospitalisation sans consentement) ; décision du 17 décembre 2010 : 2010-62 QPC, *M. David M.* (détention provisoire : procédure devant le juge des libertés et de la détention) ; décision du 17 décembre 2010 : 2010-80 QPC, *M. Michel F.* (mise à la disposition de la justice).

IV - Les décisions de non conformité

Les décisions du quatrième type sont celles qui déclarent la disposition législative contraire à la Constitution.

Depuis l'entrée en vigueur du mécanisme de la question prioritaire de constitutionnalité et jusqu'au 31 décembre 2010, un quart environ des décisions rendues ont porté censure totale ou partielle des dispositions législatives mises en cause. Pour des exemples de décisions retenant la contrariété à la Constitution parmi les premières décisions QPC, v. CC, décision du 28 mai

2010 : 2010-1 QPC, *Consorts L.* (cristallisation des pensions) ; décision du 11 juin 2010 : 2010-6/7 QPC, *Stéphane A. et autres* (article L. 7 du Code électoral) ; décision du 23 juillet 2010 : 2010-15/23 QPC, *Région Languedoc Roussillon* (article 575 du Code de procédure pénale) ; décision du 30 juillet 2010 : 2010-14/22 QPC, *M. Daniel W.* (garde à vue) ; décision du 22 septembre 2010 : 2010-33 QPC, *Sté Esso SAF* (cession gratuite de terrain). Les censures les plus spectaculaires ont concerné le régime de la garde à vue, la cristallisation des pensions ainsi que le maintien en hospitalisation psychiatrique sans consentement.

On peut constater que les censures prononcées au cours de l'année 2010 portent très majoritairement sur des lois très récentes ou sur des lois très anciennes. Environ 80 % des censures portent sur des dispositions qui remontent à des lois antérieures à 1958 ou qui proviennent de lois datant des années 2000, avec une équivalence entre les lois d'avant 1958 (6 censures totales ou partielles) et les lois des années 2000 (6 censures). Parmi les lois anciennes, on peut mentionner l'article 575 du Code de procédure pénale qui remontait à une jurisprudence de 1822 codifiée en 1935 et figurant au Code de procédure pénale depuis 1958 ; l'article 253 bis du Code des pensions militaires d'invalidité qui datait de 1926 ; la composition des tribunaux maritimes qui datait de 1939 ; la publication automatique des jugements en matière de fraude fiscale qui remontait à 1952.

Chapitre 3

Les suites de la QPC pour le procès ordinaire

Une fois que le Conseil constitutionnel a rendu sa décision, beaucoup a été dit et fait. Mais il reste encore à tirer les conséquences de sa décision dans le cours ordinaire des procès, sur le litige qui a donné lieu au renvoi au Conseil, sur les litiges analogues, voire sur l'ensemble des situations juridiques comparables quand bien même elles n'auraient pas été portées devant les tribunaux.

Section 1

L'issue de la décision du Conseil constitutionnel

I - Une particularité du contrôle par voie d'exception

Dans le cas où il déclare la disposition législative contestée contraire à la Constitution, il appartient au Conseil constitutionnel de déterminer les conséquences de sa décision pour les litiges qui ont donné lieu à la question, pour les autres litiges pendants et au-delà.

Cette dimension de l'intervention du Conseil est propre au contrôle par voie d'exception. Dans le cadre du contrôle par voie d'action de l'article 61, qui intervient avant la promulgation et donc l'entrée en vigueur de la loi votée, une décision de non-conformité ne peut normalement avoir d'autre conséquence que la paralysie de la promulgation, pour ce qui concerne la disposition censurée et les dispositions qui en sont inséparables (article 62 de la Constitution et articles 22 et 23 de l'ordonnance organique du 7 novembre 1958). La question n'apparaît, dans le cadre du contrôle *a priori* par voie d'action, que dans l'hypothèse exceptionnelle de la jurisprudence dite « État d'urgence en Nouvelle-Calédonie » où le Conseil constitutionnel, statuant sur une disposition législative qui complète, modifie ou affecte le domaine d'une disposition antérieure déjà promulguée, exerce indirectement un contrôle sur une disposition en vigueur (CC, décision n° 85-187 DC du 25 janvier 1985 ; décision n° 86-211 DC du 26 août 1986 ; décision n° 89-256 DC du 25 juillet 1989 ; décision n° 91-299 DC du 2 août 1991 ; décision n° 99-410 DC du 15 mars 1999 ; décision n° 99-414 DC du 8 juillet 1999). Et, dans le cadre contraint du contrôle *a priori*, elle n'est pas parfaitement réglée et ne peut sans doute pas l'être (voir, par exemple, l'illustration donnée par la décision n° 99-410 DC du 15 mars 1999 remettant en cause l'inéligibilité des faillis à l'occasion d'une disposition organique la réitérant pour la Nouvelle-Calédonie).

Pour le contrôle par voie d'exception, l'article 62 de la Constitution, modifié par la révision constitutionnelle de 2008, donne expressément au Conseil constitutionnel le pouvoir de déterminer les conséquences des déclarations d'inconstitutionnalité. Il énonce le principe selon lequel une disposition déclarée contraire à la Constitution est « abrogée à compter de la publication de la décision du Conseil constitutionnel ». Mais il permet au Conseil de différer cette date d'abrogation. Et, pour le reste, l'habilite très largement à déterminer les autres conséquences qui peuvent s'attacher à la déclaration de non-conformité, en particulier pour les instances pendantes à la date à laquelle il se prononce.

II - La détermination de l'entrée en vigueur de l'abrogation des dispositions législations contraires à la Constitution

Le Conseil constitutionnel a, depuis le 28 mai 2010, mis en œuvre ces dispositions de l'article 62, en adoptant les solutions suivantes dans les cas de déclarations d'inconstitutionnalité.

A - Le cas le plus fréquent : le prononcé d'une abrogation immédiate

Le plus souvent, le Conseil a laissé jouer le principe énoncé à l'article 62 de la Constitution sans estimer devoir y apporter de tempérament. La déclaration d'inconstitutionnalité a donc emporté l'abrogation immédiate des dispositions législatives déclarées contraires à la Constitution.

Tel a été le cas pour l'abrogation de l'article L. 7 du Code électoral qui interdisait de façon automatique l'inscription sur les listes électorales des personnes condamnées définitivement pour certaines infractions, le Conseil précisant que cette abrogation permettrait aux intéressés de demander à compter de la publication de sa décision leur inscription immédiate sur les listes électorales (CC, décision du 11 juin 2010 : 2010-6/7 QPC, *Stéphane A. et autres* (article L. 7 du Code électoral)). Il en a été de même pour l'abrogation de l'article 90 du Code disciplinaire et pénal de la marine marchande instituant des juridictions spéciales en matière maritime, avec pour conséquence de faire siéger les tribunaux maritimes commerciaux dans la composition des juridictions pénales de droit commun à compter de la publication de la décision du Conseil (CC, décision du 2 juillet 2010 : 2010-10 QPC, *Consorts C et autres* (tribunaux maritimes commerciaux)), pour l'abrogation de l'article 575 du Code de procédure pénale qui privait la partie civile, en l'absence de pourvoi du ministère public, de la possibilité de faire censurer, par la Cour de cassation, la violation de la loi par les arrêts de la chambre de l'instruction, applicable à toutes les instructions en cours auxquelles il n'a pas été mis fin par une décision définitive à la date de publication de la décision du Conseil (CC, décision du 23 juillet 2010 : 2010-15/23 QPC, *Région Languedoc Roussillon* (article 575 du Code de procédure pénale)), pour l'abrogation de l'exigence d'une condition de nationalité et de domiciliation posée par le troisième alinéa de l'article L. 253 bis du Code des pensions militaires d'invalidité et des victimes de la guerre pour la délivrance de la carte du combattant (CC, décision du 23 juillet 2010 : 2010-18 QPC), pour l'abrogation d'une partie des dispositions de l'article L. 332-

6-1 du Code de l'urbanisme relatif à la cession gratuite de terrains imposée aux constructeurs (CC, décision du 22 septembre 2010 : 2010-33 QPC, *Sté Esso SAF* (cession gratuite de terrain)), pour l'abrogation du quatrième alinéa de l'article 1741 du Code général des impôts relatif à la publication et à l'affichage du jugement de condamnation pour des faits de fraude fiscale (CC, décision du 10 décembre 2010 : 2010-72/75/82 QPC), pour l'abrogation de l'article 54 de la loi n° 2009-1437 du 24 novembre 2009 qui procède au transfert à titre gratuit et sans aucune condition ou obligation particulière de biens immobiliers appartenant à l'État à l'Association nationale pour la formation professionnelle des adultes (AFPA) (CC, décision du 17 décembre 2010 : 2010-67/86 QPC), pour l'abrogation des deuxième et troisième phrases du premier alinéa de l'article 207 du Code de procédure pénale relatifs à la détention provisoire et à la réserve de compétence de la chambre d'instruction (CC, décision du 17 décembre 2010 : 2010-81 QPC).

Une mention à part doit être faite de la décision du 11 juin 2010 (n° 2010-2 QPC) par laquelle le Conseil constitutionnel a censuré, avec effet abrogatif immédiat, une disposition législative déclarant applicable aux instances en cours la disposition législative dite « anti-Perruche ». L'effet de cette décision est, *ipso facto*, non d'abroger une disposition ayant édicté une norme matérielle, mais de modifier le mécanisme d'entrée en vigueur dans le temps d'une disposition législative qui subsiste intacte. Sont, par l'effet de cette abrogation, rendues inapplicables aux instances en cours les dispositions de la loi du 4 mars 2002 relatives au droit d'agir en justice de l'enfant né atteint d'un handicap, aux conditions d'engagement de la responsabilité des professionnels et établissements de santé à l'égard des parents, ainsi qu'aux préjudices indemnisables lorsque cette responsabilité est engagée. De la même façon a été abrogé le paragraphe IV de l'article 43 de la loi n° 2004-1485 du 30 décembre 2004 de finances rectificative pour 2004 relatif à l'application dans le temps du principe de l'intangibilité du bilan d'ouverture du premier exercice non prescrit (CC, décision du 10 décembre 2010 : 2010-78 QPC).

Dans un cas particulier où le Conseil était saisi d'une disposition législative qui avait non pas édicté une norme à caractère général mais approuvé des contrats particuliers, il n'a pas procédé à l'abrogation de la disposition législative. Cette solution se comprend, dès lors que la disposition législative en cause ne produisait pas d'effet sur les tiers. Mais le Conseil a fait prévaloir l'effet immédiat de sa décision, en précisant que la déclaration d'inconstitutionnalité prendrait effet immédiatement et pourrait être invoquée à l'encontre des prélèvements non atteints par la prescription (CC, décision du 14 octobre 2010 : 2010-52 QPC, *Compagnie agricole de la Crau*).

B - Quelques cas d'abrogation différée

Mais dans un certain nombre de cas, le Conseil constitutionnel a décalé la date d'effet de sa décision et prononcé une **abrogation différée** des dispositions contraires à la Constitution.

Le Conseil a retenu cette solution, pour la première fois, s'agissant de la cristallisation des pensions. Jugeant que le dispositif qui restreignait le droit à pension des ressortissants d'anciennes colonies françaises était contraire au principe d'égalité, le Conseil constitutionnel a laissé un délai de sept mois au législateur pour remédier à l'inconstitutionnalité, ce qui revenait à renvoyer le règlement de la question à la prochaine loi de finances (CC, décision du 28 mai 2010 : 2010-1 QPC, *Consorts L.* (cristallisation des pensions)). Dans la mesure où l'abrogation immédiate de ces textes aurait conduit à rendre applicables d'anciennes dispositions encore plus inégalitaires et où il appartenait au Parlement de faire des choix, notamment sur le niveau de cette décristallisation et sur l'application dans le temps, le Conseil a aménagé les effets de sa décision en reportant au 1er janvier 2011 son application. À cette occasion, le Conseil a indiqué qu'il appartenait au législateur non seulement d'adopter de nouvelles dispositions avant la date d'effet de l'abrogation, mais encore de prévoir une application rétroactive de ces nouvelles dispositions pour que puisse être réglé conformément au principe d'égalité le sort des instances en cours à la date de sa décision. Dans cette attente, et afin de préserver l'effet utile de la déclaration d'inconstitutionnalité pour la solution des instances en cours, le Conseil constitutionnel a enjoint à toutes les juridictions de surseoir à statuer jusqu'à la date d'effet de l'abrogation.

La deuxième censure à effet différé a concerné les dispositions relatives à la garde à vue. Le Conseil a différé de près d'un an l'effet de la déclaration d'inconstitutionnalité, en reportant au 1er juillet 2011 l'abrogation des dispositions législatives déclarées contraires à la Constitution (CC, décision du 30 juillet 2010 : 2010-14/22 QPC, *M. Daniel W.* (garde à vue)). Le Conseil constitutionnel justifie, dans sa décision, le report de l'effet abrogatif par le fait que l'abrogation immédiate de ces dispositions législatives aurait des conséquences manifestement excessives pour la sauvegarde de l'ordre public. Dans ce cas de figure, le Conseil a reporté tous les effets de la déclaration d'inconstitutionnalité, en précisant qu'il était impossible, avant la date d'effet différé, de contester les mesures prises avant cette date au motif de l'inconstitutionnalité déclarée.

On doit relever qu'à la suite de la décision du Conseil constitutionnel, la chambre criminelle de la Cour de cassation, statuant sur la compatibilité avec la Convention européenne des droits de l'homme d'autres dispositions relatives à la garde à vue, non comprises dans le champ des dispositions couvertes par la décision du Conseil constitutionnel, a aligné la date d'effet de sa propre jurisprudence sur la date d'effet de la décision du Conseil constitutionnel (Crim., 19 octobre 2010, 3 arrêts, n° 5699, 5700, 5701). Le Gouvernement a préparé un projet de loi à la suite des décisions du Conseil, qui a été délibéré au Conseil des ministres du 13 octobre 2010 et déposé sur le bureau de l'Assemblée nationale le même jour.

Le troisième cas de censure à effet différé concerne l'article L. 323 du Code des douanes relatif à la « retenue douanière » (22 septembre 2010, n° 2010-32 QPC). Dans cette décision, le Conseil a repoussé au 1er juillet 2001 l'effet de l'abrogation, au motif que si, en principe, une déclaration d'inconstitutionnalité doit bénéficier à la partie qui a présenté la question prioritaire de constitutionnalité, l'abrogation immédiate des dispositions contestées méconnaîtrait les objectifs de prévention des atteintes à l'ordre public et de recherche des auteurs d'infractions et entraînerait des conséquences manifestement excessives.

Le Conseil constitutionnel a, aussi, différé l'abrogation de l'article L. 45 du Code des postes et communications électroniques pour environ neuf mois, de façon à permettre au législateur de remédier à l'incompétence négative qu'il a censurée s'agissant de l'attribution des noms de domaine sur le réseau internet (CC, décision du 6 octobre 2010 : 2010-45 QPC, *M. Mathieu P.* (noms de domaines Internet)). Le Conseil a estimé que le report de l'abrogation était nécessaire car "eu égard au nombre de noms de domaine qui ont été attribués en application des dispositions de l'article L. 45 du Code des postes et des communications électroniques, l'abrogation immédiate de cet article aurait, pour la sécurité juridique, des conséquences manifestement excessives".

C'est encore une abrogation différée, au 1er août 2011, qui a été retenue s'agissant des dispositions relatives au contrôle judiciaire devant être exercées sur le maintien des hospitalisations psychiatriques, décidées à la demande d'un tiers sans le consentement de la personne intéressée (CC, décision du 26 novembre 2010 : 2010-71 QPC, *Mlle Danielle S.* (hospitalisation d'office)). Le Conseil constitutionnel a estimé que l'abrogation immédiate de l'article L. 337 du Code de la santé publique, devenu son article L. 3212-7, méconnaîtrait les exigences de la protection de la santé et la prévention des atteintes à l'ordre public et entraînerait des conséquences manifestement excessives. Il a ajouté que les mesures d'hospitalisation prises avant cette date en application des dispositions déclarées contraires à la Constitution ne peuvent être contestées sur le fondement de cette inconstitutionnalité.

C - Les enseignements à tirer

On constate que le Conseil constitutionnel fait parfois usage de la faculté de différer la date d'effet de l'abrogation de la disposition législative déclarée inconstitutionnelle mais qu'il ne s'agit en aucun cas d'une règle générale. Le fait est qu'une telle solution, qui conduit à priver la partie qui a soulevé l'exception d'inconstitutionnalité fondée d'une disposition législative de tout bénéfice personnel, ne va pas de soi d'un point de vue théorique. De la jurisprudence qui se dessine à partir des décisions déjà rendues se dégagent les principes suivants.

Lorsque la décision de non-conformité se suffit à elle-même, le Conseil constitutionnel s'abstient de reporter dans le temps les effets de l'inconstitutionnalité prononcée. Ainsi, si la décision n° 2010-6/7 QPC a eu pour conséquence la disparition de l'article L. 7 du Code électoral et de la peine automatique qu'il instituait d'interdiction d'inscription sur les listes électorales, le Conseil constitutionnel a pu considérer que dans la mesure où demeure l'article 131-26 du Code pénal qui permet au juge de prononcer cette sanction, le Parlement n'avait pas à compléter la loi, ce qui rendait inutile le report dans le temps de l'effet abrogatif de la déclaration d'inconstitutionnalité. Le Conseil va parfois, même dans le cas où la déclaration de non-conformité se suffit à elle-même, jusqu'à indiquer au législateur les conséquences à tirer de la déclaration d'inconstitutionnalité. Ainsi, dans la décision du 2 juillet 2010 (n° 2010-10 QPC) qui a déclaré non conforme à la Constitution l'article 90 du Code disciplinaire et pénal de la marine marchande fixant la composition des tribunaux maritimes commerciaux, avec effet immédiat de cette déclaration d'inconstitutionnalité, le Conseil, souhaitant permettre à ces juridictions de continuer à siéger dans l'attente de leur réforme, a décidé qu'elles seraient désormais composées comme les *« juridictions pénales de droit commun »*. La modification quasi-complète de la composition d'une juridiction par l'effet d'une décision statuant sur une question prioritaire de constitutionnalité est une innovation qui prend sa source dans les nouveaux pouvoirs que l'article 62 précité de la Constitution confère au Conseil constitutionnel.

Lorsque, en revanche, l'abrogation immédiate de la loi aurait des conséquences excessives pour l'ordre public ou la sécurité juridique et qu'il est dès lors nécessaire d'adopter de nouvelles dispositions législatives, le Conseil constitutionnel refuse de se substituer au législateur et reporte dans le temps les effets abrogatifs de sa décision afin de donner le temps au Parlement de voter une nouvelle loi. Le Conseil fait valoir, à cet égard, qu'il ne dispose pas d'un pouvoir général d'appréciation de même nature que celui du Parlement et qu'il ne lui appartient pas, en conséquence, d'indiquer les modifications des règles qui doivent être choisies pour remédier à l'inconstitutionnalité qu'il a relevée. Ce sont donc deux séries de considérations, tenant les unes à la nécessité de prévenir tout désordre juridique dans l'intervalle et les autres à la latitude laissée au législateur pour tirer les conséquences de l'inconstitutionnalité, qui justifient le report dans le temps de l'effet abrogatif de la loi. Certaines décisions font explicitement ressortir ces deux types de considérations (ainsi, par exemple, de la décision sur les noms de domaine).

III - La détermination d'autres conséquences de la déclaration de non conformité

Les décisions déterminant d'autres conséquences de la déclaration de non-conformité sont beaucoup plus rares. On en recense trois, à ce jour.

L'une admet que le Conseil constitutionnel peut, sur le fondement de l'article 62 de la Constitution, remettre lui-même en cause une décision juridictionnelle. Tel a été le sens de la décision du 17 décembre 2010, n° 2010-81 QPC, relative à la réserve de compétence de la chambre d'instruction pour se prononcer sur la détention provisoire. Dans cette décision, le Conseil a constaté que « cessent de produire effet, à compter de cette date, les décisions par lesquelles une chambre de l'instruction s'est réservée la compétence pour statuer sur les demandes de mise en liberté et prolonger le cas échéant la détention provisoire [et] qu'il en va de même en matière de contrôle judiciaire ou d'assignation à résidence avec surveillance électronique ».

Les autres ont enjoint, dans un cas où le Conseil constitutionnel a fait usage de la faculté de différer l'abrogation de la disposition législative déclarée inconstitutionnelle, aux juridictions de surseoir à statuer dans les instances en cours dont l'issue dépend de l'application des dispositions déclarées inconstitutionnelles jusqu'à la date à laquelle l'abrogation desdites dispositions prendra effet. L'injonction ainsi adressée aux juridictions a pour effet de garantir aux requérants qu'ils pourront bénéficier des nouvelles dispositions législatives édictées d'ici ce terme, contrairement à ce qui se passe ordinairement lorsque l'abrogation d'une disposition est différée (décision 2010-1 QPC du 28 mai 2010, relative à la cristallisation des pensions ; décision n° 2010-83 QPC du 13 janvier 2011 sur le cumul des rentes viagères d'invalidité et des pensions de retraite). En cela, ces décisions remédient à ce que peuvent avoir de choquant les décisions qui, en différant sans autre aménagement l'effet abrogatif d'une déclaration d'inconstitutionnalité, privent les parties qui ont soulevé le grief fondé d'inconstitutionnalité du bénéfice de leur action.

Section 2
Le règlement au fond du litige

L'instance est en principe toujours en cours devant la juridiction saisie au moment où intervient la décision du Conseil constitutionnel. Cette décision s'impose au juge *a quo* avec l'autorité de la chose jugée, en application du dernier alinéa de l'article 62 de la Constitution. Les décisions du Conseil constitutionnel, quelles qu'elles soient, s'imposent aux pouvoirs publics et à toutes les autorités administratives et juridictionnelles. Leur autorité a été définie par le Conseil comme étant l'autorité absolue de la chose jugée (effet *erga omnes*) : ce qui a été jugé ne peut plus être remis en cause et s'impose à tous.

I - En cas de non-lieu ou de décision de conformité

Si la décision est une décision de non-lieu ou une déclaration de conformité à la Constitution, le juge du fond pourra reprendre et régler le litige sans rencontrer de difficulté particulière sur le terrain de constitutionnalité. La décision du Conseil constitutionnel conduit *ipso facto* à écarter le moyen mettant en doute la constitutionnalité de la loi, sans laisser place à une quelconque marge d'appréciation pour les juridictions.

Le Conseil constitutionnel ayant réglé l'exception d'inconstitutionnalité soulevée, le juge du fond s'abstient de répondre, dans les motifs de sa décision, au moyen tiré de cette exception. Il se borne à viser, dans sa décision, la décision du Conseil constitutionnel et examine tous les autres moyens.

Il n'y a donc aucune mention du moyen mettant en cause la constitutionnalité de la disposition législative contestée dans l'hypothèse où le Conseil constitutionnel ne déclare pas cette disposition non conforme à la Constitution. La décision du Conseil d'État du 26 novembre 2010, *M. Lavie et Section française de l'Observatoire international des prisons*, l'illustre dans un cas où le Conseil constitutionnel a rendu une décision de non-lieu, au motif qu'il avait déjà statué sur la constitutionnalité de la disposition législative contestée (n° 323694, publié au *Recueil*).

II - En cas de décision de conformité sous réserve

Si la décision est une décision de conformité sous réserve, le juge du fond devra en tirer toutes les conséquences dans le règlement du litige. Les réserves d'interprétation, émises dans le cadre du contrôle de constitutionnalité par voie d'exception, s'adressent en premier lieu aux juridictions qui seront appelées à régler le litige de fond qui a conduit à poser la question de constitutionnalité et s'imposent à elles avec l'autorité de l'article 62 de la Constitution. Plus largement, ces réserves s'imposeront à toutes les autorités administratives et juridictionnelles à chaque fois qu'elles auront à appliquer la disposition législative déclarée conforme à la Constitution sous ces conditions (CE, Ass., 11 mars 1994, *SA La Cinq*, p. 117, concl. Frydman).

III - En cas de décision de non-conformité

Si le Conseil constitutionnel rend une décision de nonconformité, la situation peut se montrer plus complexe. Il revient au juge du fond de tirer les conséquences de l'abrogation de la loi à l'égard de l'auteur de la question mais aussi, par exemple lors d'une instruction pénale, à l'égard des co-prévenus poursuivis sur le même fondement ou du tiers intervenant à une instance civile appelé en garantie du défendeur principal.

Mais lorsque tous les effets de l'inconstitutionnalité prononcée sont reportés dans le temps, la décision rendue par le Conseil ne bénéficie pas au requérant et le litige est réglé sous l'empire de l'état du droit actuellement applicable, nonobstant son caractère sur certains points inconstitutionnel, sauf à ce que le Conseil constitutionnel enjoigne aux juridictions de surseoir à statuer dans les instances en cours jusqu'au terme fixé pour que l'abrogation des dispositions déclarées inconstitutionnelles prenne effet (V. la décision n° 2010-1 QPC du 28 mai 2010 et de la décision n° 2010-83 QPC du 13 janvier 2011).

IV - Lorsque le juge du fond n'a pas sursis à statuer

Il est certains cas où le juge du fond n'est pas tenu de surseoir à statuer dans l'attente de la décision du Conseil constitutionnel. Par sa décision du 3 décembre 2009, le Conseil a réglé par deux réserves d'interprétation les hypothèses visées par la dernière phrase du dernier alinéa de l'article 23-3 et les deux dernières phrases de l'article 23-5 de la loi organique, qui correspondent aux deux cas où la Cour de cassation n'étant pas tenue de surseoir à statuer, une décision définitive peut être rendue sans attendre que le Conseil constitutionnel ait statué sur la question prioritaire posée parallèlement :

– Le cas où le justiciable est privé de liberté à raison de l'instance et où la loi prévoit que la Cour de cassation statue dans un délai déterminé sur un pourvoi introduit à l'encontre d'une décision rendue par les juges du fond sans attendre la décision de la Cour de cassation ou celle éventuelle du Conseil constitutionnel ;

– Le cas où une question prioritaire a été directement soulevée devant la Cour de cassation dans un dossier où l'intéressé est privé de liberté à raison de l'instance, et où la loi prévoit que la Cour de cassation statue dans un délai déterminé.

Pour ces cas, le Conseil indique que *« ni cette disposition ni l'autorité de la chose jugée ne sauraient priver le justiciable de la faculté d'introduire une nouvelle instance pour qu'il puisse être tenu compte de la décision du Conseil constitutionnel »*. Le Conseil renvoie ici à l'introduction par le justiciable d'une « instance » nouvelle pour que les effets de sa décision sur question prioritaire de constitutionnalité puissent être pris en compte. Cette instance ne serait que la possibilité pour le justiciable de ressaisir de sa demande initiale – essentiellement demande de mise en liberté ou contestation d'un arrêt de renvoi devant la cour d'assises ou d'un mandat d'arrêt européen – la juridiction ayant rendu une décision définitive avant que le Conseil n'ait statué.

Section 3
Le sort des litiges analogues

Il arrive que les juridictions administratives ou judiciaires soient saisies d'affaires identiques à une affaire ayant donné lieu à une question de constitutionnalité, et où se trouve soulevée une question analogue. Des dispositions spécifiques permettent de régler ces situations. Indépendamment de l'existence de séries d'affaires posant une même question de constitutionnalité, les décisions rendues par le Conseil constitutionnel statuant sur une QPC sont susceptibles d'avoir des répercussions sur les affaires en cours.

I - Le traitement des séries

Des dispositions ont été prises pour permettre aux juridictions du premier et du second degré ainsi qu'aux juridictions suprêmes de traiter les séries contentieuses et d'éviter qu'elles-mêmes ou le Conseil constitutionnel ne soient encombrés de questions identiques.

Les juridictions ordinaires, saisies d'une QPC et informées que le Conseil d'État, la Cour de cassation ou le Conseil constitutionnel est déjà saisi d'une QPC mettant en cause, par les mêmes motifs, la même disposition législative, peuvent attendre, avant de statuer sur la transmission, la décision qui sera rendue à l'occasion de la première QPC transmise (voir articles R. 771-6 du CJA, 126-5 du C. pr. civ. et R. 49-26 du C. pr. pén.).

Des dispositions analogues existaient depuis l'origine pour le Conseil d'État, à l'article R. 771-18 du Code de justice administrative. Elles ont été introduites pour les questions posées devant la Cour de cassation par le décret du 15 octobre 2010, n° 2010-1216, modifiant le Code de procédure civile et le Code de procédure pénale par l'ajout d'un article identique (article 126-12 du Code de procédure civile et 49-33 du Code de procédure pénale : « La Cour de cassation n'est pas tenue de renvoyer au Conseil constitutionnel une question prioritaire de constitutionnalité mettant en cause, par les mêmes motifs, une disposition législative dont le Conseil constitutionnel est déjà saisi. En cas d'absence de transmission pour cette raison, elle diffère sa décision jusqu'à l'intervention de la décision du Conseil constitutionnel »). La Cour de cassation n'en disposait donc pas lorsqu'elle a transmis, par des arrêts des 1er juin et 11 juin 2010, plusieurs QPC relatives au régime de la garde à vue que le Conseil constitutionnel a regroupées d'une part dans sa décision n° 2010-14/22 du 30 juillet 2010, d'autre part dans sa décision du 6 août 2010 prononçant, par voie de conséquence, un non-lieu sur les questions analogues renvoyées par la Cour de cassation (décision n° 2010-30/34/35/47/48/49/50 QPC du 6 août 2010).

Ces dispositions, adoptées par le pouvoir réglementaire sur le fondement de l'article 4 de la loi organique du 10 décembre 2009 dans un souci de bonne administration de la justice, permettent aux juridictions de traiter les questions sérielles en évitant de renvoyer au Conseil constitutionnel toutes les questions relevant de la même série. Ainsi, lorsqu'une tête de série a été transmise au Conseil d'État ou à la Cour de cassation ou renvoyée par eux au Conseil constitutionnel, les juridictions peuvent ne pas transmettre les autres dossiers et attendre qu'il ait été statué sur la tête de série pour en tirer les conséquences.

Ces dispositions valent pour les trois cas de saisine des juridictions suprêmes : pour les questions transmises par les juridictions du premier et du second degré (dans le cas où les séries n'ont pas été complètement bloquées au niveau des juridictions du fond et qu'elles ont, en partie au moins, convergé vers le Conseil d'État ou la Cour de cassation) ; pour les questions se greffant sur les contentieux portés devant le Conseil d'État et la Cour de cassation ; et, théoriquement au moins, pour les contestations des refus de transmission.

La dispense de transmission ne vaut que si la question posée est la même, c'est-à-dire, selon les dispositions réglementaires du Code de justice administrative, du Code de procédure civile et du Code de procédure pénale, si elle met en cause la même disposition législative pour les mêmes motifs. Est-il pour autant réellement nécessaire que l'argumentation soit la même ? On peut en douter car une fois qu'une disposition est transmise, le Conseil constitutionnel apprécie sa conformité à l'ensemble des dispositions constitutionnelles. La condition de l'identité des motifs paraît donc superflue.

Ceci a conduit à la mise en place de tableaux de suivi accessibles sur les sites Internet des deux juridictions suprêmes et du Conseil constitutionnel, faisant apparaître les affaires pendantes tant devant le Conseil d'État ou la Cour de cassation que devant le Conseil constitutionnel ainsi que les décisions rendues. Le site du Conseil constitutionnel comporte également des tableaux des dispositions déclarées conformes à la Constitution dans les motifs et le dispositif d'une décision du Conseil constitutionnel, triés par code ou loi autonome ainsi que par décision du Conseil constitutionnel. Ces sites, accessibles aux requérants comme à leurs avocats, fournissent de précieux renseignements.

Les dispositions sur le traitement des séries ont été appliquées par le Conseil d'État, en matière de pensions, à propos du contentieux relatif au plafonnement de l'indemnité temporaire de retraite outre-mer. Dans la décision du 2 juin 2010, *Association des pensionnés civils et militaires de Nouvelle-Calédonie* (n° 326444), le Conseil d'État s'est abstenu de renvoyer la question de la constitutionnalité du IV de l'article 137 de la loi du 30 décembre 2008 rectificative pour 2008 au motif que le Conseil constitutionnel était déjà saisi de cette question, renvoyée à l'occasion d'une précédente affaire de pension (23 avril 2010, *M. Cachard*, n° 327174) ; et il n'a, dans cette décision, renvoyé que la question nouvelle portant sur la constitutionnalité du III du même article de la loi de finances rectificative de 2008. Par ailleurs le Conseil d'État, qui était saisi en tout de près de 50 dossiers mettant en cause la conformité à la Constitution de l'article 137 de la loi de finances rectificative pour 2008, a différé ses décisions dans l'attente des décisions du Conseil constitutionnel. Ce dernier, joignant les questions renvoyées, a rendu une décision de conformité le 22 juillet 2010 (n° 2010-4/17, indemnité temporaire de retraite outre-mer).

La Cour de cassation a eu l'occasion d'appliquer les dispositions issues du décret du 15 octobre 2010 à au moins une reprise, en matière fiscale. Par plusieurs décisions en date du 1er décembre 2010, la chambre criminelle a ainsi dit qu'il n'y avait pas lieu de renvoyer les questions prioritaires de constitutionnalité soulevées à l'encontre de l'article 1741 du Code général des impôts qui a institué une peine obligatoire de publication et d'affichage du jugement de condamnation pour des faits de fraude fiscale, et a sursis à statuer sur les pourvois jusqu'à l'intervention de la décision du Conseil constitutionnel.

II - Les contentieux en cours

En cas d'inconstitutionnalité prenant effet immédiatement, la décision rendue par le Conseil doit bénéficier au requérant à la QPC et à tous ceux qui avaient également un contentieux en cours. Le Conseil constitutionnel a pris le soin de le rappeler dans un certain nombre de décisions (n° 2010-1 QPC, 2010-6/7 QPC et 2010-10 QPC). Cette dernière décision précise ainsi que l'abrogation de l'article 90 du Code disciplinaire et pénal de la marine marchande relatif à la composition des tribunaux maritimes commerciaux « est applicable à toutes les infractions non jugées définitivement au jour de la publication de la décision ». Il en résulte que toutes les personnes non encore jugées par un tel tribunal ou bien dont la condamnation par ce tribunal n'a pas acquis un caractère définitif ont le droit d'être jugées ou rejugées par le tribunal maritime commercial siégeant dans la composition des juridictions pénales de droit commun.

La Cour de cassation a, par suite, tiré immédiatement les conséquences de la décision du Conseil constitutionnel n° 2010-6/7 QPC du 11 juin 2010 relative à l'article L. 7 du Code électoral, en visant les articles 61-1 et 62 de la Constitution, dans une décision autre que celle ayant donné lieu à la question prioritaire de constitutionnalité (Crim., 16 juin 2010, n° 09-86558, *M. Gaston Flosse*). L'arrêt relève expressément que « cet article a été déclaré contraire à la Constitution par la décision du Conseil constitutionnel du 11 juin 2010, prenant effet à la date de sa publication au *Journal officiel de la République française* le 12 juin 2010 ».

Lorsque l'effet de la déclaration d'inconstitutionnalité est reporté dans le temps, il en résulte que les requérants continuent de se voir appliquer des dispositions qui méconnaissent des principes de la Constitution. Les dispositions du Code de procédure pénale sur la garde à vue ou celles du Code de la santé publique sur l'hospitalisation d'office sont ainsi restées appliquées à des milliers voire des dizaines de milliers de personnes plusieurs mois après avoir pourtant donné lieu à des décisions de censure spectaculaire par le Conseil constitutionnel.

Tel est l'effet possible mais paradoxal de l'article 62 de la Constitution qui a prévu expressément la possibilité de reporter dans le temps l'effet abrogatif des déclarations d'inconstitutionnalité. Cela conduit à admettre l'application, pendant plusieurs mois, de dispositions contraires à la Constitution, y compris au requérant dont l'action a pourtant conduit à faire reconnaître cette contrariété, sauf à ce que le Conseil constitutionnel ait décidé, comme dans sa décision sur la cristallisation des pensions, d'enjoindre aux juridictions de surseoir à statuer sur les instances en cours jusqu'à l'arrivée du terme à compter duquel l'abrogation de la disposition législative deviendra effective (décision n° 2010-

1 QPC). Les impératifs de l'ordre public ou de la sécurité juridique sont, dans ce cas, des motifs suffisamment impérieux pour justifier cette solution.

Les décisions de déclaration d'inconstitutionnalité sont-elles également susceptibles d'avoir une incidence sur les contentieux analogues mais déjà jugés ? Rien de tel n'est prévu en l'état par les dispositions applicables à la QPC. Il n'est pas inconcevable, pourtant, de prévoir une adaptation ou un relèvement des règles de prescription suite à l'intervention d'une décision de non-conformité à la Constitution d'une disposition législative. Une illustration en est donnée par l'article L. 190 du Livre des procédures fiscales qui aménage les règles de prescription pour les actions en restitution des sommes versées ou paiement des droits à déduction non exercés ou en réparation du préjudice subi lorsque la non-conformité d'une imposition avec la règle de droit supérieure a été révélée par une décision du Conseil d'État, un arrêt de la Cour de cassation, un arrêt du Tribunal des conflits ou un arrêt de la Cour de justice de l'Union européenne.

Section 4
L'attente d'une intervention du législateur ?

En raison de la nouvelle procédure de la question prioritaire de constitutionnalité, par laquelle le Conseil constitutionnel intervient à titre de « juge *a posteriori* des lois », le législateur peut se trouver appelé à remédier à l'inconstitutionnalité de dispositions législatives parfois fort anciennes. La particularité de cette procédure de modification de la loi est que le législateur intervient à la suite d'une inconstitutionnalité constatée par le juge constitutionnel et que son intervention doit avoir lieu dans un laps de temps déterminé, sous peine de voir abrogées les dispositions législatives déclarées inconstitutionnelles sans aucun dispositif de remplacement.

Un certain nombre de déclarations d'inconstitutionnalité prononcées ont ainsi conduit le Gouvernement et le Parlement à entreprendre des réformes législatives, alors que le Conseil constitutionnel avait reporté dans le temps les effets de l'inconstitutionnalité prononcée précisément afin de laisser au Parlement le temps de voter une nouvelle loi. On peut citer la réforme intervenue de la « décristallisation » des pensions, la réforme en cours de la garde à vue, celle à venir de l'hospitalisation d'office, du système d'adressage des domaines de l'internet, ou encore du mécanisme de la retenue douanière.

En ce qui concerne la « décristallisation » des pensions, c'est la loi du 29 décembre 2010 de finances pour 2011 qui a procédé aux adaptations nécessaires de la législation des pensions. L'article 211 de cette loi a ainsi aligné, à compter du 1er janvier 2011, les modalités de calcul des pensions militaires d'invalidité, des pensions civiles et militaires de retraites et des retraites du combattant des ressortissants de pays ou territoires ayant été placés sous la souveraineté de la France sur les mêmes valeurs de points et d'indices que celles prises en compte pour les ressortissants français, conformément à la décision du Conseil constitutionnel n° 2010-1 QPC du 28 mai 2010. Cette disposition procède ce faisant à une assimilation complète des modalités de calcul des pensions des anciens combattants, sans aucune différence de traitement fondée sur la nationalité des titulaires. L'article législatif a renvoyé à un décret le soin de fixer les modalités d'application de ces dispositions, notamment les mesures d'information des bénéficiaires ainsi que les modalités de présentation et d'instruction des demandes. Il a également prévu que les nouvelles dispositions seront applicables aux instances en cours à la date du 28 mai 2010, la révision des pensions prenant effet à compter de la date de réception par l'administration de la demande qui est à l'origine de ces instances. Il termine par un paragraphe indiquant que « L'abrogation de l'article 100 de la loi n° 2006-1666 du 21 décembre 2006 de finances pour 2007 résultant de la décision du Conseil constitutionnel n° 2010-1 QPC du 28 mai 2010 ne peut avoir pour effet de placer les intéressés, à compter du 1er janvier 2011, dans une situation moins favorable que celle qui serait résultée de l'application des dispositions abrogées ».

En ce qui concerne la réforme de la garde à vue, un projet de loi portant modification du Code de procédure pénale a été présenté au Conseil des ministres du 13 octobre 2010 et est actuellement en cours de discussion au Parlement. Compte tenu du bref délai dont il disposait pour modifier les règles applicables à cette matière, le Gouvernement a dissocié la réforme du régime de la garde à la vue de la réforme d'ensemble de la procédure pénale actuellement en cours d'élaboration.

En ce qui concerne, enfin, l'hospitalisation d'office, le Gouvernement a décidé de rattacher, sous forme d'une lettre rectificative s'incorporant à un projet de loi déjà déposé au Parlement, la réforme du régime de la prolongation au-delà de 15 jours d'une hospitalisation complète au projet de loi relatif aux droits et à la protection des personnes faisant l'objet de soins psychiatriques et aux modalités de leur prise en charge. Cette lettre rectificative, adoptée en Conseil des ministres à la fin du mois de janvier 2011, conduit à une judiciarisation de l'hospitalisation sans consentement, avec intervention systématique du juge des libertés et de la détention à l'issue d'un délai de 15 jours puis au terme d'une période de 6 mois.

Deuxième partie

L'approfondissement et le renouvellement de l'État de droit

Chapitre 1

Les normes invocables dans le cadre du contrôle *a posteriori*

Les normes de référence susceptibles d'être invoquées dans le cadre de l'exception d'inconstitutionnalité sont « les droits et libertés que la Constitution garantit ». L'article 23-1 de la loi organique reprend ces termes figurant à l'article 61-1 de la Constitution.

La formulation retenue par la Constitution a pour portée d'exclure que le contrôle de constitutionnalité par voie d'exception porte sur la régularité procédurale de l'adoption de la loi : cet aspect du contrôle *a priori* par voie d'action est exclu, pour ce qui concerne le contrôle par voie d'exception, ainsi que l'a expressément jugé le Conseil constitutionnel dans la décision n° 2010-4/17 QPC du 23 juillet 2010. Elle n'a cependant pas pour effet d'écarter radicalement toutes les questions tenant à l'intervention du législateur, comme en témoigne, en matière de respect des règles de compétence posées par la Constitution, la question de l'incompétence négative.

Le mécanisme de la question prioritaire de constitutionnalité limite ainsi, par rapport au contrôle *a priori*, la liste des moyens de constitutionnalité invocables. Pour l'essentiel, seule la méconnaissance de règles substantielles peut être opposée aux dispositions législatives contestées par la voie de la QPC. Encore ne s'agit-il pas de toutes les règles substantielles, mais uniquement de celles qui revêtent le caractère de droits et libertés garantis par la Constitution. En cela, la question prioritaire de constitutionnalité répond à des conditions de mise en œuvre plus strictes que celles en vigueur dans d'autres États européens, dans lesquels la restriction tirée des normes invocables n'est en principe pas appliquée pour la question préjudicielle mais pour les recours directs (Allemagne et Espagne, par exemple).

Section 1
Les droits et libertés au sens de l'article 61-1 de la Constitution

La lettre de l'article 61-1 de la Constitution indique que tous les droits et libertés qu'« elle » garantit sont invocables. Cette référence se comprend nécessairement comme englobant l'ensemble des droits et libertés qui trouvent leur fondement dans le corps même de la Constitution du 4 octobre 1958 et dans son Préambule, c'est-à-dire dans la Déclaration des droits de l'homme et du citoyen de 1789, le Préambule de la Constitution de 1946, les principes fondamentaux reconnus par les lois de la République et la Charte de l'environnement de 2004.

La formulation retenue écarte toute idée de hiérarchie à l'intérieur des droits constitutionnels et évite de donner à penser que certains de ces droits seraient plus fondamentaux que d'autres.

En revanche ne sont pas invocables les droits fondamentaux ou libertés garantis par des engagements internationaux, ainsi que le Conseil constitutionnel est venu le préciser alors qu'il statuait sur le fondement de l'article 61, réaffirmant sa jurisprudence IVG (CC, 12 mai 2010, déc. n° 2010-605 DC, *Loi relative à l'ouverture à la concurrence et à la régulation du secteur des jeux d'argent et de hasard en ligne*). Cette solution a été réitérée par le Conseil constitutionnel, statuant cette fois sur le fondement de l'article 61-1 de la Constitution, par la décision n° 2010-4/17 QPC du 22 juillet 2010.

Les décisions rendues par le Conseil constitutionnel depuis le mois de mai 2010 font apparaître progressivement le périmètre de ces droits et libertés que la Constitution garantit, au sens de l'article 61-1 de la Constitution.

I - Les qualifications comme droits et libertés au sens de l'article 61-1

La première décision rendue par le Conseil constitutionnel sur renvoi d'une question de constitutionnalité s'est fondée sur une méconnaissance du **principe d'égalité** pour censurer une rupture d'égalité entre les titulaires de pensions de retraite résidant à l'étranger selon qu'ils sont français ou étrangers, à propos de la « cristallisation » des pensions des ressortissants des pays et territoires autrefois sous souveraineté française, en particulier des ressortissants algériens (décision du 28 mai 2010 : 2010-1 QPC, *Consorts L.* (cristallisation des pensions).

Le **principe d'égalité** est souvent invoqué dans le cadre de la QPC, notamment en matière fiscale : ainsi la décision du 28 mai 2010 : 2010-3 QPC, *Union des familles en Europe* (associations familiales) ; la décision du 9 juillet 2010 : 2010-13 QPC, *Mme Orient O.* (gens du voyage) ; la décision du 22 juillet 2010 : 2010-4/17 QPC, *M. Alain C.* (indemnité temporaire de retraite outre-mer) ; la décision du 23 juillet 2010 : 2010-16 QPC, *M. Philippe E.* (organismes de gestion agréés) ; la décision du 6 août 2010 : 2010-24 QPC, *Association nationale des sociétés d'exercice libéral* (cotisations sociales des sociétés d'exercice libéral) ; la décision du 17 septembre 2010 : 2010-28 QPC, *Association sportive Football Club de Metz* (taxe sur les salaires) ; la décision du 29 septembre 2010 : 2010-44 QPC, *Époux M.* (impôt de solidarité sur la fortune) ; la décision du 6 octobre 2010 : 2010-39 QPC, *Mmes Isabelle D. et Isabelle B.* (adoption par une personne seule) ; la décision du 14 octobre 2010 : 2010-54 QPC, *Union syndicale des magistrats administratifs* ; la décision du 14 octobre 2010 : 2010-52 QPC, *Compagnie agricole de la Crau* ; décision du 18 octobre 2010 : 2010-57 QPC, *Sté SITA FD et autres* (taxe générale sur les activités polluantes) ; la décision du 18 octobre 2010 : 2010-58 QPC, *Procos et autres* (taxe sur les surfaces commerciales) ; la décision du 26 novembre 2010 : 2010-70 QPC, *M. Pierre-Yves M.* (lutte contre l'évasion fiscale) ; la décision du 3 décembre 2010 : 2010-76 QPC, *M. Roger L.* (tribunaux des affaires de sécurité sociale) ; la décision du 3 décembre 2010 :

2010-73 QPC, *Sté Zeturf Ltd* (paris sur les courses hippiques) ; la décision du 17 décembre 2010 : 2010-81 QPC, *M. Boubakar B.* (détention provisoire : réserve de compétence de la chambre de l'instruction) ;

Au-delà du principe d'égalité, les questions de constitutionnalité qui lui ont été transmises ont conduit le Conseil constitutionnel à se fonder sur de nombreux droits et libertés au sens des nouvelles dispositions constitutionnelles. Ceux-ci seront présentés selon l'ordre de leur première apparition dans les décisions QPC du Conseil constitutionnel, sous réserve de certains regroupements thématiques destinés à faciliter la lecture.

Ont ainsi été reconnus comme des droits et libertés au sens de l'article 61-1 de la Constitution :

– **la liberté d'expression** : (décision du 28 mai 2010 : 2010-3 QPC, *Union des familles en Europe* (Associations familiales) ;

– **la liberté d'association** : décision du 28 mai 2010 : 2010-3 QPC, *Union des familles en Europe* (Associations familiales) ;

– **la garantie des droits et la séparation des pouvoirs** : décision du 11 juin 2010 : 2010-2 QPC, *Mme Vivianne L.* (loi dite anti-Perruche) ; décision du 22 juillet 2010 : 2010-4/17 QPC, *M. Alain C.* (indemnité temporaire de retraite outre-mer) ; décision du 22 septembre 2010 : 2010-32 QPC, *M. Samir M.* (retenue douanière) ; décision du 22 septembre 2010 : 2010-39/37 QPC, *Cne de Besançon* (instruction CNI et passeports) ; décision du 14 octobre 2010 : 2010-53 QPC, *Sté Plombinoise de casino* (prélèvements sur le produit des jeux) ; décision du 10 décembre 2010 : 2010-78 QPC, *Sté Imnoma* (intangibilité du bilan d'ouverture) ;

– **l'indépendance des juridictions** : décision du 2 juillet 2010 : 2010-10 QPC, *Consorts C et autres* (tribunaux maritimes commerciaux) ; décision du 30 juillet 2010 : 2010-19/27 QPC, *Époux P.* (perquisitions fiscales) ; décision du 3 décembre 2010 : 2010-76 QPC, *M. Roger L.* (tribunaux des affaires de sécurité sociale) ;

– **le droit à un recours effectif** : décision du 29 septembre 2010 : 2010-38 QPC, *Jean-Yves G.* (amende forfaitaire et droit au recours) ; décision du 3 décembre 2010 : 2010-73 QPC, *Sté Zeturf Ltd* (paris sur les courses hippiques) ;

– **le principe de nécessité et d'individualisation des peines** garanti par l'article 8 de la Déclaration de 1789 : décision du 11 juin 2010 : 2010-6/7 QPC, *M. Stéphane A.* (article L. 7 du Code électoral) ; décision du 29 septembre 2010 : 2010-40 QPC, *Thierry B.* (annulation du permis de conduire) ; décision du 29 septembre 2010 : 2010-41 QPC, *Sté Cdiscount et autre* (publication du jugement de condamnation) ; décision du 18 octobre 2010 : 2010-55 QPC, *M. Rachid M.* (prohibition des machines à sous) ; décision du 26 novembre 2010 : 2010-66 QPC, *M. Thibaut G.* (confiscation de véhicules) ;

– **le principe de responsabilité** résultant de l'article 4 de la Déclaration de 1789 : décision du 18 juin 2010 : 2010-8 QPC, *Époux L.* (faute inexcusable de l'employeur) ; décision du 22 septembre 2010 : 2010-39/37 QPC, *Cne de Besançon* (instruction CNI et passeports) ;

– **le droit de propriété** : décision du 18 juin 2010 : 2010-5 QPC, *SNC Kimberly Clark* (incompétence négative en matière fiscale) ; décision du 17 septembre 2010 : 2010-26 QPC, *SARL Office central d'accession au logement* (immeubles insalubres) ; décision du 22 septembre 2010 : 2010-33 QPC, *Sté Esso SAF* (cession gratuite de terrain) ; décision du 22 septembre 2010 : 2010-39/37 QPC, *Cne de Besançon* (instruction CNI et passeports) ; décision du 6 octobre 2010 : 2010-45 QPC, *M. Mathieu P.* (noms de domaines Internet) ; décision du 6 octobre 2010 : 2010-43 QPC, *Époux A.* (transfert de propriété des voies privées) ; décision du 12 novembre 2010 : 2010-60 QPC, *Pierre B.* (mur mitoyen) ;

– **le droit de propriété de l'État et des personnes publiques** : décision du 17 décembre 2010 : 2010-67/86 QPC, *Région Centre et Région Poitou-Charentes* (AFPA transfert de biens publics) ;

– **la libre administration des collectivités territoriales** : décision du 2 juillet 2010 : 2010-12 QPC, *Cne de Dunkerque* (fusion de communes) ; décision du 22 septembre 2010 : 2010-39/37 QPC, *Cne de Besançon* (instruction CNI et passeports) ; décision du 18 octobre 2010 : 2010-56 QPC, *Département du Val de Marne* (mesure d'accompagnement social personnalisé) ; et le 4e alinéa de **l'article 72-2** de la Constitution : décision du

18 octobre 2010 : 2010-56 QPC, *Département du Val de Marne* (mesure d'accompagnement social personnalisé) ;

– **la liberté d'aller et venir** : décision du 9 juillet 2010 : 2010-13 QPC, *Mme Orient O.* (gens du voyage) ;

– **la liberté personnelle** protégée par les articles 2 et 4 de la Déclaration de 1789 : décision du 9 juillet 2010 : 2010-13 QPC, *Mme Orient O.* (gens du voyage) et le **respect de la vie privée** : décision du 16 septembre 2010 : 2010-25 QPC, *M. Jean-Victor C.* (fichier empreintes génétiques) ;

– **les droits de la défense et la garantie d'une procédure juste et équitable** garantissant l'équilibre des droits des parties au procès : décision du 23 juillet 2010 : 2010-15/23 QPC, *Région Languedoc Roussillon* (article 575 du Code de procédure pénale) ; décision du 30 juillet 2010 : 2010-14/22 QPC, *M. Daniel W.* (garde à vue) ; décision du 29 septembre 2010 : 2010-38 QPC, *Jean-Yves G.* (amende forfaitaire et droit au recours) ; décision du 14 octobre 2010 : 2010-54 QPC, *Union syndicale des magistrats administratifs* ; décision du 10 décembre 2010 : 2010-77 QPC, *Mme Barta Z.* (comparution sur reconnaissance préalable de culpabilité) ; décision du 17 décembre 2010 : 2010-62 QPC, *M. David M.* (détention provisoire : procédure devant le juge des libertés et de la détention) ;

– **la dignité de la personne humaine** : décision du 30 juillet 2010 : 2010-14/22 QPC, *M. Daniel W.* (garde à vue) ; décision du 16 septembre 2010 : 2010-25 QPC, *M. Jean-Victor C.* (fichier des empreintes génétiques) ; décision du 26 novembre 2010 : 2010-71 QPC, *Mlle Danielle S.* (hospitalisation sans consentement) ; décision du 17 décembre 2010 : 2010-80 QPC, *M. Michel F.* (mise à la disposition de la justice) ;

– **la liberté individuelle** placée sous la protection de l'autorité judiciaire : décision du 30 juillet 2010 : 2010-14/22 QPC, *M. Daniel W.* (garde à vue) ; décision du 22 septembre 2010 : 2010-31 QPC, *M. Bulent A.* (garde à vue terrorisme) ; décision du 26 novembre 2010 : 2010-71 QPC, *Mlle Danielle S.* (hospitalisation sans consentement) ; décision du 17 décembre 2010 : 2010-80 QPC, *M. Michel F.* (mise à la disposition de la justice) ;

– **la présomption d'innocence** résultant de l'article 9 de la Déclaration de 1789 : décision du 30 juillet 2010 : 2010-14/22 QPC, *M. Daniel W.* (garde à vue) ; décision du 16 septembre 2010 : 2010-25 QPC, *M. Jean-Victor C.* (fichier empreintes génétiques) ; décision du 22 septembre 2010 : 2010-32 QPC, *M. Samir M.* (retenue douanière) ; décision du 22 septembre 2010 : 2010-31 QPC, *M. Bulent A.* (garde à vue terrorisme) ; décision du 26 novembre 2010 : 2010-69 QPC, *M. Claude F.* (communication d'informations en matière sociale) ; décision du 17 décembre 2010 : 2010-80 QPC, *M. Michel F.* (mise à la disposition de la justice) ;

– **le principe d'indépendance des enseignants chercheurs** : décision du 6 août 2010 : 2010-20/21 QPC, *M. Jean C.* (loi université) ;

– **la liberté d'entreprendre** : décision du 6 octobre 2010 : 2010-45 QPC, *M. Mathieu P.* (noms de domaines Internet) ; décision du 18 octobre 2010 : 2010-55 QPC, *M. Rachid M.* (prohibition des machines à sous) ; décision du 3 décembre 2010 : 2010-73 QPC, *Sté Zeturf Ltd* (paris sur les courses hippiques) ;

– **la liberté de communication** résultant de l'article 11 de la Déclaration de 1789 : décision du 6 octobre 2010 : 2010-45 QPC, *M. Mathieu P.* (noms de domaines Internet) ;

– **le droit à une vie familiale normale** : décision du 6 octobre 2010 : 2010-39 QPC, *Mmes Isabelle D. et Isabelle B.* (adoption par une personne seule) ;

– **la liberté syndicale** et le **droit de participer à la détermination collective des conditions de travail** garantis par les 6e et 8e alinéas du Préambule de 1946 : décision du 7 octobre 2010 : 2010-42 QPC, *CGT-FO et autres* (représentativité des syndicats) ; décision du 12 novembre 2010 : 2010-63/64/65 QPC, *Fédération nationale CFTC de syndicats de la métallurgie* (représentativité syndicale) ;

– **la rétroactivité de la loi pénale plus douce** : décision du 3 décembre 2010 : 2010-74 QPC, *M. Jean-Marc P. et autres* (rétroactivité de la loi pénale plus douce).

On constate de grandes différences dans la fréquence de l'invocation des droits et libertés énumérés ci-dessus. Figurent parmi les droits le plus souvent invoqués : au premier chef le principe d'égalité, suivi de principes procéduraux (droits de la défense et garantie d'une procédure juste et équitable), de principes applicables en matière pénale (principe de nécessité et d'individualisation des peines, présomption d'innocence), des conséquences diverses de l'article 16 de la Déclaration de 1789, qui énonce la garantie des droits et la séparation des pouvoirs, sur l'intervention du législateur (en particulier sur son intervention rétroactive) et, enfin, de certains droits substantiels (droit de propriété et liberté individuelle). En ce qui concerne les droits substantiels, on constate, sans surprise, que ceux ayant une portée générale sont souvent invoqués et qu'à l'inverse, plus les principes sont spécialisés, plus leur occurrence est faible (liberté de communication, principe d'indépendance des enseignants chercheurs).

Le fait que des droits et libertés soient fréquemment invoqués n'est pas pour autant une garantie de succès. Ainsi le principe d'égalité, quoique très souvent invoqué en matière fiscale, n'a jamais conduit à ce jour à une déclaration de non-conformité à la Constitution d'une disposition fiscale d'assiette. Se sont révélés en revanche plus féconds, en ce qui concerne les chances de succès des questions soulevées, les principes procéduraux (droits de la défense, droit à un recours juridictionnel effectif), les principes applicables en matière pénale (principe de nécessité et d'individualisation des peines) et des principes concernant l'intervention du législateur (non rétroactivité de la loi). Parmi les droits substantiels invoqués, ont également des chances fréquentes de succès : le principe d'égalité, invoqué en matière non fiscale, le droit de propriété et la liberté individuelle placée sous la protection de l'autorité judiciaire.

Mais il est à vrai dire malaisé, voire impossible, de faire le départ entre ce qui, dans le sort d'une QPC, tient à la portée des droits et libertés invoqués ou aux caractéristiques des dispositions législatives contestées.

II - Les refus de qualification de droits et libertés au sens de l'article 61-1

D'autres décisions ont à l'inverse dénié le caractère de droits et libertés garantis par la Constitution à des dispositions ou principes invoqués. Ces décisions émanent soit du Conseil constitutionnel, soit, pour une partie d'entre elles, du Conseil d'État et de la Cour de cassation, ces juridictions ayant estimé que la question posée n'était à ce point pas sérieuse qu'il était inutile de procéder au renvoi de la question. Ces dernières décisions montrent que les juridictions suprêmes sont conduites à se faire les interprètes de la Constitution lorsqu'elles prennent position sur le caractère de droits et libertés au sens de l'article 61-1 de la Constitution.

N'ont ainsi pas été regardés, à ce jour, comme des droits et libertés garantis par la Constitution **les objectifs à caractère constitutionnel** invoqués en eux-mêmes au soutien de questions prioritaires de constitutionnalité. Des arguments peuvent conduire à ne pas admettre que de tels objectifs puissent, à eux seuls, être regardés comme des droits et libertés au sens de l'article 61-1 de la Constitution. En effet les objectifs à valeur constitutionnelle n'énoncent pas un droit mais un but, un objectif, que le législateur doit prendre en compte lorsqu'il légifère dans un domaine. Ils ne s'adressent pas aux individus mais au législateur, pour lequel ils constituent des obligations de moyens et non de résultat. Ceci aurait pu conduire à considérer que ces objectifs ne peuvent, par principe, constituer des droits et libertés invocables au soutien d'une question prioritaire de constitutionnalité. On constate que la jurisprudence ne s'est cependant pas orientée dans le sens d'une réponse aussi radicale.

Saisi pour la première fois de cette question, le Conseil constitutionnel s'est gardé de trancher de façon générale la question de l'invocabilité des objectifs de valeur constitutionnelle au soutien d'une question prioritaire de constitutionnalité mais a fait une réponse prudente, en écartant comme étant « en tout état de cause inopérant » le grief tiré de la méconnaissance de l'objectif de valeur constitutionnelle du pluralisme des courants de pensées et d'opinions. Le Conseil constitutionnel a par la suite continué à répondre de façon circonstanciée, au cas par cas, objectif par objectif. Compte tenu de cette prudence délibérée de rédaction, il ne peut être exclu que le Conseil soit un jour conduit à admettre qu'un tel objectif puisse se voir reconnaître le caractère d'une norme invocable au soutien d'une QPC, soit à lui seul, soit invoqué de façon combinée avec un autre principe ou une autre règle à valeur constitutionnelle. Par ailleurs, statuant au fond sur la constitutionnalité d'une disposition législative, le Conseil a, à plusieurs reprises, utilisé les objectifs de valeur constitutionnelle pour les concilier avec d'autres normes de valeur constitutionnelle, comme il le fait classiquement dans le cadre du contrôle *a priori*.

Toujours est-il qu'à ce jour, aucun des objectifs à valeur constitutionnelle invoqué ne s'est vu reconnaître le caractère d'un droit ou d'une liberté au sens de l'article 61-1. Ainsi en a-t-il été pour :

– **l'objectif d'intelligibilité et d'accessibilité de la loi.** Il a été jugé que cet objectif qui découle des articles 4, 5, 6 et 16 de la Déclaration de 1789, ne peut, en lui-même, être invoqué à l'appui d'une question de constitutionnalité dans le cadre de l'article 61-1 : CC, 23 juillet 2010, 2010-4/17 QPC, *M. Alain C.* (indemnité temporaire de retraite outre-mer) ; CE, 25 juin 2010, *Mortagne*, 326363, *Lebon* ; CE, 10 septembre 2010, *SCI Benoit du Louroux*, 341063, *Lebon T* ; CE, 7 octobre 2010, *Berreterot*, 323882, *Lebon T*.

– **l'objectif de bonne administration de la justice.** La méconnaissance de l'objectif de valeur constitutionnelle de bonne administration de la justice ne peut, en elle-même, être invoquée à l'appui d'une question prioritaire de constitutionnalité : CC, 10 décembre 2010, 2010-77 QPC, *Mme Barta Z.* (comparution sur reconnaissance préalable de culpabilité).

À côté des objectifs à valeur constitutionnelle, d'autres principes invoqués se sont vu refuser le caractère de droits et libertés au sens de l'article 61-1 de la Constitution. Ces principes, présentés selon qu'ils ont fait l'objet d'une décision du Conseil constitutionnel ou d'une décision de non-transmission du Conseil d'État ou la

Cour de cassation, ont pour trait commun de ne pas viser les individus mais le législateur, le Gouvernement, des personnes publiques ou encore les rapports qu'ils entretiennent entre eux :

– **le consentement à l'impôt.** Les dispositions de l'article 14 de la Déclaration de 1789, qui sont mises en œuvre par l'article 34 de la Constitution, n'instituent pas un droit ou une liberté qui puisse être invoqué dans le cadre de l'article 61-1 de la Constitution : CC, 18 juin 2010 : 2010-5 QPC, *SNC Kimberly Clark* (incompétence négative en matière fiscale) ; CC, 30 juillet 2010 : 2010-19/27 QPC, *Époux P.* (perquisitions fiscales).

– **la péréquation financière entre collectivités locales.** Les dispositions du dernier alinéa de l'article 72-2 de la Constitution, qui énoncent que la loi prévoit des dispositifs de péréquation destinés à favoriser l'égalité entre collectivités territoriales et ont pour but de concilier les principes de liberté et d'égalité par l'instauration de mécanismes de péréquation financière, ne peuvent, par elles-mêmes, être invoquées dans le cadre de l'article 61-1 : CC, 22 septembre 2010 : 2010-39/37 QPC, *Cne de Besançon* (instruction CNI et passeports).

– **le respect de l'exigence constitutionnelle de transposition des directives**. Le respect de cette exigence constitutionnelle ne relève pas des « droits et libertés que la Constitution garantit » et ne saurait, par suite, être invoqué dans le cadre d'une question prioritaire de constitutionnalité : CC, décision 2010-605 DC du 12 mai 2010.

– **le caractère décentralisé de l'organisation de la République**. Le principe énoncé à l'article 1er de la Constitution, selon lequel l'organisation de la République est décentralisée, n'est pas au nombre, au sens et pour l'application de l'article 23-5 de l'ordonnance du 7 novembre 1958 portant loi organique sur le Conseil constitutionnel, des droits et libertés garantis par la Constitution : CE, 15 décembre 2010, *Thalineau* (330734, *Lebon T*).

– **le principe d'annualité budgétaire.** Ce principe n'est pas au nombre des droits et libertés garantis par la Constitution susceptibles d'être invoqués dans le cadre d'une question prioritaire de constitutionnalité : CE, 25 juin 2010, *Région Lorraine*, 339842, *Lebon T.*

– **le principe de sincérité budgétaire.** N'est pas non plus au nombre des droits et libertés susceptibles d'être invoqués à l'appui d'une question prioritaire de constitutionnalité le principe de sincérité budgétaire : CE, 15 juillet 2010, *Région Lorraine*, 340492.

Section 2
La question de l'incompétence négative

L'incompétence négative du législateur est une technique de contrôle éprouvée dans le cadre du contrôle de constitutionnalité par voie d'action, sur laquelle on aura l'occasion de revenir dans la suite de ces développements. A ce stade seule la question de l'invocabilité de ce grief dans le cadre du contrôle de constitutionnalité par voie d'exception retiendra l'attention.

I - Un moyen qui peut être opposé lorsqu'il est combiné avec un droit ou une liberté garanti par la Constitution

La formulation de l'article 61-1 de la Constitution est suffisamment large pour ne pas exclure qu'au moins certains aspects de la répartition des compétences normatives soient invocables dans le cadre de la QPC. C'est en ce sens que s'est orientée la jurisprudence à propos de la question de l'incompétence négative du législateur.

Le Conseil constitutionnel a livré de premiers enseignements, à la suite d'un renvoi du Conseil d'État, par sa décision du 18 juin 2010 (CC, 18 juin 2010, *SNC Kimberly Clark*, 2010-5 QPC). Dans un considérant de principe, il a jugé que *« la méconnaissance par le législateur de sa propre compétence ne peut être invoquée à l'appui d'une question prioritaire de constitutionnalité que dans le cas où est affecté un droit ou une liberté que la Constitution garantit »*. Un moyen tiré de l'incompétence négative du législateur ne donne donc pas lieu à renvoi en tant que tel. Mais lorsque l'incompétence est développée sous l'angle de l'insuffisance des garanties pour assurer le respect d'un droit ou d'une liberté que la Constitution garantit, alors le moyen est susceptible de se déployer.

Une telle solution n'avait rien d'évident. Le juge constitutionnel aurait en effet pu s'arrêter à la constatation que, comme très souvent en cas d'insuffisance de la loi, des garanties permettant d'assurer le respect du droit ou de la liberté en cause ont, entretemps, été définies par voie réglementaire. Du point de vue de la protection du droit ou de la liberté, la circonstance que celle-ci soit assurée par le règlement plutôt que par la loi aurait pu être regardée comme inopérante, l'essentiel étant, après tout, l'existence de règles protectrices.

Mais ce n'est pas dans cette voie que s'est engagé le Conseil constitutionnel. Pour lui, le fait que les garanties destinées à assurer le respect d'un droit ou d'une liberté reconnu par la Constitution soient fixées par la loi elle-même, et non par des règlements, est un élément même de l'effectivité de la protection de ce droit ou de cette liberté. Il en résulte que le moyen tiré de l'incompétence négative du législateur est parfois susceptible d'être invoqué avec profit dans le cadre du contrôle de constitutionnalité *a posteriori*.

II - Une jurisprudence qui s'étoffe

La jurisprudence du Conseil constitutionnel sur l'incompétence négative invoquée au soutien d'une question prioritaire de constitutionnalité a été marquée par quelques décisions qui ont retenu l'attention.

Le Conseil constitutionnel a ainsi jugé qu'un moyen d'incompétence négative ne peut être soulevé à l'encontre d'une disposition législative antérieure à la Constitution de 1958 (CC, 16 septembre 2010, *Association sportive Football club de Metz*, 2010-28 QPC ; CE, 14 octobre 2010, *Vigot*, 337005). Une telle solution est logique, le partage entre le domaine constitutionnel de la loi et celui du règlement qui fonde la théorie de l'incompétence négative trouvant sa source dans les articles 34 et 37 de la Constitution de 1958. Le Conseil écarte le grief lorsqu'il juge la matière réglementaire (CC, 28 janvier 2011, 2010-95 QPC, *SARL du parc d'activités de Blotzheim*).

Le Conseil constitutionnel écarte le moyen d'incompétence négative lorsqu'il est soulevé en matière fiscale, au motif que les dispositions de l'article 13 de la Déclaration de 1789, qui sont davantage tournées vers le respect des droits des parlementaires que vers celui des justiciables, n'instituent pas un droit ou une liberté au sens de l'article 61-1 de la Constitution (décision du 17 septembre 2010 : 2010-28 QPC, *Association sportive Football Club de Metz* (taxe sur les salaires) ; décision du 29 septembre 2010 : 2010-44 QPC, *Époux M.* (impôt de solidarité sur la fortune) ; décision du 6 octobre 2010 : 2010-39 QPC, *Mmes Isabelle D. et Isabelle B.* (adoption par une personne seule) ; décision du 18 octobre 2010 : 2010-57 QPC, *Sté SITA FD et autres* (taxe générale sur les activités polluantes) ; décision du 18 octobre 2010 : 2010-58 QPC, *Procos et autres* (taxe sur les surfaces commerciales).

Le Conseil constitutionnel a fait en 2010 une application positive de l'incompétence négative, conduisant à des déclarations d'inconstitutionnalité, à deux reprises.

La première décision, rendue le 22 septembre 2010, concerne les cessions gratuites de terrains que l'article L. 332-6-1 du Code de l'urbanisme permet aux communes d'imposer aux constructeurs (CC, décision n° 2010-33 QPC du 22 septembre 2010, *Sté ESSO SAF*). Le Conseil constitutionnel a estimé que cette disposition du Code de l'urbanisme attribue à la collectivité publique le plus large pouvoir d'appréciation sur l'application de cette disposition et ne définit pas les usages publics auxquels doivent être affectés les terrains ainsi cédés. Constatant que par ailleurs aucune autre disposition législative n'instituait les garanties permettant qu'il ne soit pas porté atteinte à l'article 17 de la Déclaration de 1789, il a censuré la loi au motif que le législateur a méconnu l'étendue de sa compétence en ne définissant pas de garanties suffisamment précises pour la protection du droit de propriété.

La seconde décision concerne les dispositions de l'article L. 45 du Code des postes et des communications électroniques relatives

Chapitre 2

Les interactions entre contrôle *a priori* et contrôle *a posteriori*

Comme on le sait, le 1er mars 2010 n'a pas vu la naissance du contrôle de constitutionnalité en France, mais seulement l'amorce d'une nouvelle étape de son histoire. Cette date ne marque donc pas le basculement vers un monde inconnu. Si le champ qui s'ouvre à compter du 1er mars 2010 est indiscutablement nouveau et riche de développements futurs pour l'effectivité des droits constitutionnels, il n'était pas vierge de toute intervention antérieure. En abordant le contrôle de constitutionnalité par voie d'exception, le Conseil constitutionnel ne s'est pas aventuré sur un terrain nu où tout aurait été à construire ; il a pu, pour assumer cette nouvelle mission, tirer bénéfice de son expérience du contrôle de constitutionnalité par voie d'action.

La facilité avec laquelle le Conseil constitutionnel apparaît avoir pris la mesure de cette nouvelle forme de contrôle de constitutionnalité de la loi doit ainsi beaucoup à l'acquis résultant de plusieurs décennies de pratique du contrôle de constitutionnalité par voie d'action que le Conseil a affirmé puis progressivement étendu et affiné. Si 2010 a été un cap somme toute aisé à franchir, c'est parce qu'auparavant 1958, 1971, 1974 et la jurisprudence des années 1980 avaient étalonné le contrôle de constitutionnalité par voie d'action. Dans l'histoire de l'État de droit à la française, le contrôle par voie d'exception est l'héritier du contrôle par voie d'action, et il apparaît fortement tributaire de cet héritage.

Pour autant, la mise en œuvre de la question prioritaire de constitutionnalité renouvelle, sur plusieurs points, le contrôle de la constitutionnalité de la loi. La nouvelle forme de contrôle permet de dépasser le cadre institutionnel et le cadre temporel de la forme ancienne ; elle permet aussi au Conseil constitutionnel d'approfondir son contrôle global de la constitutionnalité des lois.

Ces deux formes de contrôle, liées et complémentaires, vont ainsi permettre d'asseoir un contrôle constitutionnel, c'est-à-dire juridique et national, plus étroit sur les dispositions adoptées par le législateur. La formule du doyen Vedel, et du Conseil constitutionnel (CC, décision n° 85-197 DC du 23 août 1985 ; décision n° 86-207 DC des 25 et 26 juin 1986), selon laquelle *« la loi n'exprime la volonté générale que dans le respect de la Constitution »* n'en deviendra que plus effective, au fur et à mesure que le contrôle par voie d'exception viendra compléter et renforcer le contrôle par voie d'action.

Section 1
L'héritage du contrôle *a priori*

Un peu plus de cinquante années d'expérience du contrôle de constitutionnalité *a priori*, exercé par voie d'action, ont livré un acquis considérable, susceptible d'être immédiatement mis à profit dans le cadre du contrôle de constitutionnalité par voie d'exception. Cet héritage constitue, pour l'essentiel, un apport positif : il s'incarne, principalement, dans la jurisprudence progressivement élaborée par le Conseil constitutionnel à compter de 1958 et, plus encore, de l'essor de 1971. La jurisprudence constitutionnelle a, peu à peu, fait émerger les normes constitutionnelles de référence et en a dégagé l'interprétation et la portée. Elle a aussi forgé et expérimenté des méthodes et techniques adaptées au contrôle de constitutionnalité.

La question prioritaire de constitutionnalité a directement bénéficié de ces apports. Mais elle a cependant hérité aussi de certaines rigidités du contrôle *a priori*, alors qu'on aurait pu penser que ces contraintes, spécifiques au contrôle *a priori*, pouvaient ne pas être reprises dans le cadre de l'exercice différent que constitue le contrôle par voie d'exception.

I - L'acquis jurisprudentiel

L'acquis jurisprudentiel tient aux normes constitutionnelles de référence prises en considération dans l'exercice des contrôles de constitutionnalité, aux techniques de conciliation de ces normes et de contrôle de la loi et à la modulation des effets des décisions du Conseil constitutionnel.

A - Les normes constitutionnelles de référence

La jurisprudence résultant des décisions dites « DC » par lesquelles le Conseil constitutionnel statue sur la constitutionnalité des lois organiques et des lois, voire des traités et des règlements des assemblées parlementaires, par la voie du contrôle par voie d'action a progressivement défini l'étendue du « bloc de constitutionnalité » à compter des décisions n° 70-39 DC du 19 juin 1970 et, surtout, n° 71-44 DC du 16 juillet 1971. Ce bloc comprend, comme il a été rappelé, les articles du corps de la Constitution et son Préambule avec les renvois qu'il fait à la Déclaration des droits de l'homme et du citoyen du 26 août 1789, au Préambule de la Constitution du 27 octobre 1946 – et via ce dernier aux « principes fondamentaux reconnus par les lois de la République » – et à la Charte de l'Environnement. À ces normes constitutionnelles de référence, qui résultent plus ou moins directement de dispositions textuelles expresses, on doit ajouter les quelques prescriptions auxquelles le Conseil constitutionnel a reconnu une valeur constitutionnelle de façon prétorienne, comme le principe de continuité du service public ou certains objectifs de valeur constitutionnelle.

La jurisprudence du Conseil constitutionnel résultant de près de cinquante ans de pratique du contrôle *a priori* a, ainsi, permis au Conseil, mais aussi au Conseil d'État et à la Cour de cassation comme à l'ensemble des juridictions, d'examiner les premières questions prioritaires de constitutionnalité, après le 1er mars

2010, au vu de normes constitutionnelles de référence déjà identifiées et interprétées, à les supposer toutes transposables dans le cadre du contrôle *a posteriori*.

Pour ne citer, ici, que deux exemples, les premières décisions rendues par le Conseil constitutionnel sur des questions prioritaires de constitutionnalité à la fin du mois de mai 2010 ont fait application du principe d'égalité (CC, décision du 28 mai 2010 : 2010-3 QPC, *Union des familles en Europe* (associations familiales) ; décision du 28 mai 2010 : 2010-1 QPC, *Consorts L.* (cristallisation des pensions)) ainsi que de la liberté d'expression ou de la liberté d'association (décision du 28 mai 2010 : 2010-3 QPC, *Union des familles en Europe* (associations familiales)), dont la valeur constitutionnelle avait déjà été reconnue et dont la portée avait été précisée par la jurisprudence rendue dans le cadre du contrôle par voie d'action. Au-delà de ces premiers exemples, les décisions rendues par le Conseil constitutionnel au cours de l'année 2010, dans la première année de mise en œuvre de la question prioritaire de constitutionnalité, témoignent de la richesse et de la diversité des normes constitutionnelles invoquées. C'est à l'héritage du contrôle *a priori* que le Conseil constitutionnel, ainsi que l'ensemble des juridictions administratives et judiciaires, doivent d'avoir disposé, immédiatement, d'un tel corpus de référence.

B - L'interprétation et la conciliation des normes constitutionnelles

L'acquis jurisprudentiel issu du contrôle *a priori* ne tient pas seulement à l'identification des normes de référence. Plus de cinquante ans de jurisprudence ont aussi permis de déterminer l'interprétation que ces normes doivent recevoir et de faire apparaître leur mode d'articulation et de conciliation.

À titre d'illustration de l'héritage en matière d'**interprétation des normes constitutionnelles**, on se bornera à citer un exemple parmi beaucoup d'autres. Les deux premières décisions rendues par le Conseil constitutionnel sur des questions prioritaires de constitutionnalité, le 28 mai 2010, se sont prononcées sur des griefs tirés de la violation du principe d'égalité, dans un cas pour l'écarter (CC, décision du 28 mai 2010 : 2010-3 QPC) et dans l'autre pour l'accueillir (CC, décision du 28 mai 2010 : 2010-1 QPC). Le Conseil a, naturellement, repris dans ce cadre la conception du principe d'égalité qu'il avait dégagée dans le cadre du contrôle *a priori*. En énonçant que *« le principe d'égalité ne s'oppose ni à ce que le législateur règle de façon différente des situations différentes, ni à ce qu'il déroge à l'égalité pour des raisons d'intérêt général, pourvu que, dans l'un et l'autre cas, la différence de traitement qui en résulte soit en rapport direct avec l'objet de la loi qui l'établit »*, le Conseil a fait application de sa jurisprudence traditionnelle sur le principe d'égalité, procédant à l'importation dans le cadre du contrôle par voie d'exception de la signification et de la portée que la jurisprudence issue du contrôle *a priori* avait déjà données à ce principe.

De nombreuses décisions rendues au cours de l'année 2010 sur le principe d'égalité en matière fiscale montrent une grande continuité entre le contrôle par voie d'action et le contrôle par voie d'exception, dans l'appréciation de la constitutionnalité des dispositions fiscales. Pour les deux contrôles, le Conseil retient une même approche et les mêmes critères : il apprécie la situation des redevables au regard de chaque imposition prise isolément ; il censure les ruptures caractérisées de l'égalité devant les charges publiques ; il recherche si les critères mis en œuvre par le législateur sont objectifs et rationnels et apprécie s'ils sont en rapport avec l'objet de la mesure et la finalité poursuivie ou avec les différences de situation prises en compte. Dans la ligne du contrôle exercé par voie d'action, les décisions ayant statué sur des questions prioritaires de constitutionnalité en matière fiscale se montrent compréhensives et se traduisent rarement par la censure de la loi.

L'héritage est tout aussi net pour ce qui concerne d'autres déclinaisons ou applications du principe d'égalité : ainsi la décision n° 2010-81 QPC du 17 décembre 2010 qui déclare contraire à la Constitution la disposition législative permettant, de façon discrétionnaire, à la chambre de l'instruction de conserver la compétence pour connaître directement de mesures de détention provisoire ou de contrôle judiciaire est-elle l'héritière directe de la décision n° 75-56 DC du 23 juillet 1975 qui avait censuré le pouvoir discrétionnaire du président du tribunal de grande instance de faire juger certaines affaires par une formation à juge unique.

Au-delà du principe d'égalité, et de façon générale, le Conseil constitutionnel a repris, pour statuer sur les questions prioritaires de constitutionnalité qui lui ont été transmises, la conception et l'interprétation des normes constitutionnelles que sa jurisprudence avait déjà livrées dans le cadre du contrôle *a priori*. Pour s'en tenir là aussi à quelques exemples, la filiation apparaît manifeste pour ce qui concerne la liberté d'association (CC, décision du 28 mai 2010 : 2010-3 QPC), le contrôle des lois de validation (CC, décision du 22 septembre 2010 : 2010-39/37 QPC), la protection du droit de propriété (CC, décision du 6 octobre 2010 : 2010-43 QPC) ou encore la libre administration des collectivités territoriales et leur autonomie financière (CC, décision du 18 octobre 2010 : 2010-56 QPC).

La filiation observée en ce qui concerne l'interprétation des normes constitutionnelles de référence se retrouve, aussi, dans le mode d'articulation et de **conciliation des règles et principes de valeur constitutionnelle**. Dans le cadre du contrôle *a priori*, le Conseil constitutionnel a progressivement été conduit à combiner les différentes normes de référence qui, pour n'avoir ni la même signification, ni nécessairement le même champ, peuvent néanmoins être simultanément applicables et opposables à la même loi, alors même qu'elles paraissent antagonistes, comme par exemple les déclinaisons du principe de liberté ou le droit de propriété résultant notamment de la Déclaration de 1789 d'une part, et les exigences des principes particulièrement nécessaires à notre temps issus du Préambule de la Constitution de 1946 d'autre part (V. ainsi, par exemple, la dialectique de la liberté d'entreprendre et des droits syndicaux, ou celle de la protection de la propriété privée et l'exigence de propriété publique des services publics nationaux et des monopoles de fait). Le Conseil a, de même, été conduit à concilier l'exercice des libertés constitutionnelles avec certains objectifs de valeur constitutionnelle, nécessaires à la sauvegarde et à l'exercice effectif de ces libertés : ainsi, notamment, des objectifs de prévention des atteintes à l'ordre public ou de recherche des auteurs d'infractions, que le Conseil constitutionnel concilie avec les droits constitutionnels pour apprécier, dans chaque cas, si la balance effectuée par le législateur entre les différents intérêts en présence est constitutionnellement admissible.

Statuant sur les questions prioritaires de constitutionnalité, le Conseil constitutionnel s'est, sur ce point aussi, inscrit dans la continuité de sa jurisprudence antérieure, conduisant à une appréciation de constitutionnalité au cas par cas, au vu de la disposition législative incriminée, de l'intention poursuivie par le législateur et des différentes normes de référence en cause. Cette méthode de conciliation repose sur le refus d'établir *a priori* et de façon absolue une hiérarchie entre les différentes normes de valeur constitutionnelle. Le Conseil reconnaît, en effet, égale valeur constitutionnelle à toutes les normes de référence, quel que soit le texte dont elles sont issues à l'origine, refusant, même si certaines peuvent apparaître plus éminentes que d'autres, de distinguer des libertés de premier ou de second rang où les premières l'emporteraient toujours et par principe sur les secondes. Le Conseil admet aussi que le législateur puisse encadrer ou limiter l'exercice de certains droits constitutionnels au nom d'impératifs résultant de la prise en compte d'autres droits ou objectifs de valeur constitutionnelle.

Ces méthodes de conciliation, éprouvées dans le cadre du contrôle *a priori*, ont été directement transposées par le Conseil constitutionnel dans le cadre du contrôle de constitutionnalité par voie d'exception. Par exemple, la décision du 18 octobre 2010 (n° 2010-55 QPC) statuant sur la disposition législative interdisant en principe l'importation, la fabrication et l'exploitation de machines à sous réaffirme qu'il *« est loisible au législateur d'apporter à la liberté d'entreprendre, qui découle de l'article 4 de la Déclaration des droits de l'homme et du citoyen de 1789, des limitations liées à des exigences constitutionnelles ou justifiées par l'intérêt général, à la condition qu'il n'en résulte pas d'atteintes disproportionnées au regard de l'objectif poursuivi »* et juge, en l'espèce, que la conciliation effectuée par le législateur n'est pas manifestement disproportionnée. De même, la décision du 3 décembre 2010 (2010-73 QPC) rendue sur la loi de 1891 réglementant les courses de chevaux et les paris hippiques opère une conciliation entre la liberté d'entreprendre et l'objectif de valeur constitutionnelle de sauvegarde de l'ordre public. Pareillement, lorsqu'il examine des dispositions pénales ou de procédure pénale, le Conseil contrôle la conciliation effectuée par le législateur entre « *la prévention des atteintes à l'ordre public et la recherche des auteurs d'infractions, toutes deux nécessaires à la sauvegarde de droits et de principes de valeur constitutionnelle, et, d'autre part, l'exercice des libertés constitutionnellement garanties* », dont relèvent notamment le principe des droits de la défense et la garantie d'une procédure juste et équitable (CC, décision du 30 juillet 2010 : 2010-14/22 QPC). Ces exemples de conciliation montrent que le Conseil met en œuvre, dans le cadre du contrôle de constitutionnalité par voie d'exception, les mêmes raisonnements que ceux qu'il a forgés et qu'il utilise dans le cadre du contrôle *a priori*.

C - Les techniques de contrôle

L'acquis jurisprudentiel résultant du contrôle *a priori*, dont a bénéficié le contrôle par voie d'exception, s'étend encore aux techniques de contrôle que le Conseil constitutionnel a progressivement mises au point pour juger de la constitutionnalité de la loi.

Ayant dégagé, éprouvé puis, le cas échéant, fait évoluer ces techniques de contrôle dans le cadre du contrôle par voie d'action, le Conseil constitutionnel les a directement importées dans le cadre nouveau de la question prioritaire de constitutionnalité, en considérant que ces techniques, adaptées à la nature des rapports, juridiques et politiques, qui président aux relations qu'il entretient avec le Parlement, pouvaient indifféremment être mises en œuvre dans le cadre des deux contrôles de constitutionnalité.

À cet égard, l'unité du contrôle de constitutionnalité, qu'il soit mis en œuvre par voie d'action ou par voie d'exception, l'emporte sur les spécificités de l'une ou de l'autre voie. C'est du moins l'idée générale qui peut être avancée pour expliquer la transposition directe des modes de contrôle dégagés dans le cadre du contrôle *a priori*. Mais cette idée générale ne va pas sans adaptation possible, au moins dans certains cas. La jurisprudence rendue sur les questions prioritaires de constitutionnalité depuis le 1er mars 2010 donne quatre exemples de transposition directe ou adaptée.

1 - La marge d'appréciation du législateur

Le Conseil constitutionnel prend soin de distinguer **les pouvoirs d'appréciation** respectifs du législateur et du juge de la constitutionnalité des lois. Depuis longtemps dans le cadre du contrôle *a priori*, le Conseil relève que *« l'article 61 de la Constitution ne lui donne pas un pouvoir général d'appréciation et de décision identique à celui du Parlement »* (par exemple CC, décision n° 75-54 DC du 15 janvier 1975 ; décision n° 81-127 DC des 19 et 20 janvier 1981 ; décision n° 86-218 DC du 18 novembre 1986). Cette distinction des rôles l'a conduit, dans le cadre du contrôle *a priori*, à restreindre, dans certains cas, son contrôle pour ne censurer l'appréciation politique portée par le législateur que dans le cas où elle lui apparaissait « manifestement » disproportionnée ou procéder à une conciliation « manifestement » déséquilibrée entre les différents intérêts en présence ou les différentes normes constitutionnelles applicables.

Cette réserve ne vaut naturellement pas pour la confrontation de la loi avec toutes les normes constitutionnelles, dans la mesure où certaines se révèlent, pour le législateur, plus directives que d'autres. Pour en donner un exemple, portant sur deux règles de valeur constitutionnelle trouvant leur source à l'article 8 de la Déclaration de 1789, le principe de non rétroactivité de la loi pénale ne souffre pas d'accommodements, même au nom du pouvoir d'appréciation du législateur, alors que le principe de nécessité des peines laisse au législateur une marge d'appréciation qui ne donne lieu à censure qu'en cas de disproportion manifeste.

Cette méthode de contrôle a été directement reprise dans le cadre du contrôle par voie d'exception. Dès le 11 juin 2010, statuant sur la conformité à la Constitution de la disposition issue de la loi du 4 mars 2002 dite anti-Perruche, le Conseil constitutionnel a ainsi relevé que *« l'article 61-1 de la Constitution, à l'instar de l'article 61, ne confère pas au Conseil constitutionnel un pouvoir général d'appréciation et de décision de même nature que celui du Parlement ; que cet article lui donne seulement compétence pour se prononcer sur la conformité d'une disposition législative aux droits et libertés que la Constitution garantit »* (CC, décision n° 2010-2 QPC). Il déduit de cette différence des rôles et des pouvoirs du législateur et du juge *« qu'il ne saurait rechercher si les objectifs que s'est assignés le législateur auraient pu être atteints par d'autres voies, dès lors que les modalités retenues par la loi ne sont pas* ***manifestement inappropriées*** *à l'objectif visé »* (CC, décision n° 2010-28 QPC du 17 septembre 2010). Cette manifestation de l'autolimitation du contrôle exercé par le Conseil a été réitérée à plusieurs reprises, de la même façon qu'elle l'est régulièrement dans le cadre du contrôle par voie d'action (pour des exemples dans le cadre de la question prioritaire de constitutionnalité, v. CC, décision n° 2010-25 QPC du 16 septembre 2010 ; décision n° 2010-39 QPC du 6 octobre 2010 ; décision n° 2010-66 QPC du 26 novembre 2010 pour le contrôle de la disproportion manifeste entre une infraction pénale et le niveau de la peine encourue ; décision n° 2010-92 QPC du 28 janvier 2011 pour le mariage homosexuel).

La prise en compte de la différence des rôles respectifs du Conseil constitutionnel et du Parlement s'est aussi manifestée dans la définition des conséquences à tirer d'une déclaration d'inconstitutionnalité prononcée dans le cadre du contrôle par voie d'exception. Ainsi, après avoir déclaré contraires à la Constitution certaines des dispositions législatives régissant la garde à vue, le Conseil a relevé qu'il *« ne dispose pas d'un pouvoir général d'appréciation de même nature que celui du Parlement ; qu'il ne lui appartient pas d'indiquer les modifications des règles de procédure pénale qui doivent être choisies pour qu'il soit remédié à l'inconstitutionnalité constatée »*. C'est en considération de ce motif qu'il a différé de près de onze mois l'effet de la déclaration d'inconstitutionnalité « *afin de permettre au législateur d'y remédier* ». Une solution analogue a été reprise pour la retenue douanière (décision n° 2010-32 QPC du 22 septembre 2010).

2 - La technique des réserves d'interprétation

La technique des réserves d'interprétation mise au point dans le cadre du contrôle *a priori* a conduit, dans le cadre de ce contrôle, le Conseil constitutionnel, plutôt que de censurer une disposition législative au motif qu'elle pourrait, si elle était interprétée dans un sens déterminé, se révéler contraire à la Constitution, à admettre sa constitutionnalité à la condition qu'elle soit comprise et appliquée dans un sens conforme à la Constitution.

Lorsqu'il a recours à cette technique, le Conseil, de nos jours, énonce la réserve d'interprétation dans les motifs de sa décision et déclare, dans son dispositif, que la disposition n'est pas contraire à la Constitution sous la réserve énoncée dans les motifs. Cette technique, préventive, apparaît tout à fait adaptée à l'économie du contrôle *a priori*, qui intervient à un stade où l'application de la loi n'est encore que virtuelle : la réserve d'interprétation ne fait pas obstacle à l'entrée en vigueur de la disposition votée par le Parlement mais conduit à ce qu'elle soit appliquée, à compter de son entrée en vigueur, dans un sens conforme à la Constitution, ce qui permet de concilier la préservation de la volonté du législateur – à la supposer non dénaturée par la réserve d'interprétation – et la prise en compte des impératifs constitutionnels.

Alors même que la configuration procédurale est différente, le Conseil constitutionnel a transposé cette technique des réserves d'interprétation dans le cadre de la question prioritaire de constitutionnalité. Dès le 18 juin 2010, il a procédé à cette transposition, en énonçant une réserve consistant à élargir, pour le cas de la faute inexcusable de l'employeur, l'interprétation de l'article L. 452-3 du Code de la sécurité sociale qui entendait fixer de façon limitative la liste des préjudices susceptibles d'être indemnisés en cas d'accident du travail. Cette décision du Conseil, par la réserve d'interprétation qu'elle comporte, ouvre la possibilité à la victime de l'accident du travail de rechercher, devant les juridictions de sécurité sociale, l'indemnisation par l'employeur d'autres préjudices que ceux énumérés par la disposition législative. La réserve donne ainsi mandat aux juridictions judiciaires pour statuer sur de telles demandes au-delà de la lettre du texte législatif. Elle est considérée comme s'appliquant immédiatement dans toutes les instances en cours (CC, décision du 18 juin 2010 : 2010-8 QPC, *Époux L.* (faute inexcusable de l'employeur)).

Par la suite, le Conseil a eu recours à cette technique des réserves d'interprétation à plusieurs reprises dans le cadre du contrôle par voie d'exception (V. CC, décision du 6 août 2010 : 2010-20/21 QPC, *M. Jean C.* (loi université) ; décision du 16 septembre 2010 : 2010-25 QPC, *M. Jean-Victor C.* (fichier empreintes génétiques) ; décision du 29 septembre 2010 : 2010-38 QPC, *Jean-Yves G.* (Amende forfaitaire et droit au recours) ; décision du 18 octobre 2010 : 2010-57 QPC, *Sté SITA FD et autres* (taxe générale sur les activités polluantes) ; décision du 26 novembre 2010 : 2010-70 QPC, *M. Pierre-Yves M.* (lutte contre l'évasion fiscale) ; décision du 26 novembre 2010 : 2010-71 QPC, *Mlle Danielle S.* (hospitalisation sans consentement) ; décision du 17 décembre 2010 : 2010-62 QPC, *M. David M.* (détention provisoire : procédure devant le juge des libertés et de la détention) ; décision du 17 décembre 2010 : 2010-80 QPC, *M. Michel F.* (mise à la disposition de la justice)). Cette utilisation de la technique de la réserve d'interprétation ne va toutefois pas sans soulever des difficultés nouvelles dans le cadre du contrôle *a posteriori*, dans la mesure où la réserve n'a pas qu'une portée préventive mais où elle peut remettre en cause des pratiques ou des interprétations déjà admises.

3 - L'effet dit de « cliquet » et son évolution

Dans le cadre du contrôle *a priori*, et au moins pour certaines libertés publiques, le Conseil constitutionnel avait, dans un état de sa jurisprudence, considéré que le législateur ne pouvait pas supprimer les garanties mises à l'exercice de ces libertés une fois qu'elles avaient été inscrites dans le droit positif : toute nouvelle intervention du législateur à l'avenir dans le domaine considéré ne pouvait conduire qu'à ajouter des garanties supplémentaires destinées à rendre plus effective encore la liberté constitutionnellement protégée. Cette jurisprudence du « toujours plus », connue sous le nom de l'effet « cliquet », a été énoncée initialement pour la liberté de communication (décision n° 84-181 DC des 10 et 11 octobre 1984 sur la loi sur les entreprises de presse) et a été appliquée dans quelques autres domaines, par exemple pour le droit d'asile (décision 93-325 DC du 13 août 1993).

Mais le Conseil constitutionnel a, par la suite, renoncé à cette jurisprudence (V., en particulier, pour la liberté de communication en matière de presse CC, décision n° 86-210 DC du 29 juillet 1986 ; pour l'asile CC, décision n° 2003-484 DC du 20 novembre 2003, CC, décision n° 2003-485 DC du 4 décembre 2003). Le Conseil considère désormais que le législateur peut modifier des textes antérieurs en leur substituant d'autres dispositions, sans être tenu de maintenir en l'état les garanties antérieures, dès lors que son intervention ne conduit pas à priver de garanties légales des exigences constitutionnelles. Il a ainsi renoncé à la logique de sédimentation du « toujours plus » illustrée par l'idée de « cliquet », pour opter pour une approche plus évolutive, reconnaissant au législateur le pouvoir de modifier le régime d'exercice d'une liberté constitutionnellement garantie, dès lors que, prises globalement, les nouvelles garanties résultant de l'intervention du législateur sont jugées pertinentes et suffisantes par le Conseil. Le législateur peut ainsi s'affranchir du cadre antérieur, retenir des modalités nouvelles et, le cas échéant supprimer certaines protections particulières, du moment que les nouvelles modalités d'exercice de la liberté constitutionnellement garantie, prises globalement, sont jugées suffisamment protectrices (V., outre les décisions précédemment mentionnées, CC, décision n° 98-396 DC du 19 février 1998 ; n° 2001-446 DC du 27 juin 2001 ; décision n° 2002-461 DC du 29 août 2002 ; pour une illustration récente de l'affirmation du pouvoir du législateur de modifier des textes antérieurs et de retenir des dispositions nouvelles v. la décision n° 2010-617 DC du 9 novembre 2010 sur la loi portant réforme des retraites).

Ce nouveau mode de raisonnement, forgé dans le cadre du contrôle *a priori*, a été repris dans le cadre du contrôle de constitutionnalité par voie d'exception. Le Conseil a, ainsi, dans des hypothèses où étaient en cause des dispositions modifiant un régime législatif, repris la formule résultant du dernier état de la jurisprudence issue des décisions DC selon laquelle *« il est à tout moment loisible au législateur, statuant dans le domaine de sa compétence, de modifier des textes antérieurs ou d'abroger ceux-ci en leur substituant, le cas échéant, d'autres dispositions ; que, ce faisant, il ne saurait toutefois priver de garanties légales des exigences constitutionnelles »* (V. ainsi, à propos de l'indemnité temporaire de retraite CC, décision n° 2010-4/17 QPC du 22 juillet 2010 ; à propos des perquisitions fiscales CC, décision n° 2010-19/27 QPC du 30 juillet 2010).

4 - L'incompétence négative

Dans le cadre du contrôle *a priori*, on pouvait initialement penser que le respect des compétences respectives du législateur et du pouvoir réglementaire ferait, dans toutes ses dimensions, partie intégrante du contrôle exercé par le Conseil constitutionnel au titre de l'article 61 de la Constitution.

On sait toutefois que le Conseil a explicitement refusé, à partir de 1982, de censurer comme contraires à la Constitution les dispositions législatives empiétant sur le domaine réglementaire. La décision n° 82-143 DC du 30 juillet 1982, Blocage des prix et revenus, a considéré que la Constitution n'avait pas entendu frapper d'inconstitutionnalité une disposition de nature réglementaire contenue dans une loi mais seulement donner au Gouvernement, par la voie des procédures d'irrecevabilité dans le cadre de la discussion législative ou de déclassement après l'adoption de la loi, les moyens d'assurer la protection de son domaine réglementaire contre d'éventuels empiétements du législateur. La décision n° 2005-512 DC du 21 avril 2005 est demeurée fidèle à cette orientation : même si elle a relevé le caractère réglementaire de certaines des dispositions de la loi d'orientation et de programme pour l'avenir de l'école, cette décision DC n'a pas censuré l'immixtion du législateur dans le domaine réglementaire ; elle s'est bornée à reconnaître explicitement leur caractère réglementaire, dans ses motifs et son dispositif, de telle sorte que le Gouvernement a pu ultérieurement les modifier sans avoir à ressaisir le Conseil constitutionnel dans le cadre de la procédure de déclassement de l'article 37 (V. le décret n° 2006-583 du 23 mai 2006).

Si le Conseil a refusé de censurer, dans le cadre du contrôle de l'article 61, des dispositions législatives ayant empiété sur le domaine réglementaire, sa jurisprudence s'est fixée assez tôt dans le sens inverse s'agissant du respect, non de la compétence réglementaire, mais de la compétence législative et de l'exercice, par le législateur, de la plénitude de sa compétence. Statuant, en 1967, sur une loi organique qui avait modifié l'ordonnance organique du 22 décembre 1958 portant statut des magistrats, le Conseil constitutionnel a censuré, dans le cadre de l'article 61, une disposition organique qui renvoyait à un décret le soin de définir les conditions d'affectation de certains magistrats, au motif qu'il appartenait au législateur organique, et à lui seul, de déterminer précisément les garanties qui doivent présider à ces affectations (CC, décision n° 67-31 DC du 26 janvier 1967).

La jurisprudence, par la suite, a considérablement développé ce contrôle dit de « l'incompétence négative » dans le cadre du contrôle de constitutionnalité *a priori*, afin de contraindre le législateur à pleinement exercer la compétence que lui confère, notamment, l'article 34 de la Constitution. De très nombreuses décisions ont ainsi censuré des dispositions législatives qui, faute de comporter les précisions estimées nécessaires par le Conseil constitutionnel, ont été jugées ne pas « épuiser » la compétence du législateur et être ainsi entachées d'« incompétence négative » (V. parmi de très nombreux exemples CC, décision n° 93-322 DC du 28 juillet 1993).

Cette technique de l'incompétence négative étant à ce point ancrée dans les modes de contrôle du Conseil constitutionnel, sa transposition dans le cadre du contrôle de constitutionnalité par voie d'exception pouvait apparaître naturelle. Elle ne l'était toutefois pas, dans la mesure où l'incompétence négative touche à la compétence du législateur – c'est-à-dire à une dimension procédurale ne relevant pas naturellement du contrôle organisé par l'article 61-1 de la Constitution – et dans la mesure, aussi, où la disposition législative, lorsqu'elle est contestée par voie d'exception, est déjà entrée en vigueur, a été appliquée et a même, le cas échéant, été complétée par des dispositions réglementaires.

Comme il a été indiqué au chapitre précédent, la jurisprudence du Conseil constitutionnel rendue depuis le 1er mars 2010 montre qu'il a eu le souci d'adapter la technique de contrôle de l'incompétence négative à la voie du contrôle *a posteriori*. Il ne l'a pas transposé telle quelle, en refusant qu'elle puisse être invoquée de façon autonome, sur le seul terrain de la violation de l'article 34 et indépendamment de l'invocation d'un droit ou d'une liberté que garantit la Constitution (CC, décision n° 2010-5 QPC du 18 juin 2010, *SNC Kimberly Clark*). Mais il ne l'a pas non plus radicalement écarté du prétoire de la question prioritaire de constitutionnalité, en censurant sur ce terrain, à deux reprises en 2010, des dispositions législatives regardées comme n'instituant pas de garanties suffisamment précises pour la protection du droit de propriété (CC, décision n° 2010-33 QPC du 22 septembre 2010) ou de la liberté d'entreprendre et la liberté de communication (CC, décision n° 2010-45 QPC du 6 octobre 2010).

D - Les effets dans le temps des décisions du Conseil constitutionnel

L'héritage du contrôle *a priori*, compte tenu de ses conditions de mise en œuvre, ne devrait normalement pas inclure de volet relatif aux effets dans le temps des décisions du Conseil constitutionnel.

En effet, l'architecture du contrôle par voie d'action tel qu'organisé par l'article 61 de la Constitution conduit à ce que le Conseil constitutionnel soit saisi avant la promulgation de la loi, c'est-à-dire avant qu'elle n'ait pu entrer en vigueur et recevoir application. Dans ce cadre temporel bien précis, les déclarations d'inconstitutionnalité ont pour conséquence, ainsi que le précisent l'article 62 de la Constitution et les articles 22 et 23 de l'ordonnance du 7 novembre 1958, d'interdire la promulgation de la loi ou, du moins, de celles de ses dispositions, séparables des autres dispositions de la loi, qui ont été déclarées contraires à la Constitution. Ces conséquences mécaniques sont de nature à satisfaire aux exigences du contrôle de constitutionnalité sans causer, parallèlement, d'atteintes à la stabilité des situations juridiques affectées par la loi, dans la mesure où la loi seulement votée et non encore promulguée ne peut avoir d'incidence juridique sur quelque situation que ce soit tant qu'elle n'est pas entrée en vigueur.

À cet égard, le Conseil constitutionnel n'est pas placé dans une situation analogue à celle de la Cour de justice de l'Union européenne, appelée à statuer sur la validité d'actes des institutions européennes, ou à celle du Conseil d'État, lorsqu'il statue sur la légalité d'actes administratifs. La Cour de justice, comme le Conseil d'État, sont saisis de recours formés contre des actes à une date à laquelle ils sont déjà, le plus souvent, entrés en vigueur et où ils ont pu commencé de régir des situations juridiques susceptibles d'être affectées par la censure rétroactive de ces actes. C'est pour éviter que les décisions d'annulation aient des effets trop déstabilisateurs sur les situations juridiques que la Cour de justice (V. par exemple les arrêts du 5 juin 1973, *Commission c/ Conseil* (aff. 81/72, *Rec.* p. 575 ou du 8 avril 1976, *Mlle Defrenne c/ Sabena* (aff. 43/75, *Rec.* p. 455) et le Conseil d'État (CE, Ass., 11 mai 2004, *Association AC!*, p. 197, concl. Devys) ont décidé de moduler dans le temps les effets de certaines de leurs décisions.

Pourtant, en 2008, alors que la révision constitutionnelle était en cours, le Conseil constitutionnel, statuant dans le cadre du contrôle *a priori*, a exploré cette question des effets dans le temps de ses propres décisions. Il s'est inspiré des solutions de la Cour de justice et du Conseil d'État pour s'affranchir de l'alternative « censure à effet immédiat » ou « rejet » qui résulte en principe de l'ordonnance du 7 novembre 1958, dans le cas particulier où la censure immédiate de la disposition législative aurait pour conséquence de créer un vide méconnaissant une autre exigence constitutionnelle. Par sa décision n° 2008-564 DC du 19 juin 2008 rendue sur la loi relative aux organismes génétiquement modifiés, le Conseil a ainsi différé d'un peu plus de six mois les effets d'une déclaration d'inconstitutionnalité : alors qu'il jugeait une disposition législative transposant une directive communautaire contraire à la Constitution comme entachée d'incompétence négative, le Conseil a considéré que la censure immédiate aurait eu pour conséquence de laisser une directive non transposée dans l'attente d'un nouveau texte législatif de transposition. Il a considéré qu'un tel vide juridique méconnaîtrait l'exigence constitutionnelle de transposition des directives et présenterait des inconvénients manifestement excessifs et a décidé, en conséquence, de différer la date d'effet de la déclaration d'inconstitutionnalité pour laisser au législateur le temps de remédier à l'incompétence négative.

Cette solution, permettant à titre exceptionnel de laisser entrer en vigueur une disposition législative pourtant contraire à la Constitution, afin de permettre au législateur d'adopter une disposition de correction, préfigure les solutions que le Conseil constitutionnel a retenues, statuant après le 1er mars 2010 sur des questions prioritaires de constitutionnalité, en décidant de différer l'effet de déclarations d'inconstitutionnalité pour permettre au législateur de « remédier » à l'inconstitutionnalité en adoptant de nouvelles dispositions (CC, décision du 30 juillet 2010 : 2010-14/22 QPC, *M. Daniel W.* (garde à vue), décision du 22 septembre 2010 : 2010-32 QPC, *M. Samir M.* (retenue douanière), décision du 6 octobre 2010 : 2010-45 QPC, *M. Mathieu P.* (noms de domaines Internet), décision du 26 novembre 2010 : 2010-71 QPC, *Mlle Danielle S.* (hospitalisation sans consentement)).

II - Les rigidités héritées du contrôle *a priori*

Pour l'essentiel, l'acquis jurisprudentiel résultant de plus de cinquante années de contrôle de constitutionnalité *a priori* a constitué un atout très positif lors de la mise en œuvre initiale du mécanisme de la question prioritaire de constitutionnalité.

Mais l'héritage du contrôle *a priori* comporte aussi quelques parts d'ombre. La conception du mécanisme de la question prioritaire de constitutionnalité par le pouvoir constituant et par le législateur organique comme sa mise en œuvre par le Conseil constitutionnel peuvent, sur quelques points, être perçus comme demeurant trop marqués par l'expérience passée du contrôle *a priori*. Ces rémanences n'ont pas fait obstacle jusqu'à présent au déploiement du contrôle *a posteriori*. Mais elles peuvent apparaître en décalage avec la logique profonde du contrôle de constitutionnalité par voie d'exception et pourraient affecter son plein essor.

A - Des contraintes temporelles excessives ?

Le mécanisme de la question prioritaire de constitutionnalité a été conçu et organisé dans un cadre temporel triplement contraint : au niveau des juridictions du premier et du second degré – auxquelles il appartient de statuer sans délai sur les questions soulevées devant elles –, au niveau du Conseil d'État et de la Cour de cassation – qui doivent se prononcer sur le renvoi au Conseil constitutionnel dans un délai de trois mois – et au niveau du Conseil constitutionnel lui-même – en ce qu'il est tenu, lui aussi, de statuer dans un délai de trois mois –.

Ces contraintes temporelles résultent pour partie de la Constitution, qui prévoit que les juridictions suprêmes devront se prononcer sur le renvoi au Conseil constitutionnel dans un délai déterminé. Elles résultent surtout de la loi organique du 10 décembre 2009, qui a décidé de donner un caractère prioritaire à la question de constitutionnalité, qui a imparti aux juridictions du fond un bref délai pour examiner les questions soulevées devant elles, qui a fixé à trois mois – ce qui est somme toute bref dans un calendrier juridictionnel – le délai laissé au Conseil d'État et à la Cour de cassation pour remplir leur office de filtrage des questions et prévu leur dessaisissement au terme de ce délai, et qui, enfin, a imparti au Conseil constitutionnel un délai de trois mois pour se prononcer sur les questions qui lui sont renvoyées.

Les motivations qui ont conduit le Constituant et le législateur organique à retenir une architecture aussi contrainte sont de plusieurs ordres. Le motif principalement avancé lors des débats parlementaires était le souci de prévenir un allongement excessif des délais de jugement du fait de l'examen des questions de constitutionnalité. Impartir des délais, brefs, à tous les stades de la procédure apparaissait ainsi comme la meilleure manière d'éviter l'enlisement des procédures et de faire échec à l'un des inconvénients les plus notables de toutes les procédures préjudicielles.

Le législateur organique a, sans doute, également voulu faire échec, par avance, à des comportements dilatoires de la part des juridictions en les forçant à mettre en œuvre rapidement, et prioritairement, le mécanisme des questions de constitutionnalité. Il s'agissait, dans cet esprit, de mettre en œuvre l'orientation qui avait été exprimée à l'occasion de la révision constitutionnelle, consistant à replacer la Constitution et les normes de valeur constitutionnelle au centre du débat juridique et au sommet de la hiérarchie des normes de l'ordre interne : la priorité d'examen des questions de constitutionnalité par rapport aux questions de conventionnalité analogues et l'obligation de statuer rapidement sur le renvoi des questions de constitutionnalité vont de pair, dans la perspective de conduire les juridictions à s'intéresser d'abord aux arguments se réclamant de la Constitution avant seulement d'en venir à ceux se prévalant de normes internationales.

L'héritage du contrôle *a priori* peut aussi, vraisemblablement, être compté au nombre des motifs qui ont, sinon nécessairement conduit à mettre en place un mécanisme prioritaire réglé par des contraintes temporelles aussi fortes, du moins fait apparaître le dispositif comme acceptable. Depuis 1958, le Conseil constitutionnel était habitué à statuer, dans le cadre du contrôle de constitutionnalité *a priori*, dans le délai d'un mois imparti par l'article 61 de la Constitution. Ce délai maximum a toujours été respecté par le Conseil, qui est même conduit, dans certaines hypothèses, à statuer dans des délais nettement plus resserrés, ce qui est notamment le cas chaque fin d'année pour l'examen des lois de finances, votées après la mi-décembre, qui doivent être impérativement promulguées, dans la mesure du moins où elles ne sont pas jugées contraires à la Constitution, avant le 1er janvier. Ces contraintes temporelles strictes sont à ce point intégrées dans la pratique du Conseil qu'elles lui paraissent, somme toute, naturelles. Dans ces conditions, on peut comprendre que le délai de trois mois retenu par la loi organique du 10 décembre 2009 pour l'examen des questions prioritaires de constitutionnalité soit apparu comme un desserrement déjà appréciable de la contrainte temporelle et ait pu être perçu comme amplement suffisant.

On peut toutefois douter qu'il le soit toujours. Ce délai de trois mois est un délai global, qui intègre le temps nécessaire pour permettre un échange contradictoire suffisant entre les parties et les autorités constitutionnelles appelées à intervenir devant le Conseil constitutionnel. Il ne laisse qu'un temps limité au Conseil pour affiner sa réflexion et asseoir sa délibération. La nature et la gravité de certaines au moins des questions qui sont susceptibles de lui être posées pourraient s'accommoder difficilement de ce délai contraint. Ce bref délai expose, enfin, le Conseil à une conjugaison des contraintes temporelles, lorsqu'il devra mener de front les différentes missions que lui assigne la Constitution et qu'il peut être appelé à remplir simultanément : assurer de front, au cours de la même période de temps, outre le traitement des questions prioritaires de constitutionnalité, le contrôle de constitutionnalité *a priori*, l'organisation d'une élection présidentielle ou d'un référendum, le contentieux des élections législatives ou sénatoriales, voire l'examen des demandes de déclassement peut se révéler singulièrement lourd.

B - Une approche abstraite restrictive ?

L'héritage du contrôle *a priori* a également conduit le Conseil constitutionnel à reproduire, dans le cadre de l'article 61-1 de la Constitution, l'approche abstraite qui caractérise l'exercice de son contrôle *a priori*.

Une telle transposition est fidèle à l'esprit dans lequel le pouvoir constituant a institué le mécanisme de l'exception d'inconstitutionnalité et à l'économie générale de l'organisation de ce mécanisme. En adoptant l'article 61-1 de la Constitution, le Constituant n'a, en effet, pas substantiellement modifié l'objet de l'intervention du Conseil constitutionnel par rapport à l'article 61. Le contrôle confié au Conseil est et demeure, dans les deux hypothèses de saisine, un **contrôle de la validité de la loi**. L'intervention du Conseil n'a pas pour objet d'écarter l'application, dans tel ou tel cas de figure, d'une disposition législative qui serait jugée, dans une configuration donnée, être en porte-à-faux avec les normes constitutionnelles applicables ; elle a, de façon plus radicale, pour objet d'empêcher l'application, à l'égard de tous, de la disposition législative jugée contraire à la Constitution.

Une telle approche du contrôle de constitutionnalité est inévitable dans le cadre du contrôle *a priori* : exercé par construction avant que la loi, non encore entrée en vigueur, ait pu recevoir application, ce contrôle ne peut pas échapper à une logique de confrontation, nécessairement abstraite et générale, entre la loi et les normes constitutionnelles supérieures ; il ne peut se traduire par autre chose que l'invalidation de la disposition législative contraire à la Constitution et l'interdiction de sa promulgation, faisant obstacle, *erga omnes*, à l'entrée en vigueur de la loi. En revanche, dans le cadre du contrôle par voie d'exception, cette conception du contrôle de constitutionnalité n'a rien d'inéluctable : il est possible d'imaginer des formes d'intervention du juge constitutionnel différentes, assorties de conséquences différentes ; en particulier, on peut concevoir de raisonner plus en termes d'applicabilité de la loi dans telle ou telle configuration plutôt qu'en termes de validité de la loi.

Toutefois, en adoptant la révision constitutionnelle de 2008, le pouvoir constituant n'a pas rompu avec l'inspiration du contrôle de constitutionnalité *a priori*. Il a, au contraire, inscrit le nouveau contrôle dans la lignée de l'ancien, en lui conférant le caractère d'un contrôle de validité de la loi – même si tous les aspects de cette validité, notamment pour les questions touchant au respect de la procédure législative, n'entrent pas dans son champ –. Comme l'ancien, le nouveau contrôle est expressément doté d'une portée *erga omnes*, non limitée aux parties à l'instance ayant servi de support à la question de constitutionnalité : en témoigne l'article 62 de la Constitution, tel que complété par la loi constitutionnelle du 23 juillet 2008, qui prévoit *l'abrogation* de la disposition législative déclarée inconstitutionnelle. La conséquence du contrôle par voie d'exception est donc bien la *disparition* de la disposition incriminée de l'ordonnancement juridique à l'égard de tous, dans la ligne des conséquences qui s'attachent au contrôle par voie d'action qui sont de faire échec à *l'apparition* de la loi dans l'ordonnancement juridique, là aussi à l'égard de tous.

Le pouvoir constituant a, de plus, écarté des modes d'organisation du contrôle de constitutionnalité par voie d'exception qui auraient été fondés sur un contrôle de constitutionnalité diffus, pratiqué par l'ensemble des juridictions sous le contrôle final du Conseil constitutionnel. Il a privilégié une forme de collaboration juridictionnelle entre les juridictions administratives et judiciaires qui conservent la charge de juger complètement les litiges qui sont portés devant elles et le Conseil constitutionnel appelé, par voie préjudicielle, à statuer sur les seules questions de constitutionnalité de la loi. Ainsi que le relève le considérant 27 de la décision n° 2009-595 DC du 3 décembre 2009, pour préciser que seuls les mémoires « distincts » relatifs à la question de constitutionnalité doivent être transmis au Conseil constitutionnel, ce dernier n'est pas *« compétent pour connaître de l'instance à l'occasion de laquelle la question prioritaire de constitutionnalité a été posée »*. Les rôles respectifs du Conseil constitutionnel et des juridictions administratives et judiciaires, sous le contrôle respectif du Conseil d'État et de la Cour de cassation, ont été ainsi clairement distingués. La révision n'a pas fait du Conseil constitutionnel une cour suprême se substituant, en dernier recours, aux juridictions administratives et judiciaires.

Dans ces conditions, on comprend que le Conseil constitutionnel ait, très naturellement, transposé au traitement des questions prioritaires de constitutionnalité son mode traditionnel d'appréhension de la constitutionnalité de la loi. De fait, depuis le 1er mars 2010, la mise en œuvre du contrôle de constitutionnalité par voie d'exception ne s'est traduite ni par un bouleversement de l'office du juge constitutionnel ni par une révolution dans la forme, la structure et la motivation de ses décisions. L'héritage du contrôle *a priori* pèse aussi à cet égard.

Que ce soit par voie d'action ou par voie d'exception, l'intervention du Conseil constitutionnel conserve, profondément, le caractère d'un contrôle juridictionnel exercé par voie d'autorité. L'élément principal des décisions est leur dispositif qui décide et tranche – en retranchant de l'ordonnancement juridique les dispositions législatives jugées contraires à la Constitution –. Les motifs de la décision exposent, alors, les justifications minimales de ce dispositif en indiquant, de façon plutôt brève et péremptoire, le raisonnement qui a conduit à la solution. Les motifs ne rendent, en revanche, pas compte des raisons qui ont conduit à retenir ce raisonnement parmi les différents raisonnements possibles ; ils ne rendent pas davantage compte des arguments qui venaient au soutien de la thèse retenue ou des thèses contraires écartées. Cette conception de la motivation et de la rédaction des décisions du Conseil constitutionnel, analogue à celle qui est mise en pratique par le Conseil d'État ou par la Cour de cassation, conduit à des décisions affirmatives plutôt brèves, qui laissent moins d'espace à l'expression de nuances. La relative sécheresse des décisions conduit aussi à ce qu'elles s'imposent davantage par l'effet, d'autorité, de l'article 62 de la Constitution que par la persuasion qui pourrait s'attacher à des motivations plus développées qui exposeraient plus que la démonstration d'une solution et feraient apparaître les ressorts intimes du choix de la solution retenue par rapport aux autres possibles.

Ainsi, en termes de présentation formelle des décisions QPC et de mode de rédaction, l'héritage du contrôle *a priori* a marqué de sa forte empreinte le traitement par le Conseil des questions prioritaires de constitutionnalité.

De même, sur un plan plus substantiel, la méthode de contrôle ou, plus généralement, l'approche de contrôle, sont demeurées marquées, dans le traitement des questions prioritaires de constitutionnalité, par un exercice quelque peu abstrait, n'intégrant que peu d'éléments tenant à l'application effective de la disposition législative mise en cause par voie d'exception. Il sera toutefois souligné, *infra*, que la mise en œuvre du contrôle de constitutionnalité a commencé, sur ce point, de connaître une forme d'infléchissement, intégrant la prise en considération d'au moins certains éléments étrangers au contrôle *a priori*. Mais cette ouverture à des éléments nouveaux est, à ce jour, restée mesurée et n'a pas remis en cause radicalement l'approche du Conseil constitutionnel.

Section 2
Le dépassement du contrôle *a priori*

Si le contrôle de constitutionnalité par voie d'exception mis en place par la révision constitutionnelle du 23 juillet 2008 et par la loi organique du 10 décembre 2009 demeure fortement marqué par l'héritage du contrôle *a priori*, ce nouveau dispositif présente plusieurs caractéristiques qui peuvent conduire à renouveler substantiellement l'exercice du contrôle de constitutionnalité. Les premières décisions rendues par le Conseil constitutionnel laissent apparaître le potentiel du contrôle par voie d'exception et jettent les bases d'un développement ample du contrôle de constitutionnalité.

Ainsi, les caractères propres du nouveau mécanisme de contrôle et le renouvellement jurisprudentiel qu'il permet devraient conduire à un dépassement du contrôle *a priori*. À cet égard, les quatre éléments suivants méritent d'être soulignés.

I - L'élargissement du champ du contrôle

L'institution du contrôle par voie d'exception a pour première caractéristique de permettre un élargissement considérable du champ du contrôle de constitutionnalité. Cet élargissement tient, d'abord, à l'ouverture du **cercle des personnes susceptibles de saisir** le Conseil constitutionnel. Et cette ouverture aura nécessairement pour conséquence d'élargir le spectre des dispositions législatives soumises au contrôle du Conseil constitutionnel.

Le contrôle *a priori* ne peut être déclenché que par un petit cercle de saisissants : le président de la République, le Premier ministre, les présidents des deux assemblées parlementaires et, depuis 1974, soixante députés ou soixante sénateurs. Même si la saisine du Conseil est ouverte à l'opposition parlementaire, elle ne constitue pas un droit personnel pour chaque parlementaire et n'est pas ouverte à tous les groupes parlementaires, dans la mesure où l'exigence de 60 députés ou 60 sénateurs dépasse, de loin, l'effectif minimum défini par les règlements des assemblées pour la constitution d'un groupe.

Le mécanisme de la question prioritaire de constitutionnalité élargit le champ des saisissants. Il extrait le contrôle de constitutionnalité du champ, essentiellement clos, des rapports politiques de la majorité et de l'opposition parlementaire. En permettant à tout justiciable de soulever une question de constitutionnalité dans le cadre d'un litige pendant devant une juridiction, il permet à toute personne qui se voit opposer une loi d'en contester la constitutionnalité. Même si la saisine du Conseil constitutionnel, réservée aux justiciables, n'est pas ouverte à tous les citoyens dans la mesure où elle ne peut être faite qu'à l'occasion d'une instance juridictionnelle, la question prioritaire de constitutionnalité conduit à une extension considérable du champ du contrôle du Conseil constitutionnel.

L'élargissement du nombre des saisissants potentiels s'accompagne à la fois d'un changement des **motivations des auteurs des recours** et d'un accroissement du nombre et du type de dispositions législatives contestées.

Les saisines des groupes parlementaires sont, le plus souvent, principalement déterminées par des considérations d'ordre politique. La contestation devant le Conseil constitutionnel de la loi, telle que votée par la majorité, peut être la poursuite sur un autre terrain de la discussion parlementaire, l'opposition cherchant alors à obtenir du Conseil la consécration d'arguments qu'elle avait infructueusement exposés au cours des débats parlementaires. Elle vise, surtout, à obtenir du Conseil une décision de censure qui sera susceptible d'être inscrite au débit de la majorité et du Gouvernement.

L'élargissement du champ des saisissants va de pair avec un renouvellement des motivations des recours et des griefs invoqués. On passe de la recherche d'une sanction de la majorité sur un terrain politique à la contestation juridique de la loi pour ce qu'elle est et pour ce qu'elle implique concrètement pour les situations auxquelles elle s'applique.

Cet élargissement devrait se traduire par un net **accroissement du nombre** des dispositions législatives contestées, en raison, déjà, du desserrement du cadre temporel impliqué par le contrôle par voie d'exception : alors que, dans le cadre du contrôle *a priori*, seules les dispositions législatives nouvelles sont susceptibles d'être contestées, dans la brève fenêtre séparant leur adoption définitive de leur promulgation, c'est l'ensemble des dispositions législatives en vigueur qui sont susceptibles de faire l'objet d'un contrôle de constitutionnalité par voie d'exception, sans limite temporelle tenant à leur date d'adoption dès lors qu'elles sont effectivement applicables aux litiges sur lesquels se greffent les questions prioritaires de constitutionnalité. De plus, la diversité des personnes susceptibles de mettre en œuvre le mécanisme de la question prioritaire de constitutionnalité devrait conduire à la contestation de dispositions législatives très diverses, relevant de tous les domaines de la législation. Le contrôle de constitutionnalité est conduit ainsi à porter sur des dispositions techniques, sur des dispositions n'ayant pas suscité un intérêt politique très marqué, sur des dispositions ayant fait l'objet d'un consensus politique, bref sur des dispositions qui, en temps normal, n'auraient pas été déférées au Conseil constitutionnel dans le cadre du contrôle *a priori*. Cette extension du nombre des dispositions législatives susceptibles d'être contestées devrait avoir pour conséquence, comme on peut le voir dans d'autres pays qui connaissent des recours constitutionnels largement ouverts, de soumettre parfois au Conseil constitutionnel des sujets aux enjeux très limités ; mais elle devrait aussi conduire, plus sûrement qu'auparavant, à ce qu'il soit saisi de dispositions de grande portée quand bien même leur adoption aurait résulté d'un large consensus politique.

II - L'approfondissement du débat constitutionnel

La procédure applicable aux traitements des questions prioritaires de constitutionnalité, plus codifiée et plus ouverte que dans le cadre du contrôle *a priori*, apparaît également comme étant un facteur d'approfondissement du débat constitutionnel préalable au contrôle de constitutionnalité des lois.

Dans le cadre du contrôle *a priori*, l'instruction contradictoire des saisines est enserrée dans des **délais** très brefs, de telle sorte que le Conseil constitutionnel puisse statuer dans le calendrier qu'il choisit de retenir et qui ne peut, en tout état de cause, excéder un mois. Même si le contrôle par voie d'exception, compte tenu des contraintes qui encadrent la mise en œuvre de la question prioritaire de constitutionnalité, demeure soumis à un horizon temporel court, le délai de trois mois imparti au Conseil constitutionnel pour se prononcer permet tout de même de laisser un temps plus important à l'instruction contradictoire et à la réflexion des membres du Conseil.

En termes d'**interlocuteurs**, l'instruction contradictoire dans le cadre du contrôle *a priori* se résume, presque toujours, à un échange écrit d'arguments entre les parlementaires saisissants et le secrétariat général du Gouvernement. Ces échanges contradictoires sont certes rendus publics, mais après le prononcé de la décision, par la voie d'une mise en ligne sur le site internet du Conseil constitutionnel et d'une publication au *Journal officiel*. Mais le champ des participants à ce débat contradictoire reste limité.

L'instruction contradictoire dans le cadre des questions prioritaires de constitutionnalité est, en revanche, ouverte à d'autres interlocuteurs. Les justiciables et leurs conseils ont ainsi accès au Conseil constitutionnel pour lui soumettre directement leur argumentation. En fonction de leurs intérêts et de leur position dans le litige de fond, ils feront valoir devant le Conseil des arguments dans le sens de la constitutionnalité de la loi ou dans le sens contraire. La diversité des intervenants – qu'il s'agisse des justiciables eux-mêmes, de leurs mandataires qui peuvent être avocats ou avocats au Conseil d'État et à la Cour de cassation – est de nature à enrichir la teneur du débat contradictoire devant le Conseil et à lui permettre d'approfondir sa réflexion. D'autant que s'ajoutent aux productions des parties les productions écrites, traditionnelles devant le Conseil, adressées au nom du Premier ministre par le secrétariat général du Gouvernement. La diversité des profils des intervenants renouvelle ainsi le débat en contribuant à l'ouvrir à d'autres que les spécialistes habituels rompus aux échanges avec le Conseil.

En termes de **modalités**, enfin, l'examen des questions prioritaires de constitutionnalité conduit à la tenue d'une audience publique au cours de laquelle les éléments saillants de l'argumentation des parties et des autorités constitutionnelles représentées seront exposés aux membres du Conseil appelés à délibérer. Sans doute le Conseil organise-t-il, dans le cadre du contrôle *a priori*, des réunions de travail avec les administrations intéressées et le secrétariat général du Gouvernement pour mieux apprécier l'objet et la portée de la loi déférée ; sans doute peut-il aussi, dans ce cadre et pour compléter son information, entendre à leur demande des représentants des parlementaires saisissants ou auditionner tel spécialiste ou telle personne particulièrement intéressée par une disposition contestée. De telles possibilités complémentaires d'instruction sont également possibles dans le cadre de l'instruction contradictoire des questions prioritaires de constitutionnalité. Mais il reste que l'audience publique systématiquement tenue dans le cadre du contrôle par voie d'exception est facteur d'un approfondissement du débat de constitutionnalité qui se tient devant le Conseil.

III - Le renouvellement du contrôle

Sur le fond, l'exercice du contrôle de constitutionnalité par voie d'exception est susceptible, sur plusieurs points, de renouveler la substance du contrôle du Conseil constitutionnel et de permettre de dépasser certaines insuffisances du contrôle par voie d'action.

A - La prise en compte des conditions d'application de la loi

En premier lieu, le contrôle de constitutionnalité peut intégrer, dans la configuration du contrôle par voie d'exception, une **appréhension plus concrète de la réalité** des situations que la loi régit et tenir compte des conditions effectives d'application de la loi. Alors que le contrôle par voie d'action ne peut jamais (sauf le cas particulier de la jurisprudence de 1985 sur l'état d'urgence en Nouvelle-Calédonie) dépasser le stade des hypothèses ou du procès d'intention, s'agissant de dispositions législatives qui, par construction, ne sont pas encore entrées en vigueur, le contrôle par voie d'exception laisse au Conseil constitutionnel toute latitude pour tenir compte des conditions effectives d'application de la loi.

La décision n° 2010-14/22 QPC du 30 juillet 2010 sur la **garde à vue** en a livré une illustration spectaculaire. À cette occasion, le Conseil constitutionnel a, en effet, pris en considération de façon détaillée les conditions d'application de la loi, observées sur une quinzaine d'années, pour porter son appréciation.

Dans les motifs de cette décision, le Conseil a commencé par relever qu'il s'était déjà prononcé en 1993 sur des modifications apportées aux dispositions des articles 63, 63-1, 63-4 et 77 du Code de procédure pénale pour admettre leur conformité à la Constitution ; il a ajouté que, depuis cette date, plusieurs modifications avaient été apportées à ces articles pour renforcer l'encadrement du recours à la garde à vue et permettre une meilleure protection des droits des personnes placées en garde à vue. Ces premiers éléments pouvaient conduire le Conseil constitutionnel à confirmer son appréciation antérieure et à admettre la constitutionnalité des dispositions du Code de procédure pénale sur la garde à vue, telles que consolidées par les modifications successives.

Mais le Conseil ne s'en est pas tenu à ces seuls éléments. Il a aussi pris en considération l'impact que la modification, sur d'autres points, de la procédure pénale pouvait avoir sur la garde à vue ainsi que les changements dans les conditions effectives de mise en œuvre de la garde à vue constatés depuis 1993. Le Conseil a ainsi considéré que *« depuis 1993, certaines modifications des règles de la procédure pénale ainsi que des changements dans les conditions de sa mise en œuvre ont conduit à un recours de plus en plus fréquent à la garde à vue et modifié l'équilibre des pouvoirs et des droits fixés par le Code de procédure pénale »*.

Le Conseil a détaillé ce constat factuel en relevant successivement :

– que la proportion des procédures soumises au juge d'instruction n'a cessé de diminuer depuis 1993 et représente moins de 3 % des jugements et ordonnances rendus sur l'action publique en matière correctionnelle : dans l'essentiel des affaires, seule la phase de l'enquête policière prépare le jugement ;

– que, postérieurement à la loi du 24 août 1993, la pratique du traitement dit « en temps réel » des procédures pénales a été généralisée, avec pour conséquence que la décision du parquet sur l'action publique est prise avant la fin de la garde à vue ;

– qu'une personne est désormais le plus souvent jugée sur la base des seuls éléments de preuve rassemblés avant l'expiration de sa garde à vue, en particulier sur les aveux qu'elle a pu faire pendant celle-ci, même dans des procédures portant sur des faits complexes ou particulièrement graves ;

– que la garde à vue est souvent devenue la phase principale de constitution du dossier de la procédure en vue du jugement.

Le Conseil a également relevé que le nombre des officiers de police judiciaire habilités à décider du placement en garde à vue avait très sensiblement augmenté : alors que l'article 16 du Code de procédure pénale, dans sa rédaction résultant des lois du 28 juillet 1978 et du 18 novembre 1985, fixait une liste restreinte des personnes ayant la qualité d'officier de police judiciaire habilitées à décider du placement en garde à vue, le Conseil a souligné que les modifications apportées par les lois du 1er févier 1994, du 8 février 1995, du 22 juillet 1996, du 18 novembre 1998, du 18 mars 2003 et du 23 janvier 2006 avaient réduit les exigences conditionnant l'attribution de la qualité d'officier de police judiciaire aux policiers et aux gendarmes. Le Conseil a relevé qu'entre 1993 et 2009, le nombre des officiers de police judiciaire avait plus que doublé, passant de 25 000 à 53 000.

Le Conseil constitutionnel s'est ainsi fondé sur les conditions effectives d'application des dispositions législatives dont la constitutionnalité était contestée pour accepter, dans un premier temps, de procéder à un nouvel examen de leur conformité à la Constitution : il a considéré que « *ces évolutions ont contribué à banaliser le recours à la garde à vue, y compris pour des infractions mineures* », « *qu'elles ont renforcé l'importance de la phase d'enquête policière dans la constitution des éléments sur le fondement desquels une personne mise en cause est jugée* » et a jugé, après avoir relevé que « *plus de 790 000 mesures de garde à vue ont été décidées en 2009* », que « *ces modifications des circonstances de droit et de fait justifient un réexamen de la constitutionnalité des dispositions contestées* ».

Et, dans un second temps, le Conseil a aussi tiré des conséquences de ce constat effectif pour apprécier si, à la date à laquelle il se prononçait, les dispositions législatives applicables étaient assorties de garanties appropriées quant à l'encadrement du recours à la garde à vue, à son déroulement et à la protection des droits de la défense. Le Conseil a relevé que la loi permettait le placement en garde à vue, pour une durée de 24 heures pouvant être portée à 48 heures, de toute personne suspectée d'avoir commis une infraction quelle que soit la gravité de cette infraction, sans pouvoir bénéficier de l'assistance d'un avocat et sans être informée de son droit à garder le silence. Ces restrictions apportées aux droits de la défense de façon générale, sans prise en considération de la nature et de la gravité des infractions en cause, alors que le recours à la garde à vue est, en pratique, devenu très important, ont été jugées contraires à la Constitution. Ainsi que le fait apparaître le considérant 29 de la décision, le Conseil constitutionnel porte cette appréciation « *compte tenu des évolutions* » constatées quant à l'utilisation effective de la garde à vue par les officiers de police judiciaire.

On peut encore noter, sur un autre point, que le Conseil a pris soin, même s'il n'en pas tiré de conséquence quant à la constitutionnalité de la loi en elle-même, de souligner, au considérant 20 de sa décision, qu'il incombe « *aux autorités judiciaires et aux autorités de police judiciaire compétentes de veiller à ce que la garde à vue soit, en toutes circonstances, mise en œuvre dans le respect de la dignité de la personne ; qu'il appartient, en outre, aux autorités judiciaires compétentes, dans le cadre des pouvoirs qui leur sont reconnus par le Code de procédure pénale et, le cas échéant, sur le fondement des infractions pénales prévues à cette fin, de prévenir et de réprimer les agissements portant atteinte à la dignité de la personne gardée à vue et d'ordonner la réparation des préjudices subis* ». Autre façon de saisir, dans le cadre du contrôle de constitutionnalité de la loi, certaines conditions d'application effective des dispositions législatives contestées par voie d'exception.

La décision du 30 juillet 2010 sur la garde à vue met ainsi en œuvre pour la première fois cette dimension nouvelle du contrôle de constitutionnalité par voie d'exception qui est de pouvoir saisir, au-delà de la loi elle-même, les conditions concrètes et effectives de son application. En cela, déjà, cette décision est une « grande décision » qui prend place, avec la décision du 16 juillet 1971 sur la liberté d'association, dans les actes fondateurs du contrôle de constitutionnalité en France.

B - La prise en compte de l'interprétation de la loi

De la même façon que le contrôle de constitutionnalité par voie d'exception permet de juger la loi compte tenu de ses conditions effectives et concrètes d'application, la question prioritaire de constitutionnalité permet au Conseil constitutionnel de juger la loi telle qu'elle est interprétée par les juridictions chargées de la mettre en œuvre.

Le Conseil d'État, pour apprécier si la question de constitutionnalité présente un caractère sérieux et mérite d'être renvoyée au Conseil constitutionnel, a toujours pris en compte l'interprétation de la disposition législative qui avait déjà été donnée par la jurisprudence (V. notamment CE, 18 juin 2010, *M. et Mme Lantz*, 338638 ; CE, 25 juin 2010, *Mortagne*, 326363, *Lebon* ; CE, 16 juillet 2010, *SCI La Saulaie*, 334665, *Lebon*).

La Cour de cassation, dans un premier temps, a eu une réaction inverse, distinguant l'interprétation qu'elle avait pu donner de la disposition législative contestée de la disposition elle-même. Elle a ainsi refusé de transmettre au Conseil constitutionnel certaines questions prioritaires de constitutionnalité au motif qu'était en cause non la disposition législative elle-même mais seulement l'interprétation qui en avait été donnée (Cass., 19 mai 2010, QPC n° 12009, 12019, 12020, 12021, 12023).

Mais le Conseil constitutionnel a infirmé cette façon de raisonner en énonçant, par sa décision n° 2010-39 QPC du 6 octobre 2010 (*Mmes Isabelle D. et Isabelle B.* – adoption par une personne seule) que « *l'article 61-1 de la Constitution reconnaît à tout justiciable le droit de voir examiner, à sa demande, le moyen tiré de ce qu'une disposition législative méconnaît les droits et libertés que la Constitution garantit ; que les articles 23-2 et 23-5 de l'ordonnance du 7 novembre 1958 susvisée fixent les conditions dans lesquelles la question prioritaire de constitutionnalité doit être transmise par la juridiction au Conseil d'État ou à la Cour de cassation et renvoyée au Conseil constitutionnel ; que ces dispositions prévoient notamment que la disposition législative contestée doit être "applicable au litige ou à la procédure" ; qu'en posant une question prioritaire de constitutionnalité*, tout justiciable a le droit de contester la constitutionnalité de la portée effective qu'une interprétation jurisprudentielle constante confère à cette disposition ». Cette solution a été ensuite réitérée (CC, décision du 14 octobre 2010 : 2010-52 QPC, *Compagnie agricole de la Crau*).

Cette solution est cohérente avec l'objet du contrôle de constitutionnalité par voie d'exception. Même si ce contrôle, tel qu'il est organisé par la loi organique du 10 décembre 2009, continue de reposer sur une approche générale et au moins partiellement abstraite de la constitutionnalité de la loi, il vise à permettre au justiciable de faire apprécier la constitutionnalité de la loi telle qu'on lui en a fait application. Ce qui implique d'examiner la loi telle que la jurisprudence en a défini la portée et en a précisé l'interprétation.

C - Une conception « vivante » des exigences constitutionnelles

L'introduction du contrôle de constitutionnalité par voie d'exception a aussi pour conséquence de permettre au Conseil constitutionnel de faire prévaloir une conception vivante des exigences constitutionnelles, en opposant aux dispositions législatives qui lui sont soumises une conception et une interprétation des normes constitutionnelles contemporaines de sa décision.

Dans le cadre du contrôle *a priori*, il n'y a, en principe, pas de décalage dans le temps entre l'objet du contrôle de constitutionnalité et les normes servant de référence à ce contrôle : la loi déférée au Conseil constitutionnel vient d'être adoptée par le Parlement ; elle n'a pas encore produit d'effets ; elle est jugée dans l'instant et le Conseil constitutionnel exerce son contrôle au regard de la conception des exigences constitutionnelles qui est alors la sienne. Dans ce schéma de contrôle, les différents éléments pris en considération sont tous contemporains : la loi déférée est comprise et interprétée dans le contexte de son adoption et les normes constitutionnelles de référence sont telles que définies et appréhendées au même moment. Cette simultanéité ne peut être rompue, dans le cadre du contrôle *a priori*, que dans le cas très exceptionnel où le Conseil constitutionnel met en œuvre la jurisprudence dite de « l'état d'urgence en Nouvelle-Calédonie » (CC, décision n° 85-187 DC du 25 janvier 1985 ; décision n° 86-211 DC du 26 août 1986 ; décision n° 89-256 DC du 25 juillet 1989 ; décision n° 91-299 DC du 2 août 1991 ; décision n° 99-410 DC du 15 mars 1999 ; décision n° 99-414 DC du 8 juillet 1999).

Le mécanisme de la question prioritaire de constitutionnalité conduit à renouveler le rapport au temps du contrôle de constitutionnalité, sur deux aspects.

1 - Le cas des dispositions anciennes

D'une part, dans le cas de **dispositions anciennes**, le contrôle par voie d'exception conduit à opposer une conception des normes de référence contemporaine du contrôle de constitutionnalité à des dispositions qui avaient été adoptées dans un tout autre contexte.

Ce **décalage dans le temps** entre la disposition législative critiquée et le contrôle de constitutionnalité est inhérent au mode de contrôle par voie d'exception qui a été institué. Il ne se constate toutefois pas à chaque fois, dans la mesure où des lois récentes peuvent aussi être contestées par voie d'exception. De plus, sur certains points particuliers, notamment pour ceux qui ont trait aux conditions d'adoption des lois – lorsqu'elles sont invocables dans le cadre de l'article 61-1 –, il ne serait pas pertinent d'opposer aux dispositions législatives critiquées des règles constitutionnelles qui n'étaient pas en vigueur lors de leur édiction : dans de telles configurations, le Conseil constitutionnel refuse que les règles contemporaines de sa décision puissent être invoquées dans le cadre de la question prioritaire de constitutionnalité. Tel est le cas, par exemple, pour les griefs d'incompétence négative dirigés contre des dispositions législatives antérieures à l'entrée en vigueur de la Constitution du 4 octobre 1958 (CC, décision du 17 septembre 2010 : 2010-28 QPC, *Association sportive Football Club de Metz* (taxe sur les salaires) ; décision du 3 décembre 2010 : 2010-73 QPC, *Sté Zeturf Ltd* (paris sur les courses hippiques) ; V. aussi CE, 14 octobre 2010, *Vigot*, req. n° 337005). C'est un raisonnement du même ordre qui a conduit le Conseil d'État à ne pas transmettre au Conseil constitutionnel une question prioritaire de constitutionnalité mettant en cause la conformité à la Charte de l'Environnement d'une disposition législative édictée avant l'entrée en vigueur de la Charte : cette disposition, qui renvoyait à un décret le soin de déterminer la procédure applicable à la délivrance d'une autorisation de défrichement, était contestée par un moyen tiré de l'article 7 de la Charte de l'Environnement, qui renvoie à la loi – et non au décret – le soin de déterminer les conditions et limites de la participation des citoyens aux décisions publiques ayant une incidence sur l'environnement ; ce moyen, qui ne porte pas sur le fond mais sur la compétence du législateur, est jugé inopérant, dès lors que la disposition législative a été adopté antérieurement à l'entrée en vigueur de la Charte (CE, 3 novembre 2010, *Mme Le Fur*, req. n° 342502).

La question du décalage dans le temps avait été perçue lors de la révision constitutionnelle de 2008. Le risque de voir remises en cause, au nom d'impératifs plus récemment dégagés, des dispositions législatives anciennes et régulièrement appliquées avait conduit à ce que le projet de révision, présenté par le Gouvernement au nom du président de la République, exclue du champ du contrôle par voie d'exception les dispositions législatives antérieures à 1958. Toutefois, cette restriction n'était pas cohérente avec l'objet même du contrôle de constitutionnalité par voie d'exception et elle a été supprimée lors des débats parlementaires. Cette suppression a marqué la pleine acceptation par le pouvoir constituant de la logique du contrôle par voie d'exception, dont l'une des finalités est bien de permettre de revoir, à l'aune des principes constitutionnels contemporains, le contenu et la portée de dispositifs législatifs anciens. Cette approche est en harmonie avec le contrôle de conventionnalité, notamment exercé au regard de la Convention européenne des droits de l'homme, qui fait prévaloir, conformément à la jurisprudence de la Cour de Strasbourg, une conception vivante de cet instrument international et conduit à opposer à des législations anciennes des exigences parfois postérieures.

La première conséquence du contrôle par voie d'exception est ainsi de permettre au Conseil constitutionnel de juger à l'aune des conceptions constitutionnelles d'aujourd'hui des dispositions législatives qui ont été adoptées hier dans un autre contexte, alors que l'esprit du temps pouvait être très différent de l'esprit contemporain. Le renvoi de la question du mariage homosexuel par la Cour de cassation, faisant référence au « large débat dans la société » qui existe « aujourd'hui », en est une illustration (Civ. 1re, 16 novembre 2010, n° 10-40-042 ; mais le Conseil constitutionnel n'a pas pour autant déclaré la disposition contraire : décision 2010-92 QPC du 28 janvier 2011). La mise en œuvre du mécanisme de la question prioritaire de constitutionnalité comporte ainsi une **dimension assumée d'anachronisme**, justifiée par le souci de faire prévaloir la hiérarchie des normes juridiques contemporaine sur l'histoire des dispositions mises en cause. Au cours de l'année 2010, près de 40 % des déclarations d'inconstitutionnalité totales ou partielles prononcées par le Conseil constitutionnel ont porté sur des dispositions qui trouvaient leur origine dans des textes antérieurs à 1958.

L'écart dans le temps peut être important ; il n'est pas pour autant nécessairement dommageable pour la disposition : ainsi la décision n° 2010-60 QPC du 12 novembre 2010 a-t-elle admis la conformité à la Constitution de l'article 661 du Code civil sur la mitoyenneté qui est issu directement, à une modification de détail près intervenue en 1960, du Code Napoléon de 1804... Dans d'autres cas, le contrôle peut venir remettre en cause rétrospectivement l'économie d'un dispositif qui pouvait apparaître correspondre à l'esprit de son temps mais qui ne faisait plus désormais l'objet du même regard : c'est le cas, par exemple, de la décision du 30 juillet 2010 sur la garde à vue qui porte la marque d'une évolution de la sensibilité des esprits en une quinzaine d'années. La décision du 23 juillet 2010 déclarant contraire à la Constitution l'article 575 du Code de procédure pénale qui limitait la possibilité pour la partie civile de se pourvoir en cassation contre les arrêts de la chambre de l'instruction en l'absence de pourvoi du ministère public, en donne une autre illustration, en ce qu'elle censure une disposition qui remontait à une jurisprudence de 1822 codifiée depuis les années 1930 dans les textes de procédure pénale.

2 - La possibilité de saisines récurrentes

D'autre part, le mécanisme de la question prioritaire de constitutionnalité pourrait même permettre que le Conseil constitutionnel soit **ressaisi, de loin en loin,** de la conformité à la Constitution des mêmes dispositions législatives. Cette perspective ne devrait conduire à des applications concrètes que de façon extrêmement rare. Mais on ne peut l'exclure, au moins en théorie.

L'éventualité d'une nouvelle saisine du Conseil constitutionnel sur la même disposition législative constitue, là aussi, une forme de rupture avec le contrôle *a priori* et marque un approfondissement du contrôle de constitutionnalité. Dans le cadre du contrôle *a priori*, le Conseil constitutionnel ne peut, par construction, être saisi que d'une disposition législative qui vient d'être adoptée par le Parlement. S'il juge cette disposition conforme à la Constitution, cette dernière entrera en vigueur et ne devrait plus faire l'objet d'un autre contrôle de constitutionnalité par voie d'action, réserve faite de l'hypothèse particulière de la jurisprudence sur l'état d'urgence en Nouvelle-Calédonie. Si le Conseil juge la disposition contraire à la Constitution, cette dernière ne pourra être promulguée et ne pourra, directement, plus faire l'objet d'aucun contrôle de constitutionnalité, réserve faite du cas où le législateur adopterait, après la censure, une nouvelle disposition de portée analogue.

Dans le cadre du contrôle par voie d'exception, il n'est en revanche pas exclu que le Conseil constitutionnel puisse être saisi plusieurs fois de la même disposition législative. Si, en principe, les articles 23-2 et 23-4 de l'ordonnance du 7 novembre 1958, résultant de la loi organique du 10 décembre 2009, prévoient qu'il n'y a pas lieu de renvoyer vers le Conseil constitutionnel des questions mettant en cause des dispositions législatives qui ont déjà été déclarés conformes à la Constitution par une précédente décision du Conseil constitutionnel, ces dispositions énoncent elles-mêmes leur limite, en indiquant que le « changement des circonstances » peut néanmoins conduire au renvoi.

Par changement « des » circonstances, il faut entendre d'abord changement des circonstances de droit. Un tel changement peut résulter d'un enrichissement du corpus des normes constitutionnelles de référence, que ce soit en raison d'une révision constitutionnelle (par exemple l'adoption de la loi constitutionnelle n° 2007-239 du 23 février 2007 insérant un article 66-1 dans la Constitution prohibant la peine de mort, V. CE, 8 octobre 2010, *Daoudi*, n° 338505) ou d'une évolution de la jurisprudence du Conseil constitutionnel. Il peut aussi résulter de modifications apportées à la législation qui avait fait l'objet d'une première décision du Conseil constitutionnel, modifications dont le caractère substantiel a pour effet de renouveler la teneur des questions de constitutionnalité (pour deux solutions d'espèce contraires, en raison de la différence de teneur des modifications apportées à la législation, v. CC, décision du 29 septembre 2010 : 2010-44 QPC, *Époux M.* (impôt de solidarité sur la fortune) et CC, décision du 30 juillet 2010 : 2010-14/22 QPC, *M. Daniel W.* (garde à vue)). Le changement « des » circonstances peut aussi être compris comme le changement substantiel des situations de fait régies par la loi, susceptible alors d'ouvrir la possibilité d'un nouveau contrôle de constitutionnalité, comme en témoigne la décision du Conseil constitutionnel sur la garde à vue (décision du 30 juillet 2010 : 2010-14/22 QPC, *M. Daniel W.).*

Si, alors qu'il est ressaisi d'une disposition législative dont il a déjà apprécié la constitutionnalité, le Conseil constitutionnel estime qu'aucun changement significatif des circonstances ne justifie qu'il procède à un nouvel examen de la disposition législative, il rend une décision de non-lieu sur la question prioritaire de constitutionnalité (par exemple CC, décision du 2 juillet 2010 : 2010-9 QPC, *Section française de l'observatoire international des prisons* (article 706-53-21 du Code de procédure pénale), décision du 30 juillet 2010 : 2010-19/27 QPC, *Époux P.* (perquisitions fiscales), décision du 22 septembre 2010 : 2010-31 QPC, *M. Bulent A.* (garde à vue terrorisme) ; V. aussi la décision du 12 novembre 2010 : 2010-63/64/65 QPC, *Fédération nationale CFTC de syndicats de la métallurgie* (représentativité syndicale) pour un non-lieu partiel). Mais s'il admet l'existence d'un changement de circonstances, le Conseil statue à nouveau sur la constitutionnalité de la disposition législative mise en cause, en lui opposant les exigences constitutionnelles qu'il estime applicables à la date de sa nouvelle appréciation.

Cette possibilité de réexamen, explicitement admise par le législateur organique via la notion de « changement des circonstances », traduit une conception non pas fixe mais évolutive du contrôle de constitutionnalité par voie d'exception. Sans doute a-t-elle d'abord été conçue en considération du passé et des décisions déjà rendues par le Conseil constitutionnel dans le cadre du contrôle *a priori.* Mais son application n'est pas limitée à l'hypothèse d'une succession de décisions entre le contrôle *a priori* et le contrôle par voie d'exception ; elle n'est pas davantage transitoire en étant limitée aux décisions du Conseil antérieures à l'entrée en vigueur de la question prioritaire de constitutionnalité : elle permet, dans le cadre du contrôle par voie d'exception, que le Conseil constitutionnel soit à nouveau saisi d'une disposition législative qu'il a déjà déclarée conforme à la Constitution, que ce soit par une décision DC ou par une décision QPC. Elle permettra de revisiter des solutions acquises et de continuer de faire prévaloir, à l'avenir, une conception « vivante » des exigences constitutionnelles.

IV - L'extension des pouvoirs du Conseil constitutionnel

L'institution du contrôle de constitutionnalité par voie d'exception s'est, enfin, accompagnée d'une extension notable des pouvoirs du Conseil constitutionnel.

Cette extension n'a été qu'indirectement consacrée par la révision constitutionnelle. Le texte même de la Constitution ne comporte, en effet, pas de disposition expresse traitant des pouvoirs du Conseil constitutionnel. Le dernier alinéa de l'article 62 de la Constitution relatif à l'autorité des décisions du Conseil est demeuré inchangé.

Mais l'introduction du contrôle de constitutionnalité par voie d'exception a conduit à ajouter à l'article 62 un alinéa spécifique pour, à la suite de l'alinéa traitant du contrôle *a priori*, déterminer les conséquences qui s'attachent aux déclarations d'inconstitutionnalité par voie d'exception. En faisant le choix de laisser au Conseil, en fonction de son appréciation de constitutionnalité, le choix de la date d'effet de sa déclaration d'inconstitutionnalité ainsi que la possibilité de déterminer les « conditions et limites » dans lesquelles les effets que la disposition législative inconstitutionnelle a produits sont susceptibles d'être remis en cause, le pouvoir constituant a ouvert la porte à l'extension des pouvoirs du Conseil.

Jusque-là, les dispositions de la Constitution et de l'ordonnance organique du 7 novembre 1958 limitaient plus strictement le champ et la portée des décisions du Conseil constitutionnel : dans le cadre du contrôle *a priori*, où le Conseil statue avant la promulgation de la loi déférée, la déclaration d'inconstitutionnalité a pour effet de paralyser la promulgation et d'interdire l'entrée en vigueur de la disposition inconstitutionnelle. Ce pouvoir est le seul reconnu au Conseil et le seul susceptible, au moins le plus souvent, d'être effectivement mis en œuvre.

Il est vrai que le Conseil s'était déjà affranchi des limites mises à son intervention dans quelques cas particuliers. On pense ici moins à la technique des réserves d'interprétation, qui demeure en deçà des limites mises par la Constitution et l'ordonnance organique : le Conseil, ayant le pouvoir de faire plus en censurant la disposition, choisit d'en faire moins en ne la censurant pas dès lors qu'il en précise l'interprétation et en guide l'application. On pense davantage, en revanche, au pouvoir que le Conseil s'est reconnu de différer dans le temps l'effet d'une décision DC (CC, décision n° 2008-564 DC du 19 juin 2008 rendue sur la loi relative aux organismes génétiquement modifiés). Ou au pouvoir qu'il s'est reconnu d'examiner la constitutionnalité d'une disposition déjà promulguée dans la mesure où cette disposition est complétée ou modifiée par une disposition soumise à son contrôle dans le cadre de la jurisprudence sur l'état d'urgence en Nouvelle-Calédonie (CC, décision n° 85-187 DC du 25 janvier 1985 ; décision n° 99-410 DC du 15 mars 1999).

L'impact de ces innovations prétoriennes dans le cadre du contrôle *a priori* demeurait toutefois limité. La mise en œuvre de la question prioritaire de constitutionnalité a conduit très vite le Conseil constitutionnel à affirmer résolument, sous le couvert de l'article 62 de la Constitution, les conséquences qu'il tire de ses décisions, revendiquant par là de nouveaux pouvoirs à l'égard du législateur ou des juridictions.

A - Un pouvoir d'injonction implicite au législateur

Sous couvert des dispositions de l'article 62 de la Constitution qui lui permettent de différer la date d'effet de ses déclarations d'inconstitutionnalité et de définir les conditions et limites dans lesquelles les effets de la disposition inconstitutionnelle sont susceptibles d'être remis en cause, le Conseil constitutionnel a, dès sa décision du 28 mai 2010 statuant sur la première question prioritaire de constitutionnalité, rendu une décision qui peut être comprise comme adressant une injonction au législateur (CC, décision du 28 mai 2010 : 2010-1 QPC, *Consorts L.* (cristallisation des pensions)).

Certes, le dispositif de cette décision ne comporte aucune injonction explicite. Il ne s'apparente pas aux dispositifs comportant des injonctions que le Conseil d'État et les juridictions administratives adoptent régulièrement depuis l'entrée en vigueur de la loi du 8 février 1995. Mais les motifs adoptés par le Conseil constitutionnel et l'économie générale de sa décision équivalent à une véritable injonction.

Relevant que « *l'abrogation de l'article 26 de la loi du 3 août 1981, de l'article 68 de la loi du 30 décembre 2002 et de l'article 100 de la loi du 21 décembre 2006 a pour effet de replacer l'ensemble des titulaires étrangers, autres qu'algériens, de pensions militaires ou de retraite dans la situation d'inégalité à raison de leur nationalité résultant des dispositions antérieures à l'entrée en vigueur de l'article 68 de la loi du 30 décembre 2002* », le Conseil décide, en effet, « *afin de permettre au législateur de remédier à l'inconstitutionnalité constatée* », que l'abrogation des dispositions précitées ne prendra effet qu'à compter du 1er janvier 2011, soit environ sept mois après le prononcé de la décision, et ajoute, « afin de préserver l'effet utile » de sa décision à la solution des instances actuellement en cours, qu'il « *appartient… au législateur de prévoir une application des nouvelles dispositions à ces instances en cours* ».

L'injonction qui se déduit de cette décision du Conseil est – on le mesure – double : le Conseil, d'une part, impartit au législateur de se saisir de la législation inconstitutionnelle avant un délai déterminé ; il préempte, d'autre part, une fraction du pouvoir d'appréciation du législateur en lui imposant d'édicter des dispositions rétroactives destinées à permettre d'appliquer les nouvelles dispositions aux instances en cours.

En instituant une date à compter de laquelle la législation inconstitutionnelle cessera de produire tout effet, le Conseil imprime à la suite des événements, et donc au législateur, un calendrier quasi impératif. La date couperet a un aspect théâtral qui attire l'attention. Elle crée une peur du vide législatif et du désordre normatif. Elle condamne ainsi, sans le dire mais presque certainement, le législateur à obtempérer. Dans le cadre du contrôle *a priori*, notamment à l'égard des lois de finances, le Conseil constitutionnel avait déjà implicitement ordonné au législlateur de modifier ses pratiques en délivrant une forme d'« ultime avertissement avant censure » équivalent à une injonction implicite (V. le considérant 14 de la décision n° 97-395 DC du 30 décembre 1997 à propos de la pratique des fonds de concours ; le considérant 27 de la décision n° 2005-530 DC du 29 décembre 2005 à propos de comptes d'affectation spéciale ne comportant qu'un seul programme). Ces « injonctions » émises dans le cadre du contrôle *a priori* ont été scrupuleusement respectées par le Gouvernement et par le législateur. Il ne devrait pas en aller différemment dans le cadre du contrôle *a posteriori*.

Après la décision du 28 mai 2010, plusieurs autres décisions ont retenu des solutions qui reviennent à adresser des injonctions au législateur. Ainsi, l'abrogation des dispositions des articles 62, 63, 63-1 et 77 du Code de procédure pénale sur la garde à vue a-t-elle été différée de onze mois afin que le législateur adopte dans ce délai de nouvelles dispositions législatives conformes à la Constitution (CC, décision du 30 juillet 2010 : 2010-14/22 QPC, *M. Daniel W.* (garde à vue)). L'abrogation, pour ce qui concerne la retenue douanière, a été différée d'environ dix mois, soit avec une date d'échéance alignée sur celle fixée par la décision relative à la garde à vue (CC, décision du 22 septembre 2010 : 2010-32 QPC). L'« injonction » a été de neuf mois pour le rétablissement d'un article L. 45 du Code des postes et communications électroniques sur l'attribution des noms de domaine sur Internet qui ne soit pas entaché d'incompétence négative (CC, décision du 6 octobre 2010 : 2010-45 QPC). Elle a été de huit mois pour pallier les conséquences de l'abrogation à effet différé des dispositions du Code de la santé publique relatives au maintien d'une hospitalisation sans consentement à la demande d'un tiers (CC, décision du 26 novembre 2010 : 2010-71 QPC, *Mlle Danielle S.* (hospitalisation sans consentement)).

En adressant ces injonctions indirectes au législateur, le Conseil constitutionnel prend soin de réaffirmer qu'il ne dispose pas du même pouvoir d'appréciation que le législateur. Il se retranche même volontiers derrière cette différence pour se garder de définir trop précisément la teneur des dispositions législatives à prendre, par exemple dans le cas de la réforme de la garde à vue. Mais il impartit un calendrier, affectant par là une prérogative essentielle du Gouvernement et du Parlement quant au choix de l'agenda politique des lois qu'ils entendent adopter et quant à la détermination, plus fine, de l'ordre du jour des assemblées. Et il imprime, par l'effet des motifs de ses décisions, la direction qui doit être suivie par le législateur quant à la teneur des mesures à prendre, lesquelles doivent, nécessairement, conduire à « remédier » aux inconstitutionnalités relevées.

B - Un pouvoir d'immixtion dans les procédures juridictionnelles

Dans le cadre du contrôle *a priori*, le Conseil constitutionnel pouvait déjà être conduit à orienter le cours des procédures juridictionnelles. Ce pouvoir se traduisait essentiellement par la mise en œuvre de la technique des réserves d'interprétation qui pouvaient préempter par avance l'interprétation que les juridictions seraient conduites à donner des dispositions législatives dont la constitutionnalité était admise sous réserve. Ces réserves pouvaient, selon les cas et la portée de la disposition législative, être principalement destinées à encadrer l'action des autorités administratives ou guider l'appréciation des juridictions.

Le contrôle par voie d'exception a maintenu ce pouvoir d'orientation du Conseil constitutionnel, dans la mesure où il peut avoir recours à la même technique des réserves d'interprétation. Avec une différence toutefois, qui est que la réserve d'interprétation peut, dans le cadre du contrôle par voie d'exception, prendre le contre-pied d'une interprétation ou d'une pratique juridictionnelle déjà établie, alors qu'en principe la réserve dans le cadre du contrôle *a priori* ne fait que cadrer, pour l'avenir et par avance, l'interprétation d'une disposition législative qui n'est pas encore entrée en vigueur. Cette particularité a, d'ailleurs, conduit le Conseil à moduler dans le temps les effets d'une réserve d'interprétation formulée dans le cadre du contrôle par voie d'exception (V. le considérant 7 de la décision n° 2010-62 QPC du 17 décembre 2010) : énonçant, à propos de l'examen des demandes de mise en

UNIVERSITE DE BRETAGNE OCCIDENTALE
Bibliothèque de Quimper

liberté par le juge des libertés et de la détention, une réserve tenant à la communication au prévenu placé en détention provisoire ou à son avocat de l'avis du juge d'instruction et des réquisitions du procureur, le Conseil a précisé que cette réserve d'interprétation était « *applicable aux demandes de mise en liberté formées à compter de la publication* » de sa décision.

Il faut ajouter que le contrôle par voie d'exception, qui ne porte pas seulement sur la disposition législative prise de façon abstraite mais intègre l'interprétation que la jurisprudence a déjà pu lui donner (CC, décision du 6 octobre 2010 : 2010-39 QPC ; décision du 14 octobre 2010 : 2010-52 QPC), peut conduire le Conseil constitutionnel à prendre, plus frontalement encore que par la voie des réserves d'interprétation, le contre-pied de la jurisprudence du Conseil d'État ou de la Cour de cassation en censurant une inconstitutionnalité qui ne résiderait pas en propre dans la disposition législative mais bien dans l'interprétation qui en a été donnée par les juridictions.

Le contrôle par voie d'exception a, encore, ajouté d'autres formes d'immixtion du Conseil constitutionnel dans les procédures juridictionnelles.

En premier lieu, la décision du 28 mai 2010 sur la cristallisation des pensions a **imposé à l'ensemble des juridictions une obligation de sursis à statuer** dans toutes les instances en cours à la date de sa décision, dont l'issue dépend de l'application des dispositions déclarées inconstitutionnelles (CC, décision n° 2010-1 QPC du 28 mai 2010). Cette obligation de différer le jugement des affaires en instance pendant plus de sept mois a été prononcée dans le but de permettre d'appliquer à ces litiges les nouvelles dispositions législatives qu'il appartenait au législateur d'édicter dans ce délai, afin de remédier à l'inconstitutionnalité relevée. Inspirée par le souci d'assurer une pleine effectivité à la déclaration d'inconstitutionnalité, cette solution traduit tout de même une immixtion sans précédent du Conseil constitutionnel dans l'activité des juridictions, en l'espèce administratives. Cette solution a été réitérée par la décision n° 2010-83 QPC du 13 janvier 2011 pour la rente viagère d'invalidité.

En deuxième lieu, le Conseil constitutionnel a pu se fonder sur les pouvoirs que lui confère l'article 62 de la Constitution, pour décider de priver de tout effet immédiat une déclaration d'inconstitutionnalité, en différant de plusieurs mois l'abrogation de la disposition législative inconstitutionnelle et en privant, dans l'intervalle, tous les justiciables, même ceux qui avaient soulevé la question de constitutionnalité, du bénéfice de l'inconstitutionnalité. Cette solution revient, en substance, à **interdire aux juridictions de tenir compte de l'inconstitutionnalité de la loi** dans l'exercice de leur mission juridictionnelle, avant l'expiration du délai imparti au législateur pour remédier à l'inconstitutionnalité (CC, décision du 30 juillet 2010 : 2010-14/22 QPC, *M. Daniel W.* (garde à vue) ; décision du 22 septembre 2010 : 2010-32 QPC, *M. Samir M.* (retenue douanière) ; décision du 26 novembre 2010 : 2010-71 QPC, *Mlle Danielle S.* (hospitalisation sans consentement). À ces décisions, qui concernent les juridictions judiciaires, on peut ajouter la décision du 6 octobre 2010 : 2010-45 QPC, *M. Mathieu P.* (noms de domaines Internet) qui, en reportant au 1er juillet 2011 la date d'abrogation de l'article L. 45 du Code des postes et communications électroniques sur les noms de domaine sur Internet pour permettre au législateur de remédier à l'incompétence négative sanctionnée, a expressément indiqué que la déclaration d'inconstitutionnalité avait pour effet de ne priver de base légale les actes réglementaires pris sur le fondement de cet article qu'à compter de cette date et de faire obstacle à la contestation des actes d'application pris avant cette date sur le fondement de l'inconstitutionnalité relevée.

Plus spectaculaire encore, le Conseil constitutionnel, en troisième lieu, s'est reconnu le pouvoir de **priver d'effet des décisions juridictionnelles régulièrement rendues** en l'état du droit antérieur à sa décision. Par sa décision du 17 décembre 2010 sur la réserve de compétence de la chambre de l'instruction en matière de détention provisoire (CC, décision n° 2010-81 QPC du 17 décembre 2010), le Conseil a, en effet, jugé contraire au principe d'égalité la disposition du premier alinéa de l'article 207 du Code de procédure pénale qui reconnaissait à la chambre de l'instruction le pouvoir de réserver sa compétence pour statuer sur les mesures de détention provisoire et de contrôle judiciaire à l'égard d'une personne déterminée et de priver, en conséquence, le juge des libertés et de la détention de ce pouvoir. Invalidant ainsi une disposition législative datant de 2004 qui avait, au demeurant, codifié une solution jurisprudentielle plus ancienne de la Cour de cassation, le Conseil constitutionnel a donné un effet immédiat à sa décision. Il a décidé, en outre, que cet effet immédiat irait jusqu'à priver d'effet les décisions par lesquelles, dans des affaires en cours, les chambres de l'instruction avaient pu réserver leur compétence sur le fondement des dispositions de l'article 207 du Code de procédure pénale en vigueur à la date à laquelle elles avaient été rendues. Cette dernière solution n'allait pas de soi : même si elle peut se recommander du souci de donner le plus large effet possible à la déclaration d'inconstitutionnalité, la remise en cause de décisions de justice au nom de l'article 62 de la Constitution marque une intrusion inédite du Conseil dans le déroulement des procédures juridictionnelles en cours.

Section 3
Les effets de la conjugaison du contrôle *a priori* et du contrôle *a posteriori*

L'entrée en vigueur, le 1er mars 2010, du contrôle de constitutionnalité par voie d'exception conduit à renforcer l'effectivité des normes constitutionnelles, en démultipliant les occasions et sujets de contrôle. La tradition française de souveraineté de la loi, conçue comme l'expression de la volonté générale et de la souveraineté nationale, avait été ébréchée, sur le terrain des principes, en 1958 avant d'être progressivement réduite par l'effet de la jurisprudence consécutive à la décision du 16 juillet 1971 et à la révision constitutionnelle de 1974. L'avènement de la question prioritaire de constitutionnalité parachève cette évolution et consacre la suprématie effective, dans l'ordre interne, des normes de valeur constitutionnelle sur les lois adoptées par le Parlement, au bénéfice direct des justiciables et, à travers eux, de l'ensemble des citoyens.

L'action conjuguée des deux modes de contrôle de constitutionnalité ne devrait pas rester sans conséquences sur deux plans différents : en ce qui concerne la marge de manœuvre du législateur et en ce qui concerne le contrôle de constitutionnalité lui-même.

I - Vers un rétrécissement de la marge de manœuvre du législateur

L'addition du contrôle de constitutionnalité par voie d'exception et du contrôle *a priori* conduit à plus étroitement soumettre le législateur au respect des exigences constitutionnelles.

Le développement du contrôle *a priori* avait déjà conduit le législateur à intégrer le nécessaire respect des exigences constitutionnelles. Mais il était des cas où cette discipline ne jouait pas, ou jouait moins, lorsque se dessinaient les termes d'un large accord politique sur les dispositions législatives en discussion ou lorsqu'il apparaissait que la loi, à tout le moins, ne serait pas déférée au Conseil constitutionnel. Dans ces hypothèses, faute de menace sur le terrain du contrôle par voie d'action, la discipline constitutionnelle pouvait se relâcher. Désormais, la perspective que le contrôle par voie d'exception puisse prendre le relais permet de toujours considérer que les dispositions adoptées par le Parlement seront effectivement susceptibles de faire l'objet d'un contrôle de constitutionnalité.

L'addition des contrôles place le législateur sous une double menace. La première est celle du contrôle *a priori*, avec sa sanction immédiate et le risque du camouflet politique. La seconde, aléatoire, est plus tardive et conduit à la désactivation juridique de l'intervention du législateur.

L'addition des contrôles place également le législateur sous une double contrainte. La première est celle de la paralysie préventive des dispositions qu'il adopte, dans le cadre du contrôle par voie d'action. La seconde est celle de l'injonction curative, qui peut le contraindre, dans le cadre du contrôle *a posteriori*, à devoir intervenir dans un délai déterminé sur un sujet dont il n'entendait pas se saisir. Cet impact sur l'agenda politique du Gouvernement et de la majorité parlementaire n'est pas le moindre qui résulte de la mise en œuvre du contrôle de constitutionnalité par voie d'exception. Il est significatif à cet égard que le président de l'Assemblée nationale, au début de l'année 2011, ait lui-même souligné l'incidence des décisions du Conseil constitutionnel sur l'ordre du jour des assemblées, en faisant valoir « qu'il ne faut pas que les décisions du Conseil, prises à partir de cas individuels, retardent la mise en œuvre des priorités d'intérêt général portées par l'exécutif et le législatif » et en souhaitant que les délais laissés par le Conseil soient suffisants pour que les assemblées « ne travaillent pas dans l'urgence sur des sujets sensibles et souvent complexes ».

II - Vers une forme de spécialisation des contrôles

L'addition des deux modes de contrôle de constitutionnalité devrait permettre au Conseil constitutionnel de jouer de leur complémentarité et de leurs différences pour déterminer les lignes de sa politique jurisprudentielle.

A - La complémentarité jurisprudentielle

La complémentarité jurisprudentielle des deux contrôles sera sans nul doute mise au service de **l'unité et de la cohérence** de la jurisprudence constitutionnelle.

Les deux contrôles, au-delà des différences qui tiennent à leur mise en œuvre, ont, s'agissant des exigences constitutionnelles substantielles, le même objet et la même nature. Ils conduisent le Conseil constitutionnel à exercer un contrôle de constitutionnalité des lois votées par le Parlement au regard des mêmes normes constitutionnelles de référence et selon les mêmes méthodes. Réserve faite de certains aspects particuliers, il va de soi que les développements de la jurisprudence résultant de la mise en œuvre de l'un de ces modes de contrôle seront source d'enrichissement immédiat pour l'autre mode de contrôle. À titre d'exemple, on peut souligner que des décisions statuant sur des questions prioritaires de constitutionnalité fin 2010 ont contribué à notablement enrichir la jurisprudence constitutionnelle sur la procédure pénale, sur le respect du droit de propriété ou sur la question des sanctions automatiques. En gagnant un volume d'affaires supplémentaires, le Conseil constitutionnel pourra d'ailleurs, dans certaines hypothèses, jouer des deux registres pour asseoir telle ou telle évolution de jurisprudence, préférant avancer, au gré des circonstances, sur le terrain du contrôle *a priori* ou, au contraire, sur celui du contrôle par voie d'exception.

La question de l'articulation du contrôle de constitutionnalité et du respect des traités livre, à cet égard, une illustration récente de la latitude nouvelle que l'addition des deux formes de contrôle donne au Conseil constitutionnel pour déployer sa politique jurisprudentielle. On sait que, depuis sa décision n° 74-54 DC du 15 janvier 1975, le Conseil constitutionnel déclinait sa compétence pour connaître de griefs tirés de la méconnaissance des engagements internationaux de la France. Cette solution traditionnelle, alors même qu'elle avait toujours été confirmée, n'allait pas sans débats récurrents, alimentés pour partie dans la période récente par l'évolution de la jurisprudence quant à la portée du droit de l'Union européenne (CC, décision n° 2004-497 DC du 10 juin 2004 ; décision n° 2006-540 DC du 27 juillet 2006). Mais la ligne traditionnelle a été solennellement et expressément confirmée en mai 2010, alors que la question de l'articulation du contrôle de constitutionnalité par voie d'exception et du respect du droit de l'Union était portée, à l'initiative de la Cour de cassation, devant la Cour de justice de l'Union européenne. On peut relever que le Conseil constitutionnel a, pour la réaffirmer, saisi le prétexte d'une argumentation succincte qui lui était soumise dans le cadre du contrôle *a priori* (CC, décision n° 2010-605 DC du 12 mai 2010). C'est ainsi une décision DC, rendue dans le cadre du contrôle *a priori*, qui a scellé, de façon générale, c'est-à-dire pour le compte aussi de la question prioritaire de constitutionnalité, la question des rapports entre respect des traités et contrôle de constitutionnalité. La solution sera ensuite, mais ensuite seulement et après l'intervention de l'arrêt de la Cour de justice, reprise dans le cadre d'une décision QPC rendue dans le cadre du contrôle par voie d'exception (CC, décision n° 2010-4/17 QPC, *M. Alain C.* (indemnité temporaire de retraite outre-mer)).

B - Une forme de spécialisation processuelle ?

Les deux modes de contrôle, pour contribuer de façon complémentaire au respect des exigences constitutionnelles substantielles, diffèrent cependant sur certains points. De ces distinctions résulte nécessairement une différenciation des deux contrôles, qui pourrait donner naissance à une forme de spécialisation ou conduire à des évolutions. Il est trop tôt pour que la jurisprudence ait livré des enseignements définitifs. On peut toutefois, avec prudence, se risquer à envisager les quelques perspectives suivantes.

1 - Les questions réservées au contrôle a priori

La lettre même de la Constitution invite à considérer que les questions touchant au respect des règles de la procédure législative ne relèvent pas du champ du contrôle de constitutionnalité par voie d'exception. En faisant référence aux « droits et libertés que la Constitution garantit », l'article 61-1 de la Constitution restreint, par rapport à l'article 61, le champ du contrôle par voie d'exception, en excluant les règles constitutionnelles qui se bornent à édicter des règles de procédure sans garantir aucun droit ni aucune liberté. C'est, par suite, logiquement que le Conseil constitutionnel a jugé qu'aucun grief tiré de la procédure d'adoption de la loi ne peut être invoqué à l'appui d'une question de constitutionnalité dans le cadre de l'article 61-1 de la Constitution (CC, décision du 22 juillet 2010 : 2010-4/17 QPC, *M. Alain C.* (indemnité temporaire de retraite outre-mer)), écartant en l'espèce des griefs contestant le respect du domaine de la loi de finances, la recevabilité d'un amendement, le défaut de consultation du Conseil d'État ou le défaut de consultation des collectivités d'outre-mer. Ces questions demeurent, en revanche, dans le champ du contrôle de constitutionnalité par voie d'action.

La jurisprudence du Conseil, sur d'autres points que de pure procédure législative, a écarté du champ de l'article 61-1 l'invocation de certaines normes de valeur constitutionnelle, en considérant qu'elles ne relevaient pas directement des « droits et libertés » garantis par la Constitution. Ainsi en a-t-il jugé pour certaines règles, certains principes ou objectifs de valeur constitutionnelle qui ne peuvent, en eux-mêmes, être invoqués à l'appui d'une question prioritaire de constitutionnalité, comme par exemple le principe du consentement à l'impôt, les objectifs de valeur constitutionnelle d'intelligibilité et d'accessibilité de la loi ou de bonne administration de la justice.

Il résulte de ces exclusions du champ du contrôle par voie d'exception que les griefs de constitutionnalité correspondants ne peuvent être invoqués que dans le cadre du contrôle par voie d'action, ce qui confère un monopole au contrôle par voie d'action sur ces questions, sans pour autant le condamner à se spécialiser uniquement sur elles. Les questions de procédure législative, notamment le contrôle exercé sur la légitimité de l'insertion de telle ou telle disposition par voie d'amendement – en regard de la jurisprudence sur les « cavaliers » – ou sur l'insertion dans les textes financiers – au vu de la jurisprudence sur les « cavaliers budgétaires » ou les « cavaliers sociaux » – demeureront ainsi l'apanage du seul contrôle par voie d'action.

On peut noter que la décision n° 2010-622 DC du 28 décembre 2010, rendue sur la loi de finances pour 2011, a tiré une conséquence de cette spécialisation. Statuant dans le cadre du contrôle *a priori*, le Conseil était saisi, par les parlementaires, d'un seul grief dirigé contre l'article 115 de la loi de finances, tiré de ce que l'article aurait été un « cavalier budgétaire ». Un tel grief relève du contrôle par voie d'action et ne relève que de lui. Il a été écarté en l'espèce dans les motifs de la décision du Conseil. Mais il est à relever que le dispositif de la décision ne porte aucune mention de cet article : le dispositif ne juge pas l'article « conforme à la Constitution », laissant ainsi ouverte la voie à une contestation de l'article 115 par d'éventuelles questions prioritaires de constitutionnalité invoquant des griefs de fond.

2 - Le primat du contrôle a priori s'agissant des lois organiques

Dans le cas des lois organiques, l'examen de plein droit du Conseil constitutionnel porte sur l'ensemble des dispositions adoptées.

La loi organique, une fois adoptée par le Parlement, est transmise au Conseil par le Premier ministre, sans qu'aucune argumentation ne puisse lui être valablement soumise (V. la décision n° 92-305 DC du 21 février 1992 qui juge une saisine parlementaire irrecevable comme dirigée contre une loi organique obligatoirement soumise au Conseil constitutionnel en vertu du premier alinéa de l'article 61 de la Constitution). Le Conseil examine ainsi d'office l'ensemble des dispositions adoptées par le législateur organique.

On devrait en déduire que tous les articles des lois organiques promulgués sous l'empire de la Constitution du 4 octobre 1958, réserve faite des dispositions adoptées en vertu de son article 92, doivent être regardées comme ayant été déclarés conformes à la Constitution dans les motifs et le dispositif d'une décision du Conseil. Dans cette ligne, la voie du contrôle par voie d'exception apparaît fermée, sauf dans le cas où un changement de circonstances serait invoqué pour justifier que le Conseil constitutionnel soit à nouveau saisi.

3 - Le dépérissement des moyens d'ordre public dans le contrôle a priori ?

On sait que le Conseil constitutionnel se réserve la faculté d'examiner d'office toute question de constitutionnalité se rapportant au texte qui lui est déféré. Ce qui recouvre deux dimensions : d'une part, le pouvoir d'examiner la constitutionnalité de toute disposition de la loi déférée, alors que l'argumentation de la saisine ne la critique pas particulièrement et, d'autre part, le pouvoir de soulever d'office tout grief d'inconstitutionnalité.

Dans le cadre du contrôle par voie d'exception, seule la seconde dimension est susceptible d'être mise en œuvre par le Conseil, qui ne peut s'affranchir du champ des dispositions, applicables au litige, qui lui ont été renvoyées par le Conseil d'État ou par la Cour de cassation (CC, décision du 28 mai 2010 : 2010-1 QPC, *Consorts L.* (cristallisation des pensions) ; CC, décision du 26 novembre 2010 : 2010-71 QPC, *Mlle Danielle S.* (hospitalisation sans consentement)).

On ne sait, pour l'heure, ce qu'il adviendra de la première dimension dans le cadre du contrôle *a priori*, du moins pour ce qui concerne les questions de fond qui sont susceptibles d'être contrôlées dans le cadre de la question prioritaire de constitutionnalité. Pour les questions qui ne peuvent être examinées que dans le cadre de l'article 61, il n'y a pas de raison de penser que le développement du contrôle par voie d'exception puisse conduire à remettre en cause la pratique du Conseil constitutionnel : de fait, les lois de finances et de financement de la sécurité sociale adoptées fin 2010 ont donné lieu aux habituelles censures d'office de « cavaliers » budgétaires et sociaux. En revanche, la question peut être posée s'agissant des critiques de constitutionnalité qui sont susceptibles d'être accueillies par les deux contrôles.

Il est déjà rare, aujourd'hui, que le Conseil constitutionnel censure d'office des dispositions de la loi déférée qui n'ont pas été spécialement critiquées par les saisines présentées sur le fondement de l'article 61. En pratique, et pour l'essentiel, les censures d'office reposent sur des motifs d'ordre procédural qui ne sont pas susceptibles d'être invoqués dans le cadre du contrôle par voie d'exception (cavaliers budgétaires, cavaliers sociaux, cavaliers législatifs).

La complémentarité des deux contrôles de constitutionnalité pourrait conduire le Conseil constitutionnel à limiter le champ des dispositions examinées d'office dans le cadre du contrôle *a priori*, pour s'en tenir aux questions relevant de ce seul contrôle à l'exclusion du contrôle par voie d'exception, en considérant que, pour le surplus, l'exercice du contrôle de constitutionnalité par voie d'exception, après un débat contradictoire, se révélera supérieur.

4 - L'évolution de la jurisprudence État d'urgence en Nouvelle-Calédonie ?

On sait que, par cette jurisprudence (CC, décision n° 85-187 DC du 25 janvier 1985 ; décision n° 86-211 DC du 26 août 1986 ; décision n° 89-256 DC du 25 juillet 1989 ; décision n° 91-299 DC du 2 août 1991 ; décision n° 99-410 DC du 15 mars 1999 ; décision n° 99-414 DC du 8 juillet 1999), le Conseil constitutionnel s'est reconnu le pouvoir de contrôler, par ricochet, la constitutionnalité de dispositions législatives déjà promulguées, à l'occasion du contrôle postérieur exercé sur de nouvelles dispositions législatives les modifiant, les complétant ou affectant leur domaine.

La mise en œuvre de la question prioritaire de constitutionnalité pourrait conduire le Conseil constitutionnel à faire évoluer cette jurisprudence. Deux évolutions sont concevables.

Le Conseil pourrait décider de mettre un terme à cette jurisprudence dans le cadre du contrôle *a priori*, en considérant que la mise en œuvre de l'exception d'inconstitutionnalité permettra d'aboutir au même résultat, en évitant les incertitudes qui s'attachent à l'effet des déclarations d'inconstitutionnalité par ricochet. Cette solution apparaît la plus solide.

Mais on ne peut exclure une solution plus constructive, consistant à maintenir la jurisprudence Nouvelle-Calédonie en lui attachant, de façon prétorienne, des effets analogues à ceux que l'article 62 de la Constitution prévoit pour le contrôle par voie d'exception. S'inspirant du second alinéa de l'article 62, mais dans un cas que ne régit pas la lettre de cet alinéa, la jurisprudence admettrait alors de décider l'abrogation de la disposition déjà promulguée.

Chapitre 3

Les répercussions sur le contrôle de la hiérarchie des normes

Depuis Kelsen, il est classique de présenter l'ordre juridique comme « un édifice à plusieurs étages superposés, une pyramide ou hiérarchie formée d'un certain nombre d'étages ou couches de normes juridiques » (Hans Kelsen, *Théorie pure du droit*, trad. 1962), dans lequel les normes juridiques sont précisément hiérarchisées et leur validité appréciée, et sanctionnée, au regard des normes qui leur sont supérieures. L'ordre juridique français résultant de la Constitution du 4 octobre 1958 répond à cette définition, en articulant les normes juridiques dans un rapport hiérarchique et en veillant à ce que des mécanismes juridictionnels permettent de faire sanctionner le respect de cette hiérarchie.

L'institution d'un nouveau mode de contrôle de constitutionnalité par l'effet de la révision constitutionnelle du 23 juillet 2008 n'a pas, en soi, modifié la hiérarchie des normes juridiques telle qu'elle résultait déjà, à la fois, de la Constitution du 4 octobre 1958 et des conséquences que le Conseil constitutionnel, le Conseil d'État et la Cour de cassation en avaient progressivement tirées. La création d'une nouvelle procédure de contrôle ne conduit pas, par elle-même, à remettre en cause l'ordre prévalant entre les différentes normes juridiques.

Si l'ordre établi entre les normes juridiques n'a pas, en soi, été changé par l'institution du contrôle de constitutionnalité par voie d'exception, il est toutefois vraisemblable que la novation constitutionnelle ne demeurera pas sans conséquences sur le respect effectif de la hiérarchie des normes. Il est cependant difficile d'anticiper, de façon certaine, les effets qui résulteront de la mise en œuvre, sur une longue durée, du mécanisme de la question prioritaire de constitutionnalité. C'est donc avec prudence que nous esquissons, à cet égard, les quelques perspectives et réflexions qui suivent.

La question prioritaire de constitutionnalité, entrée en vigueur le 1er mars 2010, est trop récente pour avoir livré tous ses enseignements. Mais on peut raisonnablement penser qu'elle affectera sensiblement la pratique de l'État de droit en France. En particulier, il nous apparaît que la question prioritaire de constitutionnalité devrait conduire à renforcer l'effectivité des rapports hiérarchiques dans l'ensemble de l'ordre juridique y compris à ses niveaux supérieurs, à permettre une appropriation du contrôle de constitutionnalité par l'ensemble du système juridique et à renouveler les rapports entre contrôle de constitutionnalité et contrôle de conventionnalité.

Section 1
Une hiérarchie des normes établie mais partiellement virtuelle

C'est par touches successives que s'est progressivement dégagée et affirmée la hiérarchie des normes qui caractérise aujourd'hui l'ordre juridique français. L'institution de la Ve République en 1958 a joué, à cet égard, un rôle déterminant. Mais l'entrée en vigueur de la Constitution du 4 octobre 1958 n'a pas créé *ex nihilo* tous les étages de la pyramide normative française. Elle n'a pas non plus livré immédiatement toutes ses conséquences.

I - Une hiérarchie progressivement établie

L'œuvre historique des juridictions ordinaires, et principalement du Conseil d'État, avait, antérieurement à l'institution de la Ve République, conduit à soumettre les actes du Gouvernement et de l'administration au respect effectif des normes qui étaient regardées comme leur étant supérieures : respect des lois adoptées par le Parlement, émanation de la souveraineté nationale, respect des principes généraux du droit dégagés par la jurisprudence, respect des traités qui deviennent une source de légalité à compter de la IVe République (CE, Ass., 30 mai 1952, *Dame Kirkwood*, p. 291). À quoi il faut ajouter le respect par les actes particuliers des normes générales, dans la ligne de l'adage « *tu patere legem quam ipse fecisti* ».

La Constitution du 4 octobre 1958 a défini le cadre dans lequel s'organisent et s'articulent les normes juridiques produisant des effets dans l'ordre interne. Elle a créé le Conseil constitutionnel et institué un contrôle de constitutionnalité des lois, complétant de manière décisive la hiérarchie des normes, en assujettissant la loi votée par le Parlement au respect de la Constitution par l'effet d'un contrôle de nature juridictionnelle confié à une institution nouvelle et indépendante des pouvoirs exécutif et législatif.

Les rapports entre normes supérieures ont toutefois tardé à être clarifiés et précisés. Si l'article 55 de la Constitution énonçait, à la suite des dispositions de la Constitution du 27 octobre 1946, une règle de supériorité des traités régulièrement introduits dans l'ordre interne sur les lois, la question de la sanction de cette supériorité est, s'agissant des lois postérieures aux traités, demeurée incertaine pendant longtemps. Elle ne s'est décantée qu'après l'intervention de la décision du Conseil constitutionnel n° 74-54 DC du 15 janvier 1975 statuant sur la loi relative à l'interruption volontaire de grossesse, par laquelle le Conseil a énoncé qu'une loi contraire à un traité n'est pas pour autant contraire à la Constitution. Cette solution a eu pour conséquence de renvoyer aux juridictions ordinaires le soin de veiller à l'application de l'article 55 de la Constitution, voie dans laquelle la Cour de cassation s'est engagée dès le mois de mai 1975 (Cass ch. mixte, 24 mai 1975, *Sté des cafés J. Vabre*) et que le Conseil d'État n'a suivie qu'à compter de 1989 (CE, Ass., 20 octobre 1989, *Nicolo*).

Enfin, les rapports entre droit international et Constitution sont demeurés marqués par les différences irréductibles qui séparent la conception de cette question dans l'ordre international et celle qui prévaut dans l'ordre interne. Dans l'ordre international, il est classique de considérer qu'un État ne saurait se prévaloir de dispositions de son ordre interne, de quelque nature que ce soit, pour se dispenser de respecter des engagements qu'il a souscrits à l'égard d'autres États ou d'autres sujets de droit international. La Cour de justice des communautés européennes a fait sien ce raisonnement dans le cadre de la construction européenne, en affirmant le principe de primauté du droit communautaire et en déniant aux États membres le pouvoir de faire obstacle, par quelque norme interne que ce soit, à l'application du droit communautaire (CJCE, 15 juillet 1964, *Costa c/ ENEL*; CJCE, 17 décembre 1970, *Internationale Handelsgesellschaft*; CJCE, 9 mars 1978, *Simmenthal*; CJCE, 11 avril 1978, *Commission c/ Italie*). La primauté qui est ainsi reconnue à l'engagement international vaut, selon ce point de vue, à l'égard de toutes les normes juridiques internes, y compris les normes constitutionnelles.

Dans la conception française de l'ordre juridique interne, en revanche, c'est la Constitution qui est placée au sommet de la pyramide normative. C'est ce que postule l'article 54 de la Constitution en ce qu'il organise, avant leur ratification ou approbation, une procédure facultative de contrôle de leur constitutionnalité devant le Conseil constitutionnel. C'est ce qu'a affirmé la jurisprudence du Conseil constitutionnel (CC, décision n° 2004-505 DC du 19 novembre 2004), celle du Conseil d'État (CE, Ass., 30 octobre 1998, *Sarran et Levacher*) et celle de la Cour de cassation (Ass. plén., 2 juin 2000, *Mlle Fraisse*).

Dans le cadre général des rapports entre Constitution et traités, il convient de réserver le cas spécifique du droit de l'Union européenne dont le caractère particulier a toujours été affirmé par la jurisprudence de la Cour de justice et dont la nature spécifique et la place particulière ont été reconnues par le Conseil constitutionnel à compter de 2004. Statuant en 2004 sur la conformité à la Constitution du Traité établissant une Constitution pour l'Europe, le Conseil constitutionnel a jugé que le constituant, en adoptant l'article 88-1 de la Constitution, avait « consacré l'existence d'un ordre juridique communautaire intégré à l'ordre juridique interne et distinct de l'ordre juridique international » (CC, décision n° 2004-505 DC du 19 novembre 2004). En 2004 toujours, le Conseil s'était déjà fondé sur l'article 88-1 pour conférer à la transposition des directives communautaires le caractère d'une exigence constitutionnelle qui ne peut être tenue en échec que par une disposition constitutionnelle expresse contraire (CC, décision n° 2004-496 DC du 10 juin 2004 ; décision n° 2004-497 DC du 1er juillet 2004 ; décision n° 2004-498 DC du 29 juillet 2004 ; décision n° 2004-499 DC du 29 juillet 2004), dès lors qu'elle traduit une règle ou un principe inhérent à l'identité constitutionnelle de la France (CC, décision n° 2006-540 DC du 27 juillet 2006).

Le Conseil constitutionnel a tiré de la novation jurisprudentielle de 2004 la double conséquence suivante.

D'une part, il a rendu subsidiaire le contrôle de constitutionnalité pour les lois de transposition des directives précises et inconditionnelles. En considérant qu'il appartient au seul juge communautaire, saisi le cas échéant à titre préjudiciel, de contrôler le respect par une directive communautaire tant des compétences définies par les traités que des droits fondamentaux garantis par l'article 6 du Traité sur l'Union européenne, le Conseil constitutionnel a abdiqué l'essentiel du contrôle de constitutionnalité pour ces lois de transposition. Il fait certes la réserve de la contrariété de la directive avec une règle ou un principe inhérent à l'identité constitutionnelle de la France, relevant alors que la transposition ne pourrait alors avoir lieu que pour autant que le constituant y ait consenti. Mais il a effacé de son contrôle le respect des règles constitutionnelles substantielles qui sont analogues aux droits fondamentaux qui sont garantis par la Convention européenne des droits de l'homme ou qui résultent des principes généraux du droit communautaire. Le Conseil d'État s'est inspiré de cette évolution jurisprudentielle pour définir les modalités particulières selon lesquelles il entend désormais exercer un contrôle de constitutionnalité des actes réglementaires assurant directement la transposition des dispositions précises et inconditionnelles des directives communautaires (CE, Ass., 8 février 2007, *Sté Arcelor Atlantique et Lorraine et autres*, p. 56, concl. Guyomar).

D'autre part, le Conseil constitutionnel a décidé d'exercer un contrôle sur la validité de la transposition faite par le législateur, en considérant qu'il lui appartient, lorsqu'il est saisi en application de l'article 61 de la Constitution d'une loi ayant pour objet de transposer en droit interne une directive communautaire, de veiller au respect de l'exigence qu'il a déduite de l'article 88-1 en s'assurant de la conformité de la loi de transposition à la directive. Il a toutefois reconnu que ce contrôle trouvait une limite dans le bref délai qui lui est imparti pour statuer dans le cadre du contrôle de constitutionnalité *a priori*, lequel rend impossible la saisine préjudicielle de la Cour de justice. C'est pourquoi il a décidé de limiter son contrôle à la censure des dispositions législatives « manifestement incompatibles » avec la directive.

Ainsi s'est progressivement dégagée et affirmée la hiérarchie des normes juridiques dans l'ordre interne français. Au sommet de la pyramide normative interne figure la Constitution et l'ensemble des règles et principe de valeur constitutionnelle. Viennent ensuite les normes européennes et internationales : les règles du droit de l'Union européenne occupent une place particulière, dans l'ordre interne, en bénéficiant d'un double ancrage – ancrage constitutionnel avec les dispositions du titre XV de la Constitution, notamment celles de son article 88-1, et ancrage conventionnel résultant des traités et engagements européens ratifiés par la France depuis le Traité de Rome de 1957 – ; les autres normes internationales, résultant de traités ou d'accords régulièrement ratifiés ou approuvés et publiés, s'insèrent aussi dans la hiérarchie des normes, avec une autorité supérieure à celle des lois. Viennent ensuite l'ensemble des normes de valeur législative : lois organiques – susceptibles dans certains cas de s'imposer aux lois ordinaires à titre de complément de la Constitution, mais soumises à la Constitution et, le cas échéant, aux normes de droit international –, lois ordinaires, principes généraux du droit de valeur législative. Enfin, les actes administratifs, qui se hiérarchisent en fonction de leur nature – réglementaire ou non –, de leur objet et de l'organe qui les a édictés.

II - Une hiérarchie partiellement virtuelle et déformée

Des mécanismes de sanction sont susceptibles d'être mis en œuvre, dans l'ordre interne, pour s'assurer du respect, à tous les niveaux, des normes juridiques supérieures par les normes qui leur sont subordonnées.

Ainsi le contrôle exercé par les juridictions administratives sur les actes administratifs – ainsi que par les juridictions pénales s'agissant des actes administratifs dont dépend la solution du procès pénal – porte-t-il sur le respect de la loi et des principes de valeur législative, des normes européennes et internationales régulièrement introduites dans l'ordre interne, et des normes constitutionnelles. Avant l'institution de la question prioritaire de constitutionnalité, la dimension constitutionnelle de ce contrôle ne pouvait cependant s'exercer que dans les cas, pas si fréquents, où la loi ne faisait pas effectivement écran entre l'acte administratif et la Constitution.

Depuis les arrêts *Jaques Vabre* de 1975 et *Nicolo* de 1989, les juridictions judiciaires et administratives intègrent dans leur office un contrôle de la compatibilité de la loi aux conventions internationales, qui vaut à l'égard de toutes les normes internationales à caractère obligatoire régulièrement introduites dans l'ordre interne, à l'exception, pour le Conseil d'État, de la coutume internationale (CE, Ass., 6 juin 1997, *Aquarone*, p. 206) et des principes généraux du droit international (CE, 28 juillet 2000, *Paulin*, p. 317).

Depuis 1958, le Conseil constitutionnel peut être saisi pour exercer un contrôle de constitutionnalité des lois, dans le cadre du contrôle *a priori*. Il peut également être saisi, sur le fondement de l'article 54, pour apprécier la conformité à la Constitution d'un traité signé mais non encore ratifié.

Toutefois, la mise en œuvre du contrôle de constitutionnalité des traités est demeurée rare, ce qui conduit à relativiser le contrôle du respect de la hiérarchie à ce niveau élevé de la pyramide normative. De plus, et surtout, le cantonnement du contrôle de constitutionnalité des lois au stade du contrôle *a priori* a eu pour effet d'atténuer la portée effective du contrôle de constitutionnalité ; le contrôle de conventionnalité des lois à partir des années 1990 a eu tendance à occuper cette place par défaut. Il en est résulté un gonflement du contrôle de conventionnalité et une déformation progressive de la pyramide normative à laquelle la révision constitutionnelle de 2008 a, aussi, voulu remédier.

A - La rareté du contrôle de constitutionnalité des traités

L'article 54 de la Constitution prévoit qu'un traité ne peut faire l'objet d'une autorisation législative de le ratifier qu'après révision de la Constitution s'il a été déclaré contraire à la Constitution par le Conseil constitutionnel. Il conduit ainsi le Conseil constitutionnel à statuer sur la conformité des clauses du traité aux règles et principes de valeur constitutionnelle ainsi qu'aux conditions essentielles d'exercice de la souveraineté nationale (CC, décision n° 92-308 DC du 9 avril 1992 ; décision n° 97-394 DC du 31 décembre 1997 ; décision n° 98-408 DC du 22 janvier 1999).

Ce contrôle de constitutionnalité des traités connaît toutefois trois séries de limites, qui en réduisent notablement la portée.

Il n'est, en premier lieu, susceptible d'être exercé qu'au cours d'une **période déterminée**, qui ne s'ouvre qu'avec la signature du traité ou de l'accord et qui s'achève à la date de sa ratification ou son approbation. Cette période est irrémédiablement close à compter de la ratification du traité. La voie subsidiaire de l'article 61, qui peut être mise en œuvre si la procédure de l'article 54 ne l'a pas été en déférant au Conseil constitutionnel la loi autorisant la ratification du traité (V. CC, décision n° 80-116 DC du 17 juillet 1980 ; décision n° 91-294 DC du 25 juillet 1991 ; décision n° 93-318 DC du 30 juin 1993 ; décision n° 2010-614 DC du 4 novembre 2010), ne peut en tout état de cause être actionnée que dans le délai du contrôle de constitutionnalité des lois par voie d'action, c'est-à-dire avant la promulgation de la loi autorisant la ratification, c'est-à-dire nécessairement avant la ratification elle-même.

En deuxième lieu, le contrôle ne peut être déclenché qu'à **l'initiative d'autorités constitutionnelles limitativement énumérées**. L'article 54 prévoit que le Conseil constitutionnel ne peut être saisi, dans ce cadre, que par le président de la République, par le Premier ministre, par le président de chaque assemblée parlementaire ou, depuis la révision constitutionnelle du 25 juin 1992, par soixante députés ou soixante sénateurs. Le Conseil d'État, pour sa part, décline sa compétence pour se prononcer sur la conformité d'un traité à la Constitution, même si le traité ne relève pas de la catégorie des traités et accords visés à l'article 53 qui ne peuvent être ratifiés ou approuvés qu'en vertu d'une loi (CE, Ass., 9 juillet 2010, *Fédération nationale de la libre pensée et autres*, n° 327663). De fait, depuis 1970, le Conseil constitutionnel a été saisi le plus souvent à l'initiative du président de la République – initiative parfois partagée avec le Premier ministre en période de cohabitation, comme pour le Traité d'Amsterdam (décision n° 97-394 DC) ou le Traité portant statut de la Cour pénale internationale (décision n° 98-408 DC du 22 janvier 1999) – ; il n'a été saisi qu'à seulement deux reprises par des parlementaires (pour le Traité de Maastricht, alors pourtant que le Conseil avait déjà rendu une première décision à l'initiative du président de la République (V. la décision n° 92-312 DC du 2 septembre 1992) et pour l'Accord de Londres sur la délivrance des brevets européens (décision n° 2006-541 DC du 28 septembre 2006)).

En troisième lieu, si le contrôle exercé par le Conseil constitutionnel, saisi sur le fondement de l'article 54, porte sur l'intégralité des stipulations de l'engagement international (CC, décision n° 91-294 DC du 25 juillet 1991 ; décision n° 92-308 DC du 9 avril 1992 ; décision n° 92-312 DC du 2 septembre 1992 ; décision n° 97-394 DC du 31 décembre 1997), ce contrôle tient compte aujourd'hui des engagements internationaux qui ont déjà été introduits dans l'ordre juridique interne. Il en résulte une limite importante : dans le cas où l'engagement soumis au Conseil constitutionnel modifie ou complète un précédent engagement international déjà ratifié et introduit dans l'ordre juridique interne, le Conseil se refuse, en raison de la règle « *pacta sunt servanda* » qui est au nombre des règles du droit public international visées par le Préambule de 1946, à examiner la conformité à la Constitution de stipulations qui ne font que reprendre des stipulations déjà en vigueur. Cette position a pour conséquence d'accorder une immunité constitutionnelle aux stipulations qui ont déjà été ratifiées, même si aucun contrôle de constitutionnalité n'a été mis en œuvre préalablement à leur ratification.

En pratique, le Conseil constitutionnel n'a été saisi qu'à dix reprises, depuis 1970, de la constitutionnalité d'un traité sur le fondement de l'article 54 de la Constitution. Ce qui ne représente qu'une très faible fraction du nombre des décisions DC qu'il a rendues dans les différentes formes de contrôle de constitutionnalité *a priori* et une partie minime des engagements souscrits par la France.

Ce petit nombre des occasions de contrôle, ajouté à la force de la règle «*pacta sunt servanda*», a pour conséquence de rendre assez largement théorique le respect par les traités des normes constitutionnelles pourtant placées à un niveau supérieur dans la hiérarchie des normes telle que la conçoit l'ordre juridique interne. Entre ces deux niveaux élevés de la pyramide normative, la hiérarchie peut ainsi apparaître plus virtuelle que réelle.

B - Le cantonnement du contrôle *a priori* de constitutionnalité des lois

Les conditions dans lesquelles l'article 61 de la Constitution organise le contrôle *a priori* de constitutionnalité des lois emportent deux séries de conséquences qui en brident la portée.

1 - Un faible nombre de dispositions déférées

En premier lieu, le mode de saisine du Conseil constitutionnel déterminé par l'article 61 de la Constitution a pour effet de **limiter drastiquement le nombre des dispositions** législatives qui font effectivement l'objet d'un contrôle de constitutionnalité. Trois éléments se conjuguent à cet égard.

a) La **logique du rapport de forces politique** a pour conséquence, tout d'abord, que **seuls les parlementaires de l'opposition saisissent**, en pratique, le Conseil constitutionnel dans le cadre de l'article 61. Il est, en effet, extrêmement rare aujourd'hui que l'une des autorités constitutionnelles mentionnées à l'article 61 fasse usage du pouvoir que lui reconnaît cet article et défère une loi au Conseil constitutionnel, si on réserve le cas des saisines obligatoires liées aux lois organiques.

Le président de la République n'a jamais mis en œuvre, depuis le début de la Ve République, la prérogative de saisir le Conseil constitutionnel que lui reconnaît l'article 61 de la Constitution.

Si, aux débuts de la Ve République, à une époque où le Conseil constitutionnel était encore regardé comme le « chien de garde du pouvoir exécutif », il est advenu que le Premier ministre déférât au Conseil une loi dont certaines dispositions avaient été adoptées par le Parlement contre l'avis du Gouvernement (V. par exemple CC, décision n° 60-8 DC du 11 août 1960 ; décision n° 60-11 DC du 20 janvier 1961 ; décision n° 63-21 DC du 12 mars 1963 ; décision n° 64-27 DC du 18 décembre 1964 ; décision n° 68-35 DC du 30 janvier 1968 ; décision n° 70-41 DC du 30 décembre 1970 ; décision n° 76-73 DC du 28 décembre 1976), il est devenu très rare qu'il mette en œuvre cette prérogative : depuis les années 1970, il ne l'a fait que dans certaines circonstances politiques particulières, eu égard à la nature du texte ou à la teneur des échanges entre le Gouvernement et sa majorité (V. notamment la décision n° 89-261 DC du 28 juillet 1989 ; la décision n° 92-307 DC du 25 février 1992 ; les décisions n° 95-361 et 362 DC du 2 février 1995) ou pour des raisons techniques tenant au délai de promulgation et aux liens de la loi en cause avec une loi organique adoptée simultanément et transmise au Conseil à titre obligatoire (V. par exemple les décisions n° 96-373 et 374 DC du 9 avril 1996 ou, récemment, les décisions n° 2010-609 et 610 DC du 12 juillet 2010).

Il est également rare que les présidents des assemblées parlementaires saisissent le Conseil constitutionnel en application de l'article 61. Dans les premiers temps de la Ve République, le président du Sénat a déféré des textes qui avaient été cause de polémiques (V. notamment la décision n° 62-20 DC du 6 novembre 1962 sur la loi référendaire relative à l'élection du président de la République au suffrage universel ; la décision n° 71-44 DC du 16 juillet 1971 sur la liberté d'association ; v. aussi, après la décision de 1971, la décision n° 73-51 DC du 27 décembre 1973 dite « taxation d'office »). En 1982, 1983 et 1991, le président du Sénat, se joignant à des saisines parlementaires, a déféré au Conseil la loi instituant une collectivité unique dans les départements d'outre-mer (décision n° 82-147 DC du 2 décembre 1982), la loi relative à la fonction publique territoriale (décision n° 83-168 DC du 20 janvier 1984) et la loi relative à la Corse (décision n° 91-290 DC du 9 mai 1991). Pour sa part, le président de l'Assemblée nationale a saisi le Conseil, pour des motifs tenant à la procédure législative, de la loi de finances rectificative pour 1976 et de la loi de finances pour 1980 (V. la décision n° 76-74 DC du 28 décembre 1976 et la décision n° 79-110 DC du 24 décembre 1979). Plus récemment, le président de l'Assemblée nationale a saisi le Conseil, pour qu'il exerce un contrôle de constitutionnalité sur le fond des dispositions adoptées, de la loi de bioéthique de 1994 (décision n° 94-343/344 DC du 27 juillet 1994). Les présidents des deux assemblées ont concomitamment saisi le Conseil constitutionnel de la loi interdisant la dissimulation du visage dans l'espace public (décision n° 2010-613 DC du 7 octobre 2010).

Compte tenu de la rareté des saisines émanant des autorités constitutionnelles mentionnées à l'article 61, l'immense majorité des saisines effectuées sur le fondement de cet article provient des parlementaires d'opposition, le plus souvent de ceux qui appartiennent aux principaux groupes d'opposition dans chacune des deux assemblées.

b) Les **motifs** qui conduisent les groupes de l'opposition parlementaire à saisir le Conseil constitutionnel expliquent, sans doute, que les recours ne portent que sur une **fraction limitée du nombre des lois** adoptées par le Parlement.

Si l'on fait abstraction des lois qui autorisent la ratification d'accords internationaux, ont été promulguées, au cours des années 2000, entre 40 et 50 lois chaque année. Le Conseil constitutionnel a été saisi, selon les années, d'entre 25 et 45 % des lois adoptées par le Parlement. Ce flux représente certes un nombre de textes conséquents, qu'il appartient au Conseil d'examiner dans le délai d'un mois imparti par l'article 61. Mais il ne représente, pour autant, qu'une fraction du nombre total des lois votées : selon les années, entre la moitié et les trois quarts des lois votées ne sont pas soumises au Conseil constitutionnel, ce qui conduit à la promulgation sans contrôle de constitutionnalité possible d'un très grand nombre de dispositions législatives.

La décision de saisir le Conseil constitutionnel dans le cadre du contrôle de constitutionnalité *a priori* constitue un acte essentiellement politique, qui s'inscrit dans un jeu de rapports institutionnels. La préoccupation de soumettre au Conseil constitutionnel des dispositions dont la conformité à la Constitution apparaît problématique ou discutable est certes présente lorsque est prise la décision de saisir ou non le Conseil. Mais elle l'est rarement de façon chimiquement pure, en faisant abstraction de toute considération politique. Le caractère plus ou moins consensuel de la loi, la nature plus ou moins technique de ses dispositions, son origine gouvernementale ou parlementaire peuvent jouer dans la décision de déférer ou non la loi sur le fondement de l'article 61. Le moment de l'adoption définitive du texte, s'il est marqué par une échéance politique ou une campagne électorale qui mobilise l'attention peut, de même, interférer : ainsi, par exemple, la loi n° 2005-516 du 20 mai 2005 relative à la régulation des activités postales, alors même que sa discussion avait été marquée par des débats parlementaires particulièrement vifs, n'a pas été déférée au Conseil constitutionnel, ce qui n'est peut-être pas sans lien avec le fait qu'alors battait son plein la campagne référendaire portant sur la ratification du Traité établissant une Constitution pour l'Europe.

c) Les saisines, enfin, ne contestent, le plus souvent, explicitement qu'une **petite partie des dispositions contenues** dans les lois qu'elles défèrent au Conseil constitutionnel.

Les saisines émanant de soixante députés ou soixante sénateurs se focalisent généralement sur quelques dispositions de la loi : les plus emblématiques, les plus discutables au plan constitutionnel ou de celles qui ont donné lieu aux débats les plus vifs ou à des incidents de procédure parlementaire. Les dispositions explicitement critiquées sont ainsi en nombre très limité : par exemple, il est fréquent que moins de cinq articles des lois de financement de la sécurité sociale fassent l'objet de critiques expresses, alors que ces lois comportent chaque année plus d'une centaine d'articles ; de même, les lois de finances ou lois de finances rectificatives sont rarement contestées pour plus d'une dizaine d'articles (par exemple, fin 2010, onze articles de la loi de finances initiale pour 2011 ont été contestés, sur un total de 211 articles ; un seul point de la loi de finances rectificative pour 2010 a été contesté, sur l'utilisation du surplus de recettes, alors que la loi comportait un total de 107 articles) ; seuls cinq articles de la récente loi portant réforme des retraites, qui en comptait finalement près de cent vingt, ont fait l'objet d'une contestation explicite. En moyenne, les saisines ne contestent ainsi qu'entre 5 et 10 % des dispositions de la loi qu'elles défèrent.

Sans doute beaucoup de saisines se présentent-elles, malgré tout, comme étant dirigées contre l'ensemble de la loi déférée, appelant même parfois le Conseil constitutionnel à se saisir d'autres dispositions que celles qui font l'objet de griefs explicites d'inconstitutionnalité.

Sans doute aussi les autorités constitutionnelles qui saisissent le Conseil, dans les cas rares où elles mettent en œuvre la faculté qu'elles tiennent de l'article 61, argumentent-elles peu dans la période récente (ce n'était pas le cas pour les saisines du Premier ministre dans les années 1960) et se bornent-elles à soumettre la loi dans son intégralité au Conseil sans formuler de griefs explicites dirigés contre telle ou telle disposition de la loi.

Sans doute encore le Conseil constitutionnel se réserve-t-il toujours la faculté de relever d'office toute question de constitutionnalité, même à propos d'articles qui ne font pas l'objet d'une contestation argumentée expresse.

Mais, en pratique, si l'on réserve le cas rare des saisines des autorités constitutionnelles et le cas particulier des « cavaliers » budgétaires ou sociaux dont le Conseil, par une sorte de réflexe d'ordre, censure d'office l'insertion dans les lois de finances ou les lois de financement de la sécurité sociale, il est très rare que le Conseil se prononce explicitement sur d'autres dispositions que celles qui sont explicitement contestées par les parlementaires saisissants. Depuis les années 2000, il est devenu extrêmement rare qu'il se saisisse d'office de dispositions non critiquées pour les censurer pour des motifs substantiels de fond, réservant les hypothèses de censure d'office de dispositions non visées par les saisines à des motifs d'ordre ou de procédure (« cavaliers » législatifs, budgétaires, sociaux ; irrecevabilité financière ; expérimentations dépourvues de terme).

Au total, il en résulte, en moyenne, que moins de 10 % des dispositions des lois déférées au Conseil constitutionnel font l'objet d'un examen de constitutionnalité explicite, ce qui représente une très faible fraction de l'ensemble des dispositions législatives adoptées chaque année. Le contrôle de constitutionnalité *a priori*, enserré dans les conditions strictes de mise en œuvre résultant de l'article 61, apparaît ainsi tourner à plutôt bas régime, ce dont s'accommodent sans peine le Gouvernement et la majorité parlementaire, parce que les occasions de censure sont ainsi limitées, et peut-être aussi le Conseil constitutionnel, parce que son mode d'organisation et de fonctionnement, ainsi que les contraintes de délai et de calendrier résultant de la Constitution, ne lui permettraient pas facilement de suivre sur la longue période un régime plus soutenu.

2 - Le relatif isolement du contrôle a priori

L'exercice *a priori* du contrôle de constitutionnalité a pour conséquence d'**isoler ce contrôle dans le système juridique**, de le cantonner dans un espace à part, quelque peu déconnecté des autres acteurs et des mécanismes de sanction juridictionnelle ordinaires.

La division de l'univers juridique entre plusieurs branches de droit distinctes, chacune étant adaptée à la matière et à la nature des rapports entre les sujets de droit, n'est pas nouvelle. La période récente a, sans doute, vu s'accroître cette différenciation, de même que la spécialisation des acteurs qui en est le corollaire. Droit civil, droit pénal, droit administratif, droit du travail, droit commercial, droit de l'urbanisme, droit des marchés publics, droit processuel civil, pénal ou administratif, droit de la construction européenne, droit européen des droits de l'homme, la liste peut s'allonger au gré des déclinaisons techniques et des spécialisations progressives.

Le droit constitutionnel est une composante de l'univers juridique français qui est restée longtemps cantonnée à la question des rapports institutionnels entre les pouvoirs publics. Il ne s'est étoffé que récemment, avec l'essor du contrôle de constitutionnalité des lois, pour intégrer une dimension substantielle touchant à la garantie des droits et libertés.

Mais les caractéristiques du contrôle *a priori* résultant de l'article 61 ont limité la diffusion du droit constitutionnel vers les autres branches du droit, en le cantonnant dans une sphère autonome un peu à part, n'intéressant qu'un petit nombre d'acteurs ou de spécialistes.

Est essentiellement en cause, à cet égard, le caractère *a priori* du contrôle de constitutionnalité organisé par l'article 61 : c'est le fait que ce contrôle intervienne avant l'entrée en vigueur de la loi, à un stade où la décision du législateur n'est encore que virtuelle et n'a pu encore produire aucun effet qui apparaît décisif. En coupant l'inconstitutionnalité de la loi à la racine, le contrôle *a priori* interdit l'entrée en vigueur d'une disposition inconstitutionnelle, ce qui confère au contrôle *a priori* une efficacité remarquable mais conduit aussi à l'isoler des autres acteurs de la scène juridique, en ce que le contrôle est exercé en dehors d'eux, sans interférence avec leur propre intervention. Le contrôle de constitutionnalité ne met aux prises que des autorités constitutionnelles et des parlementaires, à un stade où les acteurs ordinaires du monde juridique – juridictions, professions juridiques – et tous les sujets de droit ne sont pas encore directement concernés par la loi votée mais non encore promulguée. Le contrôle de constitutionnalité *a priori* est exercé une fois pour toutes, à ce stade, dans le monde clos des relations entre le Parlement, le Gouvernement et le Conseil constitutionnel, sans interactions avec le reste du monde juridique.

Dans ces conditions, le contrôle de constitutionnalité *a priori* n'exerce que rarement une **influence directe** sur les sujets de droit et les acteurs du monde juridique, autrement qu'en ayant interdit l'application d'une disposition jugée contraire à la Constitution. Le seul véritable cas d'influence directe apparaît être l'hypothèse des **réserves** d'interprétation, par lesquelles le Conseil constitutionnel admet la constitutionnalité d'une disposition législative à la condition qu'elle soit comprise, interprétée, ou appliquée dans un sens déterminé. Dans ce cas, la jurisprudence constitutionnelle s'impose avec l'autorité de l'article 62 de la Constitution aux autorités administratives comme aux juridictions ; par ce canal, elle est susceptible de diffuser effectivement dans le reste du monde juridique.

Dans les autres cas, l'influence de la jurisprudence constitutionnelle n'apparaît qu'**indirecte**. Elle n'est pas pour autant négligeable. D'une part, la perspective que soit exercé un contrôle de constitutionnalité et la crainte de censures ont un effet d'autodiscipline sur le Parlement et le Gouvernement : le respect des exigences constitutionnelles est une dimension désormais acquise de l'élaboration des projets et propositions de textes législatifs. D'autre part, les juridictions et les acteurs du monde juridique tiennent compte des enseignements de la jurisprudence constitutionnelle. Mais, pour n'être pas négligeable, la diffusion indirecte de la jurisprudence constitutionnelle demeure tout de même limitée.

C - Le gonflement du contrôle de conventionnalité

La faible diffusion du droit constitutionnel par l'effet des caractéristiques du contrôle *a priori* et l'impossibilité de contester la constitutionnalité de la loi à l'occasion de son application, une fois celle-ci promulguée, ont contribué à déporter la contestation de la loi du terrain de sa constitutionnalité sur le terrain de sa conventionnalité.

Plusieurs facteurs expliquent le très fort développement du contrôle de conventionnalité à partir des années 1990.

Le premier d'entre eux est la **dynamique propre qui s'attache à certains instruments internationaux** souscrits par la France, essentiellement la construction européenne issue du Traité de Rome et la Convention européenne des droits de l'homme. Ces deux séries d'engagements européens ont, pour assurer leur respect, institué des mécanismes juridictionnels spécifiques, devant la

Cour de justice de Luxembourg ou devant la Cour européenne des droits de l'homme de Strasbourg, qui s'imposent, par des ressorts différents, aux juridictions nationales. Dans les années 1980, la construction communautaire a connu un nouveau souffle, lié à l'adoption de l'Acte unique européen et la réalisation du marché unique avant l'adoption du Traité de Maastricht, qui a renforcé le poids de la législation communautaire dans les systèmes juridiques des États membres. À cet égard, la taille du corpus des normes communautaires est sans commune mesure avec la taille du corpus constitutionnel. S'agissant de la Convention européenne des droits de l'homme, signée en 1950 mais ratifiée par la France en 1974 seulement, l'acceptation par la France du droit au recours individuel devant la Cour européenne des droits de l'homme, le 2 octobre 1981 (acceptation publiée par le décret n° 81-917 du 9 octobre 1981), a profondément renouvelé les termes de la réception par l'ordre juridique français de la convention et de la jurisprudence de la Cour de Strasbourg.

En deuxième lieu, **les jurisprudences** de la Cour de cassation et du Conseil d'État se sont montrées finalement **accueillantes** pour le contrôle de conventionnalité. Après 1975 pour l'ordre judiciaire et 1989 pour l'ordre administratif, les normes internationales résultant des traités régulièrement ratifiés par la France se sont vu effectivement reconnaître une autorité supérieure à celle des lois, mêmes postérieures. Combinées avec les jurisprudences plus anciennes qui admettaient déjà largement l'invocabilité et l'applicabilité directe dans l'ordre français des normes issues des traités, ces jurisprudences ont ouvert la voie à un contrôle de conventionnalité largement pratiqué.

En troisième lieu, **l'impossibilité de contester la constitutionnalité de la loi par voie d'exception** a fait du contrôle de conventionnalité la seule voie possible, pour les justiciables, pour tenter de remettre en cause la loi promulguée. Le contrôle de conventionnalité a ainsi progressivement aspiré, dans les années 1990 et 2000, toutes les tentatives de remise en cause de la loi promulguée. Ainsi, devant le Conseil d'État, la décision du 21 décembre 1990, *Confédération nationale des associations familiales catholiques et autres* (Ass., *Rec.*

p. 369), statuant sur la compatibilité de la législation sur l'interruption volontaire de grossesse – déjà jugée conforme à la Constitution – avec la Convention européenne des droits de l'homme, a-t-elle, pour la première fois après la décision *Nicolo*, souligné la proximité du contrôle de conventionnalité et du contrôle de constitutionnalité. Le mouvement n'a fait que s'accentuer par la suite.

Il en est résulté, dans la période récente, un gonflement très important du contrôle de conventionnalité devant les juridictions administratives et judiciaires, conduisant, dans un nombre non négligeable de cas, à écarter l'application de la loi jugée incompatible avec les engagements internationaux souscrits par la France.

Section 2
L'appropriation de la Constitution par l'ensemble du système juridique

La révision constitutionnelle de 2008, en instituant un mécanisme de contrôle de constitutionnalité des lois par voie d'exception se greffant, à l'initiative des justiciables, sur le cours des procès engagés devant les juridictions administratives et judiciaires, a entendu rééquilibrer la pyramide normative et restituer à la Constitution et aux normes constitutionnelles une place centrale dans les normes de référence de l'ordre juridique français.

Une telle place suppose, d'abord, que les normes constitutionnelles soient susceptibles d'être invoquées par tous les sujets de droit et que ces derniers puissent, effectivement, s'approprier le contrôle de constitutionnalité des lois. Pour cela, la révision constitutionnelle a choisi de donner au nouveau mécanisme de contrôle plusieurs caractères susceptibles de favoriser sa diffusion dans l'ensemble de la sphère juridique. Ils ont commencé de produire leurs effets dès la mise en route du dispositif le 1er mars 2010.

I - Les leviers de la diffusion des normes constitutionnelles

Trois caractères du nouveau mécanisme de contrôle de constitutionnalité institué par la révision constitutionnelle de 2008 doivent être, à cet égard, soulignés.

En premier lieu, le pouvoir constituant a retenu, parmi les différentes formes imaginables de contrôle de constitutionnalité *a posteriori*, un **schéma de contrôle par voie d'exception**, qui paraît particulièrement susceptible d'impliquer l'ensemble des acteurs.

L'institution d'un mécanisme de contrôle de constitutionnalité *a posteriori* conduit à ouvrir le prétoire constitutionnel aux sujets de droit eux-mêmes. Si l'on peut, en effet, concevoir que le contrôle *a priori* mis en œuvre avant la promulgation de la loi soit réservé à des autorités constitutionnelles ou politiques, on ne peut, en revanche, facilement se résoudre à ce qu'il en aille de même pour un contrôle de constitutionnalité exercé après l'entrée en vigueur de la loi. La vertu même de ce type de contrôle est d'être ouvert sinon à la généralité des citoyens, du moins au-delà du cercle restreint des acteurs du jeu politique.

Parmi les différents modes possibles de contrôle *a posteriori*, le contrôle par voie d'exception paraît particulièrement à même d'associer l'ensemble du monde juridique à l'exercice du contrôle de constitutionnalité. Par construction, cette forme de contrôle implique, en effet, non seulement le Conseil constitutionnel et les sujets de droit pris en leur qualité de justiciables, mais encore leurs conseils et surtout les juridictions. Ouvrir non un recours direct devant le Conseil constitutionnel mais un mécanisme préjudiciel se greffant sur le cours des procès permet d'associer étroitement l'ensemble des juridictions administratives et judiciaires à la mise en œuvre du processus. Cela constitue un vecteur puissant de diffusion des normes constitutionnelles dans l'ensemble du monde juridique, que ce soit par le biais de la formulation et du tri préalable des questions sérieuses de constitutionnalité ou par le biais des conséquences à tirer dans le cours des procès des réponses apportées par le Conseil constitutionnel.

En deuxième lieu, le pouvoir constituant a donné une force particulière à l'exercice du contrôle de constitutionnalité *a posteriori*, en conférant aux déclarations d'inconstitutionnalité prononcées dans ce cadre par le Conseil constitutionnel un **effet abrogatif** *erga omnes*.

Ce trait rend le mécanisme de contrôle de constitutionnalité attractif. Le fait que le Conseil constitutionnel ait le pouvoir de provoquer à brève échéance l'abrogation, à l'égard de tous – même de ceux qui ne sont pas parties à un procès –, de la loi qu'il juge contraire à la Constitution est un atout du contrôle de constitutionnalité par rapport au contrôle de conventionnalité. Cet effet abrogatif peut inciter des justiciables « altruistes » à préférer se placer sur un terrain de constitutionnalité plutôt que sur un terrain de conventionnalité, pour que les effets d'une censure constitutionnelle affectent mécaniquement la situation d'autres sujets de droit placés dans une situation analogue.

En troisième lieu, la **rapidité de traitement** des questions prioritaires de constitutionnalité, qui trouve ses racines dans le délai prévu par la loi constitutionnelle et qui résulte surtout des dispositions de la loi organique du 10 décembre 2009, constitue un autre facteur d'attractivité du contrôle de constitutionnalité. Le mécanisme prioritaire mis en place, conduisant à ce que les questions de constitutionnalité sérieuses soient renvoyées à brève échéance au Conseil constitutionnel, permet d'obtenir une réponse constitutionnelle bien plus rapidement que ne seraient obtenues des réponses conventionnelles. Ces dernières supposent déjà que les juridictions saisies statuent complètement sur les litiges, sous le contrôle du Conseil d'État et de la Cour de cassation. De plus, dans l'ordre communautaire, une réponse préjudicielle de la Cour de justice de Luxembourg prend davantage de temps que la mise en œuvre de la question prioritaire de constitutionnalité. Enfin, pour la Convention européenne des droits de l'homme, une réponse définitive de la Cour de Strasbourg est tributaire de l'épuisement préalable des voies de recours interne et du délai de jugement de la Cour.

Ces trois facteurs incitent à la diffusion du contrôle de constitutionnalité dans la sphère juridique, en intéressant directement les différents acteurs du monde juridique à la question prioritaire de constitutionnalité, en conférant au mécanisme une portée particulièrement puissante et en le rendant rapide et efficace.

II - Les premiers effets observés

De fait, depuis le 1er mars 2010, la mise en œuvre de la question prioritaire de constitutionnalité a montré de premiers signes d'appropriation du contrôle de constitutionnalité par l'ensemble des acteurs et de diffusion des normes constitutionnelles dans l'ordre juridique français.

A - Une appropriation large du contrôle de constitutionnalité

On doit souligner la **rapidité de l'amorçage** du dispositif. Dès le jour de l'entrée en vigueur du dispositif le 1er mars 2010, le Conseil d'État et la Cour de cassation étaient saisis de questions prioritaires de constitutionnalité. Ils ont procédé dès les mois d'avril et de mai, après instruction contradictoire, aux premiers renvois vers le Conseil constitutionnel. Le Conseil s'est prononcé, pour sa part, dès le 28 mai 2010 sur deux premières questions prioritaires de constitutionnalité. Devant les juridictions du fond, des questions ont également été soulevées dès les premiers mois d'application du nouveau mécanisme, conduisant à la transmission de certaines d'entre elles au Conseil d'État et à la Cour de cassation, puis au renvoi au Conseil constitutionnel.

Cette mise en route rapide du dispositif doit beaucoup à **l'effort de préparation** consenti par l'ensemble des acteurs intéressés. Cette préparation a été marquée par des actions d'information et de formation à l'égard des professions juridiques et des membres des juridictions, accompagnés de nombreuses publications et de l'organisation de colloques et réunions d'information. Un effort particulier a également été accompli pour diffuser, avant l'échéance du 1er mars, l'état de la jurisprudence du Conseil constitutionnel : outre le site internet du Conseil, rénové à l'occasion du cinquantième anniversaire de l'institution, qui met en ligne l'ensemble de la jurisprudence et fait une large place à la question prioritaire de constitutionnalité et à ses conditions de mise en œuvre, des cédéroms de jurisprudence constitutionnelle ont été largement diffusés, notamment aux membres des juridictions. De plus, les sites internet du Conseil constitutionnel, du Conseil d'État et de la Cour de cassation ont rendu accessibles des informations sur les questions posées ainsi que sur les dispositions législatives qui ont déjà fait l'objet d'un contrôle de constitutionnalité.

Cet amorçage rapide montre que les acteurs étaient prêts et qu'ils étaient disposés à immédiatement donner vie au nouveau mécanisme.

Ainsi, des avocats ont fourbi leurs argumentaires pour soulever au plus vite des questions de constitutionnalité, ainsi qu'en témoignent, notamment, deux exemples : le renvoi au Conseil constitutionnel au nom du principe d'égalité de la cristallisation des pensions des ressortissants des territoires anciennement placés sous souveraineté française qui a fait l'objet d'une question soulevée devant le Conseil d'État par Me Arnaud Lyon-Caen dès le 1er mars 2010 ; le renvoi au Conseil constitutionnel des dispositions régissant la garde à vue, qui a fait l'objet d'un très grand nombre de questions, posées tous azimuts devant beaucoup de juridictions pénales et qui ont été renvoyées en bloc par la Cour de cassation dès le 1er juin 2010. Les services du Premier ministre et les administrations des ministères se sont également adaptés au dispositif pour être à même de produire, dans toutes les affaires renvoyées au Conseil constitutionnel, des argumentaires sur la constitutionnalité de la loi.

Les juridictions ont également joué le jeu du mécanisme constitutionnel. Le Conseil d'État a renvoyé dès le mois d'avril plusieurs questions au Conseil constitutionnel, en manifestant une conception alors extensive du caractère sérieux des questions. La Cour de cassation a certes été critiquée pour certaines de ses décisions qui ont été perçues comme des signes de réticence ou de défiance à l'égard du nouveau mécanisme : ainsi, en particulier, pour le renvoi préjudiciel à la Cour de Luxembourg décidé le 16 avril 2010 sur le principe même de la question prioritaire de constitutionnalité et pour les arrêts du 29 juin 2010 consécutifs à l'arrêt de la Cour de justice ; ainsi aussi pour le refus de transmission de la question mettant en cause la constitutionnalité de la loi Gayssot le 7 mai 2010. Mais la Cour de cassation a procédé à des renvois au Conseil constitutionnel dès le mois de mai 2010, renvois de plus en plus nombreux au cours de l'année 2010 en particulier par l'effet des décisions des chambres de la Cour de cassation après la suppression de la formation spéciale qui centralisait, dans les premiers mois de vie du mécanisme, l'examen des questions de constitutionnalité.

Le Conseil constitutionnel, enfin, s'était préparé soigneusement à l'échéance. Il a fait face au flux nourri des questions qui lui ont été renvoyées, dans le délai prévu par la loi organique, alors même qu'il continuait de mener de front, selon les saisines qui lui étaient adressées, les autres missions que lui assigne la Constitution, et notamment le contrôle de constitutionnalité par voie d'action. Entre le 28 mai 2010 et le 17 décembre 2010, le Conseil a statué sur plus de 80 questions prioritaires de constitutionnalité en rendant 64 décisions.

B - La diffusion des normes constitutionnelles

Les premiers mois d'application du nouveau mécanisme de contrôle de constitutionnalité des lois par voie d'exception ont mis en évidence un double mouvement de diffusion des normes constitutionnelles.

D'une part, en ce que des **décisions d'importance** ont été rendues. Ces décisions sont des relais puissants de la diffusion du droit constitutionnel, parce qu'elles conduisent très directement à des modifications en profondeur de l'état du droit et parce qu'elles affichent, de façon spectaculaire, les effets du nouveau mécanisme de contrôle de constitutionnalité. Elles ont ainsi des conséquences réelles et importantes sur la vie de la Nation ; elles ont aussi un retentissement qui, de façon pédagogique, accoutume les esprits aux exigences constitutionnelles.

Relève indiscutablement de cette catégorie la décision du 30 juillet 2010 sur la garde à vue. Cette décision impose au législateur de repenser substantiellement un aspect important de la procédure pénale française à bref délai. Très importante sur le fond, s'agissant de la protection des droits constitutionnels dans le cadre de la procédure pénale, cette décision a été très largement commentée par la presse. Son retentissement médiatique et politique marque, en quelque sorte, l'avènement du contrôle de constitutionnalité par voie d'exception. Relève sans doute aussi, mais à un degré moindre, de cette catégorie des décisions d'importance rendues au cours de l'année 2010, la décision du 28 mai 2010 imposant au législateur de mettre un terme définitif, sous sept mois, à la cristallisation des pensions des ressortissants des territoires anciennement sous souveraineté française.

D'autre part, en ce que de très **nombreuses décisions** ont conduit, de façon plus ponctuelle, à faire application des normes constitutionnelles dans des domaines divers qui n'étaient jusque-là que rarement concernés, en pratique, par l'application concrète du droit constitutionnel.

Comme dans les autres pays qui connaissent un contrôle de constitutionnalité ouvert largement aux justiciables ou aux citoyens, le mécanisme de la question prioritaire de constitutionnalité ouvre la voie à un phénomène de « *micro-constitutionnalité* », conduisant au traitement de questions constitutionnelles d'importance mineure. Le faible enjeu de ces questions explique qu'elles échappent, en règle générale, au contrôle de constitutionnalité *a priori* déclenché par les autorités politiques. Mais, si leur impact entendu sur un plan général est limité, elles présentent toutefois un intérêt sectoriel qui justifient que les personnes particulièrement intéressées actionnent le contrôle de constitutionnalité par voie d'exception. L'exemple le plus caricatural de cette « micro-constitutionnalité » est sans doute donné par la décision du 14 octobre 2010 (n° 2010-52 QPC, *Compagnie agricole de la Crau*), qui a statué sur la constitutionnalité d'une disposition législative ancienne qui n'avait pas édicté une norme à caractère général mais avait simplement approuvé des contrats particuliers.

En termes de diffusion des normes constitutionnelles, ces décisions de « micro-constitutionnalité » n'en sont pas moins importantes, à deux égards.

D'abord parce qu'elles contribuent à l'élaboration de la jurisprudence constitutionnelle, en donnant au Conseil constitutionnel des occasions, plus nombreuses, pour préciser, compléter ou développer sa jurisprudence. Au cours de l'année 2010, profitant de plusieurs renvois de questions prioritaires de constitutionnalité portant sur des dispositions législatives de portée somme toute mineure, le Conseil constitutionnel a pu ainsi, notamment, préciser sa jurisprudence sur la portée des exigences constitutionnelles relatives au **droit de propriété** (V. par exemple CC, décision du 17 septembre 2010 : 2010-26 QPC, *SARL Office central d'accession au logement* (immeubles insalubres) ; décision du 22 septembre 2010 : 2010-33 QPC, *Sté Esso SAF* (cession gratuite de terrain) ; décision du 6 octobre 2010 : 2010-43 QPC, *Époux A.* (transfert de propriété des voies privées) ; décision du 12 novembre 2010 : 2010-60 QPC, *Pierre B.* (mur mitoyen)), enrichir sa jurisprudence sur **les implications des droits de la défense et de la garantie d'une procédure juste et équitable** en procédant à la revue de plusieurs dispositions de procédure pénale (V. notamment CC, décision du 23 juillet 2010 : 2010-15/23 QPC, *Région Languedoc Roussillon* (article 575 du Code de procédure pénale) ; décision du 10 décembre 2010 : 2010-77 QPC, *Mme Barta Z.* (comparution sur reconnaissance préalable de culpabilité) ; décision du 17 décembre 2010 : 2010-62 QPC, *M. David M.* (détention provisoire : procédure devant le juge des libertés et de la détention) ; décision du 17 décembre 2010 : 2010-80 QPC, *M. Michel F.* (mise à la disposition de la justice) ; décision du 17 décembre 2010 : 2010-81 QPC, *M. Boubakar B.* (détention provisoire : réserve de compétence de la chambre de l'instruction)) ou sur **le contrôle des lois de validation** (V. en particulier CC, décision du 22 septembre 2010 : 2010-39/37 QPC, *Cne de Besançon* (instruction CNI et passeports) ; décision du 14 octobre 2010 : 2010-53 QPC, *Sté Plombinoise de casino* (prélèvements sur le produit des jeux) ; décision du 10 décembre 2010 : 2010-78 QPC, *Sté Imnoma* (intangibilité du bilan d'ouverture)).

Ensuite, parce que ces décisions conduisent à rendre opposables les normes constitutionnelles dans des domaines où elles ne pénétraient guère de manière effective, soit en raison de l'ancienneté de la législation et de son absence de modification récente interdisant l'exercice du contrôle *a priori*, soit en raison de l'absence de recours adressé au Conseil constitutionnel par les titulaires du droit de saisine de l'article 61. Ainsi en est-il, par exemple, de la refonte de la composition des tribunaux maritimes commerciaux à laquelle le législateur va devoir procéder du fait de la décision du 2 juillet 2010 (n° 2010-10 QPC, *Consorts C. et autres* (tribunaux maritimes commerciaux)) ; du transfert à titre gratuit des biens à l'AFPA (décision du 17 décembre 2010 : 2010-67-86 QPC, *Région Centre et Région Poitou-Charentes* (AFPA transfert de biens publics)) ; de certains aspects de la législation du Code de la santé publique sur l'hospitalisation psychiatrique sans consentement (décision du 26 novembre 2010 : 2010-71 QPC, *Mlle Danielle S.* (hospitalisation sans consentement)).

Section 3
Le renouvellement des rapports entre contrôle de constitutionnalité et contrôle de conventionnalité des lois

En adoptant la révision constitutionnelle de 2008, le pouvoir constituant a eu la volonté de rétablir la prééminence effective de la Constitution dans l'ordre juridique français. Cette volonté est apparue clairement lors des débats parlementaires ayant précédé la révision constitutionnelle ; elle a été mise en œuvre par le législateur organique lors de l'adoption de la loi organique du 10 décembre 2009 qui a choisi de mettre en place un mécanisme prioritaire de contrôle de constitutionnalité par voie d'exception.

Au-delà de l'appropriation du contrôle de constitutionnalité par l'ensemble des acteurs du monde juridique français, cette volonté politique conduit à renouveler les rapports entre contrôle de constitutionnalité et contrôle de conventionnalité, non au plan des rapports de principe entre les normes conventionnelles et les normes constitutionnelles, mais en terme de mise en œuvre et de traduction effective, ce qui ne va pas sans certains risques de tensions.

I - La continuité des principes

Sur un plan théorique, la révision constitutionnelle de 2008 n'a pas modifié la hiérarchie des normes juridiques dans l'ordre juridique interne, non plus qu'elle n'a affecté les rôles respectifs du Conseil constitutionnel et des juridictions administratives et judiciaires s'agissant de la mise en œuvre du contrôle de conventionnalité des lois.

La **hiérarchie** des normes juridiques, telle qu'elle avait été progressivement établie depuis les débuts de la Ve République, n'a pas été modifiée par le pouvoir constituant. Ni l'article 54, ni l'article 55 n'ont été amendés. Aucun article supplémentaire n'a été inséré dans la Constitution pour traiter des rapports entre Constitution, droit de l'Union européenne et droit international. Dans l'ordre juridique interne, la Constitution conserve ainsi sa place prééminente, au sommet de la pyramide normative ; le droit de l'Union européenne continue d'occuper ensuite une place particulière, en conséquence dans l'ordre interne de l'article 88-1 de la Constitution ; les autres normes de droit international issues des traités bénéficient, toujours, d'une autorité supérieure à celle des lois en vertu de l'article 55 de la Constitution.

La révision constitutionnelle n'a pas non plus modifié les rôles respectifs du Conseil constitutionnel, du Conseil d'État et de la Cour de cassation pour ce qui concerne **l'exercice du contrôle de conventionnalité des lois** fondé sur l'article 55 de la Constitution.

Cette question avait été évoquée, préalablement à la révision constitutionnelle, par le Comité présidé par M. Balladur. Le Comité avait finalement écarté, après débat, l'idée qui lui avait été soumise de confier au Conseil constitutionnel le soin d'exercer le contrôle de conventionnalité ou, du moins, de « réguler » l'exercice de ce contrôle par les juridictions administratives et judiciaires. Cette piste aurait conduit, sans nécessairement priver les juridictions ordinaires du contrôle de conventionnalité, à placer l'exercice de ce contrôle sous la juridiction suprême du Conseil constitutionnel. Le Comité a écarté l'idée, en considérant que le gain pour les citoyens d'une telle remise en cause des missions respectives des juridictions et du Conseil constitutionnel était minime au regard des inconvénients de toute nature qui accompagneraient un tel bouleversement. L'idée a, ensuite, été émise à nouveau au cours du débat parlementaire préalable à la révision, en particulier lors de l'examen en première lecture au Sénat, mais il ne lui a été donné aucune suite. Il n'est ainsi résulté de la révision aucune novation concernant la mise en œuvre de l'article 55 de la Constitution.

Après l'entrée en vigueur de la question prioritaire de constitutionnalité, le Conseil constitutionnel a confirmé que l'exercice du contrôle de conventionnalité demeurait inchangé. Il a solennellement maintenu sa jurisprudence IVG, marquant ainsi la continuité de la distinction des contrôles de constitutionnalité et de conventionnalité et la continuité de la répartition des tâches entre le Conseil constitutionnel, d'une part, et le Conseil d'État et la Cour de cassation, d'autre part. Par sa décision, rendue dans le cadre du contrôle *a priori* sur la constitutionnalité de la loi sur l'ouverture des jeux en ligne, du 12 mai 2010, le Conseil a ainsi confirmé qu'un grief tiré du défaut de compatibilité d'une disposition législative aux engagements internationaux de la France ne saurait être regardé comme un grief d'inconstitutionnalité, avec pour conséquence qu'il n'appartient au Conseil constitutionnel ni dans le cadre de l'article 61, ni dans celui de l'article 61-1, d'examiner un tel grief qui relève de l'article 55 de la Constitution et de la compétence des juridictions administratives et judiciaires (CC, décision n° 2010-605 DC du 12 mai 2010 ; v. aussi CC, décision du 22 juillet 2010 : 2010-4/17 QPC, *M. Alain C.* (indemnité temporaire de retraite outre-mer)).

La question prioritaire de constitutionnalité ne devrait, enfin, pas avoir de conséquence sur la réception, par le juge ordinaire, des normes internationales conventionnelles déjà introduites dans l'ordre interne. Ces normes, dès lors que la convention internationale a été ratifiée ou approuvée et qu'elle a été publiée au *Journal officiel*, entrent en vigueur dans l'ordre interne et s'y imposent avec une autorité supérieure à celle des lois. Les juridictions ordinaires les appliquent aux contestations dont elles ont à connaître, du moment qu'elles sont dotées d'un effet direct. Réserve faite du cas des vices propres du décret qui les a publiés, ce n'est que dans l'hypothèse où leur ratification aurait supposé une autorisation parlementaire préalable en vertu de l'article 53 de la Constitution et où cette autorisation fait défaut, que le juge administratif sera conduit à écarter l'application de la convention internationale (CE, Ass., 5 mars 2003, *Aggoun*, p. 77), voire, s'il est saisi d'un recours direct contre le décret de publication, à annuler ce décret (CE, Ass., 18 décembre 1998, *SARL du parc d'activités de Blotzheim et SCI Haselaecker*, p. 483).

La question prioritaire de constitutionnalité n'ouvre pas de nouvelle fenêtre pour remettre en cause l'application de la norme internationale conventionnelle. Le Conseil d'État a, en effet, jugé que la loi autorisant la ratification d'un traité n'a pas d'autre objet que de permettre cette ratification, qu'elle n'est pas applicable au litige au sens et pour l'application de l'article 23-5 de l'ordonnance organique du 7 novembre 1958 et qu'elle est, par sa nature même, insusceptible de porter atteinte aux droits et libertés visés à l'article 61-1 de la Constitution (CE, 14 mai 2010, *Rujovic*, n° 312305, à publier au *Recueil*). Il n'est donc pas possible, au stade de l'application de la convention internationale, de saisir le Conseil constitutionnel de la constitutionnalité de la loi ayant autorisé la ratification. Autrement dit, le contrôle *a priori* que le Conseil constitutionnel a accepté d'exercer, dans le cadre de l'article 61 et à défaut de mise en œuvre de l'article 54, à l'égard des lois autorisant la ratification de conventions internationales, à un stade où la ratification n'est, par construction, pas encore acquise, n'est pas transposable au contrôle *a posteriori*, à un stade où la convention internationale est entrée en vigueur dans l'ordre interne et s'applique par l'effet de la règle de valeur constitutionnelle « *pacta sunt servanda* ».

II - Une pratique modifiée par préemption ?

Le caractère prioritaire imprimé au mécanisme de la question de constitutionnalité par le législateur organique traduit, tout particulièrement, la volonté de donner à la Constitution une prééminence effective au sein des normes de références de l'ordre interne.

En précisant explicitement, à l'article 23-2 et à l'article 23-5 de l'ordonnance du 7 novembre 1958, que « en tout état de cause » la juridiction saisie doit, lorsque sont soulevés des moyens contestant la conformité d'une disposition législative d'une part à la Constitution, d'autre part aux engagements internationaux de la France, « se prononcer par priorité sur le renvoi de la question de constitutionnalité au Conseil constitutionnel », le législateur organique a régi l'ordre d'examen par la juridiction des questions qui lui sont soumises par le litige qu'il lui appartient de trancher. Pareille immixtion dans l'exercice de la fonction de juger est inhabituelle et singulière. Elle s'explique, essentiellement, par la volonté que les juridictions prennent en considération en premier lieu les normes constitutionnelles et, en tout cas, qu'elles prennent en compte les normes constitutionnelles avant les normes conventionnelles. Elle est complétée et renforcée par l'organisation du mécanisme particulier de renvoi préjudiciel vers le Conseil constitutionnel qui doit être mis en œuvre « sans délai » par les juridictions de fond, toutes affaires cessantes.

Le primat que le constituant et le législateur organique ont voulu donner, ou redonner, par l'effet de ce mécanisme prioritaire, aux normes constitutionnelles par rapport aux normes conventionnelles se traduit de trois façons différentes mais complémentaires.

A - Une prééminence symbolique

La priorité organique donnée à la question de constitutionnalité par rapport aux questions de conventionnalité a, d'abord, une portée symbolique. Elle souligne le **caractère premier** de la norme constitutionnelle par rapport aux normes conventionnelles, mettant en relief la hiérarchie entre les normes supérieures de la pyramide normative qui, jusque-là, ne trouvait que de rares occasions de s'afficher. La norme première dans la hiérarchie des normes est ainsi celle qui doit être, sinon invoquée en premier, du moins examinée en premier par les juridictions.

Et ce symbole prend corps dans le traitement juridictionnel, de telle sorte que nul ne puisse s'en affranchir : la prééminence de la norme constitutionnelle s'incarne concrètement dans le traitement des litiges, par la priorité d'examen donnée aux normes constitutionnelles par rapport aux normes conventionnelles. Cette prééminence s'impose à tous : aux justiciables et à leurs conseils qui, s'ils sont libres de soulever ou non une question de constitutionnalité, doivent néanmoins intégrer cette priorité dans leur stratégie contentieuse ; elle s'impose surtout aux juridictions dans l'exercice de leur fonction de juger.

B - Un droit de préemption

La priorité instituée par le législateur organique a, ensuite, pour effet de conférer au contrôle de constitutionnalité une forme de droit de préemption sur le contrôle de conventionnalité.

Cette préemption se manifeste dans la plupart des cas où le renvoi au Conseil constitutionnel aboutit à une déclaration d'inconstitutionnalité. Dans ces cas, il est fort vraisemblable que l'inconstitutionnalité de la loi applicable au litige conduira *ipso facto* au règlement du litige, sans que les autres arguments échangés dans l'instance de fond, et notamment les arguments de conventionnalité, ne conservent d'utilité. La déclaration d'inconstitutionnalité, recherchée de façon prioritaire avant l'examen des autres questions posées par le litige, primera sur les autres dimensions du litige. Une loi qui serait jugée contraire à une norme constitutionnelle sera écartée sur ce terrain, alors même qu'elle serait aussi susceptible d'être jugée incompatible avec une norme conventionnelle de portée analogue. De ce fait, le débat juridique est préempté sur le terrain constitutionnel. Cette préemption a pour corollaire l'éviction de la norme conventionnelle de la solution du litige.

Ces effets de préemption et d'éviction devraient s'observer dans les cas où le Conseil constitutionnel déclare la loi contraire à la Constitution avec effet immédiat et dans les cas où le Conseil, alors même qu'il différerait l'effet abrogatif général de sa déclaration d'inconstitutionnalité, déciderait que l'inconstitutionnalité peut être invoquée utilement dans les litiges en cours. De même, en interdisant aux juridictions de statuer sur les litiges relatifs aux pensions cristallisées avant l'expiration du délai laissé au législateur pour mettre en place, avec effet rétroactif, de nouvelles dispositions (V. la décision n° 2010-1 QPC du 28 mai 2010), le Conseil constitutionnel a veillé à ce que les litiges soient réglés sur le seul fondement du droit constitutionnel.

En revanche, la question de l'articulation des contrôles de constitutionnalité et de conventionnalité devrait être plus subtile et pourrait conduire à des solutions nuancées dans l'hypothèse où le Conseil constitutionnel, pour toutes les situations y compris celles donnant lieu à des instances en cours, diffère l'effet de la déclaration d'inconstitutionnalité à une date ultérieure, en indiquant expressément que ce différé fait obstacle à ce que l'inconstitutionnalité puisse être utilement invoquée dans l'intervalle de temps laissé au législateur pour remédier à l'inconstitutionnalité. Le Conseil constitutionnel a retenu cette solution à trois reprises en 2010, pour éviter que la déclaration d'inconstitutionnalité ait des effets par trop déstabilisateurs et porte, de façon excessive, atteinte à d'autres exigences constitutionnelles : en matière de garde à vue (CC, décision du 30 juillet 2010 : 2010-14/22 QPC, *M. Daniel W.* (garde à vue), de retenue douanière (décision du 22 septembre 2010 : 2010-32 QPC, *M. Samir M.* (retenue douanière)), de maintien de hospitalisation sans consentement à la demande d'un tiers (décision du 26 novembre 2010 : 2010-71 QPC, *Mlle Danielle S.* (hospitalisation sans consentement)). On peut y ajouter le cas, plus anecdotique, de la délivrance des noms de domaine sur Internet (décision du 6 octobre 2010 : 2010-45 QPC, *M. Mathieu P.* (noms de domaines Internet)).

Dans ces cas où le Conseil constitutionnel a, de lui-même, paralysé l'effet de l'inconstitutionnalité pendant le temps laissé au législateur pour réformer la législation, il apparaît que le jeu du contrôle de conventionnalité retrouve un espace : avec l'intervention de la décision du Conseil constitutionnel, le sursis à statuer qui s'attachait à la mise en œuvre de la question prioritaire de constitutionnalité tombe, la juridiction saisie du litige retrouve le pouvoir de juger et de statuer sur l'ensemble des questions posées, c'est-à-dire le cas échéant sur des questions de conventionnalité ;

elle ne pourra pas tenir compte de la déclaration d'inconstitutionnalité, si elle statue dans le délai laissé au législateur, mais pourra accueillir une contestation de portée analogue développée sur un terrain de conventionnalité. Sans doute toutefois ne le fera-t-elle pas sans nuances, ni sans tenir compte des motifs qui ont pu conduire le Conseil constitutionnel à différer dans le temps l'effet de sa propre décision.

La jurisprudence l'a déjà montré, dans une hypothèse légèrement différente où le Conseil constitutionnel avait renoncé à réexaminer la constitutionnalité des dispositions législatives contestées à la fois sous l'angle constitutionnel et sous l'angle conventionnel, au motif qu'il avait récemment déclaré conformes à la Constitution ces dispositions dans l'exercice du contrôle de constitutionnalité *a priori*. Dans ce cas de figure, qui concerne certaines dispositions particulières sur la garde à vue, la Cour de cassation a choisi, après la décision du Conseil constitutionnel, de différer de plusieurs mois l'effet de ses propres arrêts jugeant que certaines dispositions du Code de procédure pénale ne satisfaisaient pas aux exigences de l'article 6 de la Convention européenne des droits de l'homme, en alignant la date d'effet de sa déclaration d'inconventionnalité sur la date d'effet de la déclaration d'inconstitutionnalité que le Conseil constitutionnel avait retenue pour d'autres dispositions relatives à la garde à vue (Crim., 19 octobre 2010, 3 arrêts, n° 10-82.902, 10-82.306, 10-82.051). Cette solution a été contestée devant la Cour européenne des droits de l'homme ; il n'est pas acquis qu'elle pourrait être transposée à l'égard du droit de l'Union européenne.

C - Un prisme d'examen

Pour les cas où le Conseil constitutionnel ne déclare pas la disposition législative qui lui est soumise contraire à la Constitution, et où l'effet d'éviction du contrôle de conventionnalité ne joue pas, la priorité donnée au contrôle de constitutionnalité est néanmoins susceptible d'emporter des effets, indirects, sur l'exercice ultérieur du contrôle de conventionnalité, en conduisant les juridictions nationales à regarder la question de conventionnalité par le prisme du contrôle de constitutionnalité.

Sans doute les appréciations portées dans le cadre du contrôle de constitutionnalité et dans le cadre du contrôle de conventionnalité sont-elles autonomes. Chaque corpus de référence donne lieu à une interprétation qui lui est propre. Et le Conseil constitutionnel lui-même a rappelé que l'autorité de ses décisions ne limite pas la compétence des juridictions administratives et judiciaires pour faire prévaloir les engagements internationaux sur une disposition législative incompatible avec eux, même lorsque cette disposition a été déclarée conforme à la Constitution (CC, décision n° 2010-605 DC du 12 mai 2010, considérant 13). Mais, pour autant, chaque fois que les normes de référence ont une teneur analogue, les interprétations qui leur sont données par les différentes juridictions appelées à les mettre en œuvre tendent à converger.

Dans cette optique, on ne peut exclure que l'exercice effectif du contrôle de conventionnalité par les juridictions françaises soit, à l'avenir, influencé par les décisions qui auront été prises par le Conseil constitutionnel dans le cadre de la question prioritaire de constitutionnalité. Quand les normes constitutionnelles ou conventionnelles seront proches et que le Conseil constitutionnel aura déclaré la disposition législative contestée conforme à la norme constitutionnelle, on peut penser que les juridictions saisies du litige seront tentées d'adopter ensuite, sur le terrain du contrôle de conventionnalité, une solution de portée analogue. Une telle convergence n'est pas inéluctable et l'on peut imaginer des hypothèses où les juridictions nationales s'écarteront, en substance, de ce que le Conseil constitutionnel a jugé, en prenant par exemple appui sur la jurisprudence de la Cour de Strasbourg ou sur celle de la Cour de Luxembourg. Mais on peut tout de même penser que, s'agissant des mêmes dispositions législatives contestées au vu de normes de référence de portée analogue, les juridictions nationales exerceront souvent un contrôle de conventionnalité sous influence du contrôle préalable de constitutionnalité. La priorité donnée par le législateur organique au mécanisme de la question de constitutionnalité aurait ainsi pour conséquence de normer quelque peu par avance l'exercice du contrôle de conventionnalité, au niveau tout du moins des juridictions nationales.

Au niveau des juridictions internationales, le phénomène n'aura pas la même force. Mais on ne peut, non plus, exclure toute incidence. La Cour de Luxembourg comme la Cour de Strasbourg sont attentives aux prises de position des juridictions suprêmes des États membres de l'Union européenne ou des États parties à la Convention européenne des droits de l'homme. Une prise de position préalable du Conseil constitutionnel français, admettant la conformité aux normes constitutionnelles françaises garantissant les droits et libertés, pourra peser dans l'appréciation qui sera portée par les juridictions européennes au regard de normes de référence de portée analogue. Dans certains cas, l'argumentation retenue par le Conseil constitutionnel ou la vigueur de son intervention, alliée le cas échéant à celle d'autres juridictions nationales, pourront jouer par le biais de la prise en compte de la marge d'appréciation des États parties. Dans d'autres, en revanche, la prise de position du Conseil constitutionnel n'arrêtera pas les juridictions européennes. La divergence des solutions constituera alors une manifestation des tensions sous-jacentes entre les ordres juridiques, qui vont être maintenant présentées.

III - Des tensions potentielles ?

Si la priorité donnée au contrôle de constitutionnalité par voie d'exception conduit effectivement à infléchir les rapports effectifs entre contrôle de constitutionnalité et contrôle de conventionnalité, elle porte, en corollaire, le risque de tensions renouvelées entre l'ordre interne et les ordres juridiques européens.

A - Vis-à-vis de la Convention européenne des droits de l'homme

De possibles tensions entre le contrôle de constitutionnalité et le contrôle exercé au nom de la Convention européenne de sauvegarde des droits de l'homme et des libertés fondamentales pourraient résulter de divergences d'appréciation entre le Conseil constitutionnel et la Cour européenne des droits de l'homme sur la compatibilité de dispositions législatives françaises avec des normes constitutionnelles ou conventionnelles de portée analogue. Compte tenu du mode d'organisation du contrôle, par les organes de la convention, du respect de ses stipulations, qui conduit à ce que la Cour européenne des droits de l'homme soit, en règle générale, saisie après épuisement des voies de recours internes, d'éventuelles divergences d'appréciation prendront nécessairement la forme de *démentis* apportés par la Cour de Strasbourg à des positions antérieurement prises par le Conseil constitutionnel.

L'institution de la question prioritaire de constitutionnalité n'a pas créé ce risque de démenti. Les arrêts de la Cour de Strasbourg sont déjà susceptibles de heurter des solutions antérieurement adoptées par le Conseil constitutionnel dans le cadre du contrôle de constitutionnalité *a priori*. Ainsi l'arrêt de la Cour européenne des droits de l'homme du 28 octobre 1999, *Zielinski, Pradal et autres c/ France* a-t-il jugé contraire aux exigences de la Convention européenne une disposition législative de validation que le Conseil constitutionnel avait, antérieurement, jugée conforme à la Constitution lorsqu'il en avait été saisi dans le cadre du contrôle *a priori* (décision n° 93-422 DC du 13 janvier 1994). À la suite de l'arrêt de la Cour européenne, la jurisprudence du Conseil constitutionnel sur les lois de validation s'est singulièrement durcie, comme d'ailleurs celle du Conseil d'État et de la Cour de cassation.

Si la question prioritaire de constitutionnalité ne crée pas ce risque *ex nihilo*, elle porte néanmoins en elle deux facteurs qui sont de nature à le rendre plus sensible.

D'une part, la question prioritaire de constitutionnalité rapproche dans le temps la confrontation entre la position prise par le Conseil constitutionnel et celle de la Cour de Strasbourg. La confrontation ne sera certes pas immédiate, dans la mesure où, après la décision du Conseil constitutionnel, les juridictions ordinaires devront définitivement régler le litige avant que la Cour européenne ne soit, le cas échéant, saisie, qu'elle instruise l'affaire et qu'elle rende sa propre décision. Mais le temps séparant les deux prises de position sera, par rapport à la confrontation dans le cadre du contrôle *a priori*, nécessairement plus court du temps de naissance du litige auquel conduit l'application de la loi dont la conformité à la Constitution et à la convention est discutée.

D'autre part, la question de constitutionnalité aura pour conséquence de multiplier les occasions d'appréciations divergentes, sur la même disposition législative, entre le Conseil constitutionnel et la Cour européenne des droits de l'homme, quand le Conseil constitutionnel aura déclaré la disposition conforme à la Constitution. Sans doute, chaque fois que le Conseil constitutionnel aura déclaré la loi contraire à la Constitution et l'aura abrogée avec effet immédiat, le risque de démenti disparaîtra puisqu'aura disparu la cause de saisine de la Cour. Mais les déclarations d'inconstitutionnalité ne sont que partie des décisions du Conseil constitutionnel.

Exposant le Conseil constitutionnel à être démenti, plus fréquemment, par la Cour de Strasbourg, la question prioritaire de constitutionnalité peut être à l'avenir cause de tensions entre le Conseil et la Cour. Mettant en exergue le pouvoir de « *dernier mot* » que la convention ratifiée par la France accorde à la Cour de Strasbourg, ces tensions pourraient rejaillir en dehors de la sphère juridique. Elles pourraient aussi conduire à des tensions au plan interne, si les juridictions ordinaires, anticipant une position de la Cour de Strasbourg, se séparaient, sur un terrain de conventionnalité, de l'appréciation retenue par le Conseil constitutionnel sur la question de constitutionnalité.

B - Vis-à-vis du droit de l'Union européenne

a) La **tension** potentielle entre question prioritaire de constitutionnalité et application du droit de l'Union européenne **s'est manifestée, d'abord, au plan interne**. C'est la question de l'articulation du mécanisme prioritaire de contrôle de constitutionnalité par voie d'exception avec le droit communautaire qui a provoqué de vives tensions en France, sur la scène juridictionnelle comme sur la scène politique, entre avril et juin 2010 : ces tensions se sont manifestées après que la Cour de cassation eut décidé, par un arrêt du 16 avril 2010, de saisir la Cour de justice de l'Union européenne par la voie préjudicielle sur la compatibilité du caractère prioritaire de la question de constitutionnalité avec les exigences du droit de l'Union.

Cet arrêt de renvoi de la Cour de cassation a provoqué une violente polémique, dont témoigne la virulence de commentaires publiés par voie de presse (V. en particulier *Le Monde* du 23 avril 2010, avec notamment une tribune signée par les professeurs Carcassonne et Molfessis ; *Les Échos* du 28 avril ; *Le Figaro* du 10 juin). Les commentaires publiés dans les revues juridiques, même s'ils ont parfois pris des positions tranchées, se sont montrés plus nuancés. Mais les réactions les plus vives sont venues du monde politique avec notamment pour traduction, fait extraordinaire, la suppression de la formation de jugement de la Cour de cassation qui avait procédé au renvoi (V. la loi organique n° 2010-830 du 22 juillet 2010 dont l'article 12, issu d'un amendement sénatorial déposé quelques jours après le renvoi préjudiciel à la Cour de Luxembourg, supprime la formation spéciale que la loi organique promulguée une peu plus de six mois auparavant avait instituée pour traiter les questions prioritaires de constitutionnalité au sein de la Cour de cassation).

Dans cette affaire, après que la Cour de Luxembourg se fut prononcée sur le renvoi préjudiciel de la Cour de cassation, par un arrêt du 22 juin 2010 rendu par sa formation de grande chambre, la Cour de cassation a rendu un nouvel arrêt, le 29 juin 2010, qui a attisé la polémique, en ce que, tout en se recommandant de la position de la Cour de Luxembourg, la Cour de cassation a écarté en l'espèce l'application de la priorité organique, prenant ainsi à revers ceux qui avaient compris l'arrêt de la Cour de Luxembourg comme confortant le mécanisme mis en place par le législateur organique.

b) L'articulation de la question prioritaire de constitutionnalité et de la prise en compte du droit de l'Union européenne fait apparaître **deux sortes de tensions**.

i) La première est du même ordre que celle qui intéresse les rapports entre le contrôle de constitutionnalité et la prise en compte de la Convention européenne des droits de l'homme : elle procède des **divergences possibles d'appréciation** entre le Conseil constitutionnel et la Cour de Luxembourg quant à l'interprétation et la mise en œuvre de normes de référence au contenu proche ou analogue. La configuration procédurale susceptible de donner lieu à confrontation entre les positions respectives du Conseil constitutionnel et de la Cour de Luxembourg n'est pas la même que celle qui voit la Cour de Strasbourg statuer après épuisement des voies de recours interne. Mais le caractère prioritaire donné à la question de constitutionnalité par la loi organique ajouté aux délais brefs de mise en œuvre de ce mécanisme ont aussi pour conséquence, dans presque tous les cas, de conduire le Conseil constitutionnel à se prononcer le premier, avant une intervention éventuelle de la Cour de justice saisie par voie préjudicielle. La mise en œuvre du contrôle de constitutionnalité par voie d'exception expose ainsi également le Conseil au risque d'être démenti, à plus ou moins brève échéance, par la Cour de justice statuant sur la même disposition législative.

C'est au demeurant pour limiter ce risque que le Conseil constitutionnel a effacé l'essentiel de son contrôle, dans le cadre du contrôle *a priori*, s'agissant des lois de transposition des directives (CC, décision n° 2004-496 DC du 10 juin 2004 ; décision n° 2004-497 DC du 1er juillet 2004 ; décision n° 2004-498 DC du 29 juillet 2004 ; décision n° 2004-499 DC du 29 juillet 2004 ; décision n° 2006-540 DC du 27 juillet 2006).

Le Conseil a transposé cette ligne prudente dans le cadre du contrôle de constitutionnalité par voie d'exception. Par une décision du 17 décembre 2010, il a, en effet, déclaré sans objet une question prioritaire de constitutionnalité que lui avait renvoyée le Conseil d'État à titre de question nouvelle, car invoquant une disposition récente de la Constitution encore vierge de toute interprétation, et qui mettait en cause des dispositions législatives transposant une directive précise et inconditionnelle. Le Conseil a considéré qu'« *en l'absence de mise en cause d'une règle ou d'un principe inhérent à l'identité constitutionnelle de la France*» il n'était «*pas compétent pour contrôler la conformité aux droits et libertés que la Constitution garantit de dispositions législatives qui se bornent à tirer les conséquences nécessaires de dispositions inconditionnelles et précises d'une directive de l'Union européenne*» et «*qu'en ce cas, il n'appartient qu'au juge de l'Union européenne, saisi le cas échéant à titre préjudiciel, de contrôler le respect par cette directive des droits fondamentaux garantis par l'article 6 du Traité sur l'Union européenne*» (CC, décision n° 2010-79 QPC du 17 décembre 2010, *M. Kamel D.* (transposition d'une directive)).

C'est là la reprise, fondée sur les termes de l'article 88-1 de la Constitution, de la solution dégagée dans le cadre du contrôle *a priori*. C'est aussi un écho direct à l'arrêt rendu par la Cour de justice le 22 juin 2010 sur le renvoi préjudiciel fait par la Cour de cassation. Par rapport à la jurisprudence rendue sous l'empire du contrôle *a priori*, doit être soulignée une particularité qui tient à ce que le contrôle de constitutionnalité par voie d'exception n'est pas soumis à la même contrainte temporelle indépassable que celle que constitue la promulgation de la loi dans le contrôle *a priori* : le Conseil constitutionnel, en prononçant un non-lieu sur la question renvoyée, efface son contrôle de façon temporaire et non définitive, réservant la possibilité qu'il puisse à nouveau être saisi de la question de constitutionnalité dans l'hypothèse où la Cour de justice aurait entre-temps statué sur la validité de la directive transposée. C'est ce qu'implique le dispositif de non-lieu adopté, par opposition à ce qu'aurait impliqué un dispositif déclinant plus radicalement la compétence du Conseil constitutionnel.

ii) L'autre source de tension potentielle est, pour sa part, spécifique au droit de l'Union européenne et au caractère prioritaire de la question de constitutionnalité.

Selon la jurisprudence parfaitement établie de la Cour de justice, l'effet direct du droit communautaire implique que les règles de ce droit doivent «*déployer la plénitude de leurs effets, d'une manière uniforme dans les États membres, à partir de leur entrée en vigueur et pendant toute la durée de leur validité*», qu'elles sont «*une source* immédiate *de droits et d'obligations pour tous ceux qu'elles concernent*», que le juge national, qui a pour mission de veiller à l'application du droit communautaire, ne peut être empêché de donner «*immédiatement*» (ce que la version anglaise exprime par «*forthwith*» c'est-à-dire «sans délai) au droit communautaire une application conforme à la jurisprudence de la Cour (CJCE, 9 mars 1978, *Sté Simmenthal*, 106/77). La procédure italienne mise en cause devant la Cour en 1978, qui subordonnait la constatation de la contrariété au droit communautaire d'une loi postérieure à une intervention de la Cour constitutionnelle, apparaissait doublement contestable aux yeux de la Cour de justice, en ce qu'elle privait, via le monopole conféré à la Cour constitutionnelle, le juge ordinaire du pouvoir d'écarter la loi contraire au droit communautaire et aussi en ce qu'elle imposait d'attendre l'intervention de la Cour constitutionnelle pour faire disparaître la contrariété au droit communautaire.

La procédure française de la question prioritaire de constitutionnalité ne pose pas de difficultés sérieuses sur le premier point, dès lors que le contrôle de constitutionnalité exercé par le Conseil constitutionnel est distinct du contrôle du respect du droit de l'Union exercé par les juridictions administratives et judiciaires. Eu égard à la distinction des deux contrôles, l'exercice du contrôle de constitutionnalité même par voie d'exception ne peut être compris comme privant les juridictions ordinaires de leur rôle de juges de l'application du droit communautaire.

À cet égard, les prémisses de l'arrêt de renvoi préjudiciel de la Cour de cassation du 16 avril 2010 apparaissaient en décalage avec l'état du droit résultant de la jurisprudence du Conseil constitutionnel résultant des décisions IVG (n° 74-54 DC du 15 janvier 1975) et Loi pour la confiance dans l'économie numérique (n° 2004-496 DC du 10 juin 2004). Le Conseil constitutionnel a solennellement confirmé cette jurisprudence en rendant, entre le renvoi préjudiciel et l'arrêt de la Cour de justice, sa décision n° 2010-605 DC du 12 mai 2010 sur la loi sur les paris en ligne. De son côté, le Conseil d'État a également énoncé, au cours de cette période, que c'était bien ainsi qu'il recevait l'état du droit, par une décision du 14 mai 2010 considérant, d'une part, que les dispositions régissant la question prioritaire de constitutionnalité « *ne font pas obstacle à ce que le juge administratif, juge de droit commun de l'application du droit de l'Union européenne, en assure l'effectivité, soit en l'absence de question prioritaire de constitutionnalité, soit au terme de la procédure d'examen d'une telle question, soit à tout moment de cette procédure, lorsque l'urgence le commande, pour faire cesser immédiatement tout effet éventuel de la loi contraire au droit de l'Union* » et, d'autre part, que « *le juge administratif dispose de la possibilité de poser à tout instant, dès qu'il y a lieu de procéder à un renvoi préjudiciel en application de l'article 267 du Traité sur le fonctionnement de l'Union européenne, une question préjudicielle à la Cour de justice de l'Union européenne* » (CE, 14 mai 2010, *Rujovic*, 312305).

La seconde question sur l'immédiateté entendue au sens temporel était plus délicate. C'est elle, d'ailleurs, qui avait conduit le Gouvernement à prévoir à l'origine une réserve spécifique au droit de l'Union européenne dans le projet de loi organique d'application de l'article 61-1 de la Constitution, marquant que la priorité établie en faveur du contrôle de constitutionnalité par rapport au contrôle de conventionnalité ne jouait pas vis-à-vis du droit de l'Union européenne. La question posée par la Cour de cassation à la Cour de justice sur ce point, et au-delà de sa formulation, méritait d'être, un jour, soumise à la Cour de justice.

La réponse apportée par la Cour s'est voulue un « message d'apaisement » (M. Aubert, E. Broussy et F. Donnat, « Chronique de jurisprudence de la CJUE », *AJDA* 2010.1578). Tout en énonçant qu'un système réservant à une autorité autre que le juge appelé à assurer l'application du droit de l'Union la solution du conflit résultant d'une contrariété entre le droit de l'Union et une loi nationale serait contraire au droit de l'Union – rappelant ainsi sa jurisprudence *Simmenthal* –, la Cour de justice a pris en considération l'interprétation du droit français donnée par le Conseil constitutionnel et par le Conseil d'État, exposée par le Gouvernement français au cours de l'instruction contradictoire du renvoi préjudiciel, pour estimer possible une mise en œuvre de la question prioritaire de constitutionnalité dans un sens conforme aux exigences du droit de l'Union. Elle a jugé, dans ces conditions, que les traités ne s'opposent pas à une législation nationale comme la question prioritaire de constitutionnalité, dès lors que sont remplies trois conditions : que les juridictions nationales demeurent libres de saisir à tout instant la Cour de justice d'une question préjudicielle (avant comme après le déroulement de la procédure incidente de constitutionnalité), qu'elles puissent adopter toute mesure provisoire pour assurer immédiatement la protection juridictionnelle des droits conférés par l'ordre juridique de l'Union et qu'elles puissent laisser inappliquée la disposition législative nationale à l'issue de la procédure constitutionnelle si elles la jugent contraire au droit de l'Union.

La Cour a ajouté que, dans le cas d'une loi de transposition d'une directive, le mécanisme de la question prioritaire de constitutionnalité ne saurait porter atteinte à la compétence exclusive de la Cour de justice pour constater l'invalidité de la directive (CJCE, 22 octobre 1987, *Foto-Frost*, 314/85). Elle a relevé que l'abrogation de la loi, par l'effet d'une décision du Conseil constitutionnel statuant sur une question prioritaire de constitutionnalité, pourrait en pratique la priver de la possibilité d'exercer un contrôle de validité de la directive à la demande des juridictions françaises, alors que cette question de validité constitue une question préalable s'agissant d'une loi de transposition. Ce qui l'a conduit à préciser que la mise en œuvre de la question prioritaire de constitutionnalité ne saurait faire échec au renvoi préjudiciel en appréciation de validité de la directive par les juridictions nationales avant que ne se dénoue le contrôle de constitutionnalité.

Le Conseil d'État a tiré les conséquences de cette précision, en statuant – pour les rejeter en l'espèce – sur des conclusions à fin de renvoi préjudiciel à la Cour de Luxembourg pour apprécier la validité d'une directive dans la même décision que celle par laquelle il renvoyait au Conseil constitutionnel – sur le terrain de la question nouvelle résultant d'une disposition constitutionnelle récente vierge de toute interprétation du Conseil constitutionnel – une question prioritaire de constitutionnalité dirigée contre la loi ayant transposé cette directive (CE, 8 octobre 2010, *Daoudi*, n° 338505). Le Conseil constitutionnel a, sur cette question qui lui a été renvoyée, rendu une décision de non-lieu à statuer sur la question prioritaire de constitutionnalité, en relevant que la loi tirait les conséquences nécessaires de la directive et que cette dernière ne mettait en cause aucune règle ni aucun principe inhérent à l'identité constitutionnelle de la France (CC, décision n° 2010-79 QPC du 17 décembre 2010, *M. Kamel D.* (transposition d'une directive)).

Ces décisions successives ont entendu apaiser les tensions potentielles qui naissent de la rencontre du caractère prioritaire de la question de constitutionnalité et de l'effet utile et de l'efficacité du droit de l'Union européenne.

La Cour de justice a, de façon générale, admis l'existence et la mise en œuvre d'un mécanisme incident de contrôle de constitutionnalité des lois doté d'un caractère prioritaire. Elle lui a toutefois apporté des tempéraments :

– en imposant que les juridictions nationales puissent la saisir à tout moment de toute question préjudicielle, avant comme après la mise en œuvre de la question de constitutionnalité ;

– en précisant que les juridictions ordinaires peuvent adopter toute mesure provisoire permettant d'assurer la protection des droits conférés par le droit de l'Union européenne avant même l'issue du contrôle de constitutionnalité ;

– en affirmant, dans le cas particulier des lois de transposition de directives, le caractère en tout état de cause préalable de la question de la validité de la directive, relevant de sa compétence exclusive.

Ces tempéraments adoucissent les angles : sans écarter purement et simplement le caractère prioritaire de la question de constitutionnalité – ce que faisait plus radicalement sans doute le projet de loi organique déposé par le Gouvernement en 2009 –, ils relativisent néanmoins ce caractère prioritaire pour ce qui concerne certaines configurations des rapports avec le droit de l'Union européenne.

Conclusion

La question prioritaire de constitutionnalité a un an. Le manque de recul interdit de tirer aujourd'hui des enseignements définitifs sur le devenir à moyen ou long terme de ce mécanisme nouveau de contrôle de constitutionnalité de la loi par voie d'exception. Mais on peut, en tout cas, saluer la mise en route, remarquable, du dispositif à compter du 1er mars 2010.

L'amorçage a été rapide : des questions ont été posées dès le jour de l'entrée en vigueur de la réforme, le 1er mars ; le Conseil d'État et la Cour de cassation ont joué leur rôle de filtre et ont renvoyé des questions au Conseil constitutionnel dès les mois d'avril et de mai 2010 ; le Conseil constitutionnel a statué, après instruction contradictoire, sur les premières questions qui lui avaient été renvoyées dès le 28 mai 2010.

Passée la phase de lancement initial, le mécanisme a joué avec vigueur au cours de l'année 2010. Le Conseil d'État a été saisi de 250 questions et en a renvoyé le quart au Conseil constitutionnel ; la Cour de cassation a examiné plus de 530 questions au cours de cette première année et en a également renvoyé près du quart. Le Conseil constitutionnel a rendu 64 décisions et statué, ce faisant, sur plus de 80 questions de constitutionnalité.

L'année 2010 a livré une décision spectaculaire, celle rendue par le Conseil constitutionnel le 30 juillet sur la garde à vue, qui symbolise à elle seule le renouvellement du contrôle de constitutionnalité et affiche son grand potentiel. Cette première année a aussi permis de purger l'hypothèque européenne sur le caractère prioritaire de la question de constitutionnalité, avec la décision conciliatrice rendue par la Cour de justice de l'Union européenne le 22 juin.

Tout n'a certes pas été sans mal au cours de cette première année. L'acculturation du contrôle de constitutionnalité n'a pas été sans certains efforts. La discipline requise pour la mise en œuvre du mécanisme prioritaire n'a pas été sans contraintes ni charges pour les juridictions appelées à le faire vivre. Des polémiques d'une vigueur inhabituelle ont surgi et ont provoqué des réactions excessives et sans précédents, comme la suppression brutale de la formation spécialisée de la Cour de cassation décidée par le législateur organique au mois de juillet en réaction aux arrêts rendus par la Cour sur l'articulation de la question de constitutionnalité avec le droit de l'Union européenne.

Mais, au-delà de ces difficultés ou péripéties, la mise en route de la question prioritaire de constitutionnalité apparaît être une réussite. Il faut dire que beaucoup avait été fait pour qu'il en soit ainsi. La conception même du dispositif n'est pas étrangère à ce succès : en donnant au mécanisme un tour prioritaire, le législateur organique favorisait un amorçage rapide conduisant à ce que le Conseil constitutionnel puisse statuer dès les premiers mois suivant l'entrée en vigueur de la réforme.

L'avenir dira si les caractères donnés au mécanisme, propices à son lancement, lui permettent de pleinement s'épanouir. En particulier, la discipline rigide du caractère prioritaire et les délais très brefs qui enserrent sa mise en œuvre devront être éprouvés dans la longue durée.

L'avenir dira aussi si, passé l'enthousiasme de la découverte et des premiers pas, l'intérêt pour la question prioritaire de constitutionnalité perdure. Si c'est le cas, la charge liée à sa mise en œuvre pourrait finir par paraître lourde et appeler des aménagements. Si tel est le cas, devraient aussi apparaître progressivement les conséquences que l'institution du contrôle de constitutionnalité par voie d'exception pourrait avoir sur le Conseil constitutionnel lui-même ainsi que sur ses rapports, dans l'ordre juridique français, avec le Conseil d'État et la Cour de cassation. En l'état, rien n'a vraiment changé sur ces points. Le Conseil constitutionnel n'est pas devenu, à la faveur de la révision constitutionnelle de 2008, une Cour constitutionnelle ou une Cour suprême chapeautant, en dernier recours, les juridictions administratives et judiciaires. Sa composition, le mode de désignation de ses membres n'ont pas davantage été modifiés à l'occasion de la révision. Son mode d'organisation et ses méthodes de travail n'ont pas, non plus, été substantiellement changés.

Si le succès de la réforme ne se dément pas, la question de constitutionnalité pourrait déplacer le centre de gravité du Conseil constitutionnel et modifier sa position institutionnelle, ce qui n'irait sans doute pas sans un réexamen corrélatif de sa composition, du mode de désignation de ses membres et de ses méthodes de travail. Le temps où le Conseil constitutionnel était le « chien de garde » du pouvoir exécutif est loin. Avec la révision de 2008, le Conseil n'est plus seulement le « régulateur » des pouvoirs publics constitutionnels, mais devient, chaque jour un peu plus, une juridiction constitutionnelle suprême. Jusqu'où ?

Remerciements

Ce livre n'aurait pas vu le jour, ainsi, sans notre ami le Musicien. Qu'il trouve ici le témoignage de nos pensées.

Nous sommes redevables à Denys de Béchillon, Daniel Labetoulle et Philippe Terneyre du temps qu'ils ont consacré à la lecture de cet ouvrage, du regard qu'ils ont porté sur lui, des observations et remarques qu'ils nous ont faites, et des réflexions qu'ils ont provoquées ou stimulées. Notre estime, notre profonde gratitude, et nos fidèles amitiés, leur sont acquises.

Nous sommes également particulièrement redevables à Laurence Pécaut-Rivolier et Thierry Fossier, pour la finesse de leurs observations, le témoignage de leur expérience et la grande disponibilité dont ils ont fait preuve à notre égard.

Nos remerciements vont aussi à Thierry-Xavier Girardot, Emmanuel Glaser et Frédéric Lénica, qui nous ont apporté des éclairages précieux et nous ont permis, grâce à l'acuité de leur regard et par la vertu de la discussion, d'enrichir notre réflexion.

Une mention toute particulière, enfin, doit être réservée à Bernard et à Marie-Pierre, qui ont supporté patiemment la gestation de cet ouvrage et ont même accepté d'y jeter un œil, perspicace, alors que le sujet traité n'était pas au nombre de leurs préoccupations premières.

Paris, le 9 février 2011

Bibliographie générale

Ouvrages :

– P. Avril et J. Gicquel, *Le Conseil constitutionnel*, Montchrestien, coll. Clefs, 5e édition, 2005
– G. Drago, *Contentieux constitutionnel français*, PUF, coll. Thémis, 2006
– L. Favoreu et L. Philip, *Les grandes décisions du Conseil constitutionnel*, Dalloz, coll. Grands arrêts, 15e édition, 2009
– M. Fromont, *La justice constitutionnelle dans le monde*, Dalloz, coll. Connaissance du droit, 1996
– B. Genevois, *La jurisprudence du Conseil constitutionnel*, STH 1988
– P. Jan, *Le procès constitutionnel*, LGDJ Lextenso, 2e édition, 2010
– F. Luchaire, *Le Conseil constitutionnel*, Economica, 1997
– B. Mathieu et M. Verpeaux, *Contentieux constitutionnel des droits fondamentaux*, LGDJ, 2004
– T.-S. Renoux et M. de Villiers, *Code constitutionnel*, Litec, 4e édition, 2011
– D. Rousseau, *La justice constitutionnelle en Europe*, Montchrestien, 1998
– D. Rousseau, *Droit du contentieux constitutionnel*, Montchrestien, 2010
– D. Schnapper, *Une sociologue au Conseil constitutionnel*, Gallimard, coll. NRF Essais, 2010
– B. Stirn, *Les libertés en question*, Monchrestien, coll. Clefs, 7e édition, 2010
– M. Verpeaux, *La Constitution*, Dalloz, coll. Connaissance du droit, 2008
– M. Verpeaux et M. Bonnard, *Le Conseil constitutionnel*, Doc. Fse, 2007
– J.-F. Weber, *La Cour de cassation*, 2e édition, Doc. Fse, 2010

Collectifs :

– Comité de réflexion et de proposition sur la modernisation et le rééquilibrage des institutions de la Ve République présidé par Édouard Balladur, *Une Ve République plus démocratique*, Fayard La Documentation française, 2008
– L. Favoreu et al., *Droit constitutionnel*, Dalloz, coll. Précis, 13e édition, 2010
– B. Mathieu, J.-P. Machelon, F. Melin Soucramanien, D. Rousseau, X. Philippe,

Les grandes délibérations du Conseil constitutionnel 1958-1983, Dalloz, coll. Grands arrêts, 2009
– *Contrôle de constitutionnalité par voie préjudicielle. La saisine par les citoyens*, PUAM, 2009
– "L'exception d'inconstitutionnalité : un chantier difficile", Dossier spécial, *RD publ.* 2009, p. 564
– Dossier : La question prioritaire de constitutionnalité, *Les Nouveaux cahiers du Conseil constitutionnel*, n° 29 – 2010
– Dossier : L'autorité des décisions du Conseil constitutionnel, *Les Nouveaux cahiers du Conseil constitutionnel*, n° 30-2011
– D. Rousseau (dir.), *La Question prioritaire de constitutionnalité*, Gazette du Palais Lextenso, 2010

Articles :

– J.-F. Akandji Kombe et M.-F. Mazars, "QPC : la Cour de cassation filtre-t-elle trop ?", *RDT* novembre 2010, p. 622
– J.-F. Akandji Kombe, "QPC et droit social : premier bilan et perspectives", *RDT* novembre 2010, p. 628
– J. Arrighi, L. Hemlinger et J.-H. Stahl, "Les dispositions relatives aux juridictions administratives du décret du 16 février 2010 sur la question prioritaire de constitutionnalité", *AJDA* 2010, n° 7, p. 383
– R. Badinter, "L'exception d'inconstitutionnalité", in *Mélanges Genevois*, Dalloz, 2008
– R. Badinter, D. Le Prado, C. Charrière-Bournazel, B. Chaton, "La question prioritaire de constitutionnalité en débat", *Constitutions* 2010, n° 1, p. 20
– P. Bon, "La question prioritaire de constitutionnalité après la loi organique du 10 décembre 2009", *RFDA* 2009, p. 1107
– P. Bon, "Premières questions, premières précisions", *RFDA* 2010, n° 4, p. 679-694
– L. Burgorgue-Larsen, "Question préjudicielle de constitutionnalité et contrôle de conventionnalité", *RFDA* 2009, p. 787
– D. de Béchillon, "Remettre en cause la chose jugée en application d'une loi inconstitutionnelle ?", *JCP G* 2010, n° 9-10, p. 450
– D. de Béchillon, "Cinq Cours suprêmes ? Apologie (mesurée) du désordre", à paraître dans *Pouvoirs*, 2011, numéro consacré à la question prioritaire de constitutionnalité
– J. Benetti, "La question prioritaire de constitutionnalité – La genèse de la réforme", *AJDA* 2010, n° 2, p. 74 à 79
– D. Botteghi, V. Daumas et S.-J. Lieber, "La QPC vue du Conseil d'État", *Nouveaux cahiers du Conseil constitutionnel*, Dossier : La question prioritaire de constitutionnalité, n° 29 – 2010

– D. Botteghi et S.-J. Lieber, “Le juge administratif, juge constitutionnel de droit commun ?”, *AJDA* 2010, n° 24
– P. Cassia et E. Saulnier-Cassia, “Imbroglio autour de la question prioritaire de constitutionnalité”, *Dalloz* 2010, p. 1234
– J.-L. Debré, “Entrée en vigueur de l’article 61-1 de la Constitution”, *Nouveaux cahiers du Conseil constitutionnel*, Dossier : La question prioritaire de constitutionnalité, n° 29 – 2010
– D. Delcourt, “La question « prioritaire de constitutionnalité » : chronique d’un succès programmé”, *Revue de la Recherche juridique – Droit prospectif* 2010, n° 2010-2, p. 1249-1266
– P. Deumier, “QPC : La question fondamentale du pouvoir d’interprétation (à propos du filtrage)”, *RTD civ.* juillet 2010, n° 3, p. 504-508
– F. Donnat, “La Cour de justice et la QPC : chronique d’un arrêt prévisible et imprévu”, *Dalloz* 2010, n° 26
– G. Drago, “Le nouveau visage du contentieux constitutionnel”, *RFDC*, octobre 2010, p. 761-791
– J. Dutheil de la Rochère, “La question prioritaire de constitutionnalité et le droit européen. La porte étroite”, *RTD eur.* 2010, n° 3, p. 577
– P.-Y. Gadhoun, “Repenser la priorité de la QPC”, *RD publ.* 2010, n° 6, p. 1709-1727
– M. Gautier, “QPC et droit communautaire. Retour sur une tragédie en cinq actes”, *JCP Adm.* n° 10, p. 13-19
– B. Genevois, “Le contrôle *a priori* de constitutionnalité au service du contrôle *a posteriori*. À propos de la décision n° 2009-595 DC du 3 décembre 2009”, *RFDA* 2010, n° 1, p. 1
– M. Guillaume, “Le règlement intérieur sur la procédure suivie devant le Conseil constitutionnel pour les questions prioritaires de constitutionnalité”, *LPA*, 2010, n° 38 p. 3
– M. Guillaume, “QPC : textes applicables et premières décisions”, in *Nouveaux cahiers du Conseil constitutionnel*, Dossier : La question prioritaire de constitutionnalité, n° 29 – 2010
– P. Jan, “Chronique QPC : question prioritaire de constitutionnalité”, *LPA* 2009, n° 252 et 2010, n° 251
– H. Labayle, “Question prioritaire de constitutionnalité et question préjudicielle : ordonner le dialogue des juges ?”, *RFDA* 2010, n° 4, p. 659-678
– V. Larribau-Terneyre, “À propos de la question prioritaire de constitutionnalité”, *Droit de la famille* 2010, n° 6, p. 13-18
– D. Le Prado, “La question prioritaire de constitutionnalité vue par un avocat”, *AJDA* 2010, n° 2, p. 88 à 93
– A. Levade, “Priorité n’est pas primauté ou comment articuler contrôle de constitutionnalité et contrôle de conventionnalité”, *Constitutions* 2010, n° 2, p. 229
– A. Levade, “Les « petits cailloux » du Conseil constitutionnel ou les décisions

anticipatrices de la QPC", *Annuaire international de justice constitutionnelle*, n° XXV – 2009, p. 11-27
– O. Le Bot, "La juridiction administrative à l'heure de la question prioritaire de constitutionnalité", *Constitutions* 2010, n° 2, p. 245-250
– O. Le Bot, "Contrôle de constitutionnalité et contrôle de compatibilité avec le droit de l'Union européenne devant le juge des référés", *AJDA* 2010, n° 29, p. 1662-1666
– J. Massot, "L'entrée en vigueur de la question prioritaire de constitutionnalité", *LPA*, 2010, n° 85, p. 3
– B. Mathieu, "Le nouveau Conseil constitutionnel au regard de la catégorie des Cours suprêmes. Réflexions autour de la question prioritaire de constitutionnalité", *Les Cahiers de la justice* 2010, n° 2, p. 5-12
– B. Mathieu (dir. scientifique), "La question prioritaire de constitutionnalité. Premier bilan et prospective", Actes de colloque, *JCP G* n° 48, supplément au 29 nov. 2010
– B. Mathieu, "Un état des lieux sans concession. À propos du rapport d'évaluation de la QPC du 5 octobre 2010", *JCP G* 2010, n° 47, p. 2152
– N. Molfessis, "Abécédaire de la question prioritaire de constitutionnalité", *Revue Lamy Droit des affaires* 2010, n° 45, p. 51-56
– N. Molfessis, "La jurisprudence supra-constitutionem", *JCP G* 2010, n° 42, p. 1039
– B. Odent, "Question prioritaire de constitutionnalité et procédure d'admission des pourvois", *RFDA* 2010, n° 4, p. 695
– X. Philippe, "La question prioritaire de constitutionnalité : à l'aube d'une nouvelle ère pour le contentieux constitutionnel français… Réflexions après l'adoption de la loi organique", *RFDC* 2010, n° 83, p. 273
– F. Picod, "Question prioritaire de constitutionnalité et droit de l'Union européenne", *JCP G* 2010, n° 18, p. 949
– "Le Conseil constitutionnel", *Pouvoirs* (Revue), n° 105, 2003
– A. Roblot-Troizier et T. Rambaud, "Chronique de jurisprudence – Droit administratif et droit constitutionnel", *RFDA* 2009, n° 6 et *RFDA* 2010, n° 6
– A. Roblot-Troizier, "La question prioritaire de constitutionnalité devant les juridictions ordinaires : entre méfiance et prudence", *AJDA* 2010, p. 80
– D. Simon et A. Rigaux, "Drôle de drame : la Cour de cassation et la question prioritaire de constitutionnalité", *Europe* 2010, n° 5
– D. Simon et A. Rigaux, "Le feuilleton de la question prioritaire de constitutionnalité : Drôle de drame, Quai des brumes, Le jour se lève ?", *Europe* 2010, n° 6
– D. Simon et A. Rigaux, "Solange, le mot magique du dialogue des juges", *Europe* 2010, n° 7
– D. Simon et A. Rigaux, "*Persevare autem diabolicum* ? La Cour de cassation refuse définitivement de donner effet à la question prioritaire de constitutionnalité", *Europe* 2010, n° 8/9

– J.-H. Stahl, “La longue marche de l’exception d’inconstitutionnalité”, *Mélanges Genevois*, Dalloz, 2008
– B. Stirn, “QPC – Six mois et déjà un nom”, *JCP G* 2010, n° 38, p. 176
– M. Verpeaux, “Le Conseil constitutionnel juge de la question prioritaire de constitutionnalité”, *AJDA* 2010, n° 2, p. 88 à 93
– L. Vallée, Inconstitutionnalité négative et question préalable de constitutionnalité, *AJDA* 2009, p. 1585
– G. Zagrebelsky, “La doctrine du droit vivant et la question de constitutionnalité”, *Constitutions* 2010, n° 1, p. 10

Sites internet :

– du Conseil constitutionnel : www.conseil-constitutionnel.fr rubrique QPC
– de la Cour de cassation : www.courdecassation.fr rubrique QPC
– du Conseil d’État : www.conseil-etat.fr rubrique QPC

Index alphabétique

D

E - F

G

H

I - K

L

M - N

O

P

Q

R

S

T - U

Table des matières

UNIVERSITÉ DE BRETAGNE OCCIDENTALE
Bibliothèque de Quimper

Dans la même collection

L'adoption, P. Salvage-Gerest
L'arbitrage, C. Gavalda, C. Lucas de Leyssac
La bioéthique, B. Mathieu
Le Code civil, J.-L. Halpérin
Les collectivités territoriales en France, M. Verpeaux
La common law, A. J. Bullier
Le Conseil constitutionnel, H. Roussillon
Le Conseil d'État, D. Latournerie
La Constitution, M. Verpeaux
Le contentieux administratif, J. Viguier
Le contrat. Droit des obligations, J.-L. Aubert
Le contrat de vente, P. le Tourneau
La Cour de cassation, Y. Chartier
La Cour européenne des droits de l'homme, J.-P. Marguénaud
La Cour de justice des Communautés européennes, J. Boudant
Les cours constitutionnelles, L. Favoreu, W. Mastor
La déontologie de l'avocat, J.-J. Taisne
La déontologie du magistrat, G. Canivet, J. Joly-Hurard
La directive européenne, D. Simon
Le divorce, P. Courbe
Le droit, P. Jestaz
Le droit administratif, P. Delvolvé
Le droit allemand, C. Witz
Le droit américain, A. Levasseur
Le droit des biens, C. Caron, H. Lécuyer
Le droit des brevets, M. Vivant
Le droit commercial, P. Didier
Le droit des cultes, J. Volff
Le droit des étrangers, X. Vandendriessche
Le droit international public, L.-A. Aledo
Le droit des marchés publics, F. Linditch
Le droit des médias, E. Derieux
Droit des organisations internationales, D. Dormoy
Droit des outre-mers, J.-P. Thiellay
Le droit pénal, M.-L. Rassat
Le droit des personnes, T. Garé

Le droit russe, B. Dutoit
Le droit du travail, P.-Y. Verkindt
Droit de l'Union européenne, P.-Y. Monjal
Les droits de l'enfant, F. Gisserot
Les droits de l'homme, P. Wachsmann
L'égalité des sexes, F. Dekeuwer-Défossez
L'État, J. Chevallier
Les finances publiques, M. Lascombe, X. Vandendriessche
La fonction publique, J.-F. Lachaume
Histoire du droit, J. Bart
L'indivision, F.-X. Testu
Introduction au droit fiscal, P. Serlooten
Introduction à la gestion, M. de Fabrègues
La justice constitutionnelle dans le monde, M. Fromont
La laïcité, C. Durand-Prinborgne
La loi, B. Mathieu
Philosophie du droit, B. Frydman, G. Haarscher
Le président de la République, M.-A. Cohendet
Les principes de la responsabilité civile, P. Jourdain
La prison, J.-P. Céré
Le procès civil, H. Croze
Propriété littéraire et artistique, A. Lucas
La question prioritaire de constitutionnalité, C. Maugüé, J.-H. Stahl
Les régimes matrimoniaux, D. Martin
La région, M. Verpeaux
La responsabilité du médecin, J. Penneau
La responsabilité politique, C. Bidégaray, C. Emeri
Le service public, P. Esplugas
Les sources du droit, P. Jestaz
Le système politique des relations internationales, M. Gounelle
La victimologie, G. Lopez

Cet ouvrage a été composé
par IGS-CP à L'Isle-d'Espagnac (16)

710599 - (I) - (2) - OFF - Pre - 60g - IGS (JoE)
Dépôt légal : mars 2011
Imprimerie CHIRAT - 42540 Saint-Just-la-Pendue
N° 201102.0339

Imprimé en France